D1665827

X.media.press

Daniela Stoecker

# eLearning –
# Konzept und Drehbuch

## Handbuch für Medienautoren und Projektleiter

2. Auflage

Daniela Stoecker, M.A.
Bamberg, Deutschland

ISSN 1439-3107
ISBN 978-3-642-17205-2          ISBN 978-3-642-17206-9 (eBook)
DOI 10.1007/978-3-642-17206-9

Die Deutsche Nationalbibliothek verzeichnet diese Publikation in der Deutschen Nationalbiblio-
grafie; detaillierte bibliografische Daten sind im Internet über http://dnb.d-nb.de abrufbar.

Springer Vieweg

Gedruckt auf säurefreiem und chlorfrei gebleichtem Papier

Springer Vieweg ist eine Marke von Springer DE.
Springer DE ist Teil der Fachverlagsgruppe Springer Science+Business Media
www.springer-vieweg.de

# Vorwort zur 2. Auflage

Seit dem Erscheinen der ersten Auflage dieses Buches sind acht Jahre vergangen. In einer auf Technik ausgerichteten Branche, wie der Weiterbildung durch das Medium eLearning, ist das eine lange Zeitspanne, die Raum für zahlreiche Veränderungen gegeben hat. Diesen Veränderungen wird in der zweiten Auflage von „eLearning – Konzept und Drehbuch" Rechnung getragen.

Alle Literaturangaben, Screenshots mit Beispielen, Erläuterungen für empfehlenswerte Anwendersoftware rund um eLearning sowie Internetadressen (Hyperlinks) wurden auf den neuesten Stand gebracht. Das Kapitel mit den umfangreichen weiterführenden Informationen wurde vollständig aktualisiert. Den Angaben zu Kosten und den Honorarkalkulationen liegen aktuelle Zahlen zu Grunde. Viele Abbildungen haben ein frisches Gesicht erhalten. Das Glossar und das Inhaltsverzeichnis wurden erheblich erweitert, die Checklisten allesamt aktualisiert. Sie stehen in der sogenannten „Cloud" zum Herunterladen bereit, unter http://www.drehbuchtext.de.

Neu hinzugekommen ist das Kapitel zu den Produktionsbedingungen und zum Drehbuchschreiben für Lernvideos. Hiermit wird dem Trend Rechnung getragen, dass viele Unternehmen dazu übergehen, eLearning via Lernvideo zu gestalten oder zumindest klassisches eLearning um Lernvideos anzureichern. Neu im Kapitel „Neukundengewinnung für Medienautoren" sind die Informationen rund um die sogenannten „Social Media". Facebook, XING und Twitter werden kurz vorgestellt als Plattform, das eigene Angebot rund um eLearning am Markt zu präsentieren.

Nicht verändert haben sich grundsätzliche Inhalte, wie die einzelnen Phasen im Ablauf eines eLearning-Projekts oder die Berufsbilder der Beteiligten. Didaktische Ansätze und wahrnehmungspsychologische Erkenntnisse sind gleich geblieben. In ihrer Struktur grundsätzlich gleich bleiben werden auch in Zukunft – unabhängig davon, wie sehr sich die Technik ändert – die Inhalte rund um das Drehbuchschreiben selbst: Bildschirmtexte, Visualisierungen und Aufgaben erstellen. Dennoch wurde der gesamte Text überarbeitet und zum Teil neu strukturiert. Wichtige Inhalte, wie zum Beispiel das Anforderungsprofil und die Bedarfsanalyse für eLearning, wurden ergänzt. Ein anderes wichtiges Themenfeld hat in den letzten Jahren eine so große Bedeutung gewonnen, dass es in dem bislang zugeteilten, geringen Umfang nicht mehr angemessen abgehandelt werden konnte: das Game Based Learning. Für die

Konzeption und das Drehbuchschreiben dieser innovativen und zukunftsweisenden Variante des eLearning ist eigene Fachliteratur erforderlich.

Viel Freude beim Lesen und viel Erfolg beim Entwickeln innovativer und lebendiger eLearning-Anwendungen wünscht Ihnen

Bamberg, im Juni 2012.                                        Daniela Stoecker

# Geleitwort

Die Pionierzeiten des eLearning sind vorbei. Während noch vor ein paar Jahren die Erstellung von eLearning-Angeboten häufig ein aufwendiges und unkalkulierbares Abenteuer war, sehr unterschiedliche didaktische Konzepte miteinander konkurrierten und ganze Konferenzen damit verbracht wurden, die geeigneten Portale, Server und Autorenwerkzeuge ausfindig zu machen, hat sich die eLearning-Landschaft inzwischen etabliert. Es gibt Standards – technologische, methodische und didaktische – und das hat dazu geführt, dass sich Medienautoren und andere Ersteller von Lerninhalten nun auf ihre eigentliche Aufgabe konzentrieren können: die neuen internetbasierten und multimedialen Technologien lernerorientiert, methodisch sinnvoll und dem Thema angemessen aufzubereiten.

Das vorliegende Buch beschreibt detailliert den Prozess der Drehbucherstellung für eLearning-Produkte. Es gibt seinen Lesern alles notwendige Wissen an die Hand, das benötigt wird, um erfolgreiche Drehbücher zu schreiben. Der Leser spürt, dass hier eine Praktikerin geschrieben hat, die ihr Handwerk versteht. Viele Tipps und Literaturhinweise ergänzen die sehr anschaulichen Texte und Abbildungen und ein umfangreicher Anhang bietet hilfreiche Checklisten und weiterführende Informationen an.

Karlsruhe, im August 2004
*Prof. Dr. Frank Thissen* Hochschule der Medien Stuttgart

# Inhalt

# Wie kommt das Drehbuch vom Film zum eLearning?

**Zusammenfassung**

Ein guter Film braucht „…drei Dinge: erstens ein gutes Drehbuch, zweitens ein gutes Drehbuch und drittens ein gutes Drehbuch." So sieht es zumindest Alfred Hitchcock, denn das Drehbuch erzählt bereits die gesamte Filmstory. Im Drehbuch steht detailliert, wo und wann etwas passiert, was die Personen einer Geschichte sagen und tun, und wie die Bilder aufeinander folgen.

Die Bedeutung des Drehbuchs für einen gelungenen Film kann dabei gar nicht hoch genug eingeschätzt werden: Das Drehbuch steht am Anfang des Produktionsprozesses und beeinflusst alle folgenden Arbeitsschritte: Es ist die zentrale Arbeitsgrundlage, ohne die ein Film nicht gelingen kann.

Genau wie ein Filmdrehbuch muss auch ein Drehbuch für eLearning im Detail abbilden, was wann und wo passiert, wie die Sprechertexte lauten und welche Bildschirmseiten aufeinander folgen. Das Drehbuch ist Grundlage für die gesamte Produktion einer eLearning-Anwendung und damit Richtlinie für Softwareentwickler, Grafiker, Animatoren und Screendesigner. Den Projektleitern dient es als Handbuch mit dem sie die Produktion gezielt kontrollieren und lenken.

Die Tätigkeit des Drehbuchschreibens für digitale Lernmedien ist außerhalb der eLearning-Gemeinde kaum bekannt. Wenn ein Medienautor seinen Beruf angibt und hinzufügt, dass er „Drehbücher" schreibt, erntet er vom Gegenüber in der Regel einen fragenden Blick; nicht selten gefolgt von der Frage: „Oh, wie spannend! Sind Sie beim Film?" Aber auch innerhalb der Branche existiert ein eher verschwommenes Berufsbild. Dementsprechend variieren die Berufsbezeichnungen: Neben „Medienautor" findet man zum Beispiel Multimedia-Autor, Medienentwickler, WBT-Autor, Drehbuchautor für WBT, eLearning-Autor, Entwickler für interaktive Lernmedien, Spezialist für Multimedia-Authoring oder auch Courseware-Designer.

Dieses Buch soll mit dazu beitragen, das Berufsbild des Medienautors für eLearning scharf zu stellen, indem es die Kernbereiche seiner Arbeit beschreibt und seine Tätigkeit von anderen Berufen abgrenzt. Auch werden die Aufgaben aller an einer eLearning-Produktion beteiligten Projektmitglieder exakt definiert und ihr Tätigkeitsspektrum so beschrieben, dass dem Leser klar wird, wer welche Aufgaben im Projektverlauf übernimmt.

D. Stoecker, *eLearning – Konzept und Drehbuch*,
DOI 10.1007/978-3-642-17206-9_1, © Springer-Verlag Berlin Heidelberg 2013

In erster Linie jedoch sollen die nachfolgenden Seiten Medienautoren und Projektleitern als praktisches Handbuch zur Seite stehen. Kernthemen des Buches sind Entwicklung und Schreiben von Konzeptionen und Drehbüchern für eLearning. Es richtet sich damit an alle, die an der Drehbuchentwicklung beteiligt sind: die Auftraggeber in einem Unternehmen, die Projektleiter einer Multimedia-Agentur und die Medienautoren. Das Entwickeln von Grob- und Feinkonzepten und das Schreiben von Drehbüchern sind so umfassend und detailliert dargestellt, dass auch ein Einsteiger nach der Lektüre gut in diesem Beruf Fuß fassen kann. Für erfahrene Medienautoren stehen als praktische Werkzeuge zahlreiche Checklisten in Kap. 9 und als Download bereit (siehe http://www.drehbuchtext.de). Von dort können sie bequem ausgedruckt und direkt in der Projektarbeit eingesetzt werden. Der Einstieg in das Buch beginnt mit einem kurzen Überblick der zentralen Phasen, die ein eLearning-Projekt kennzeichnen.

# Wer bezieht Stellung bei der Produktion von eLearning?

2

**Zusammenfassung**

Das Kapitel gibt im ersten Teil einen Überblick zu den wichtigsten Phasen der eLearning-Produktion und den jeweils damit verbundenen Anforderungen. Im zweiten Teil werden all jene Projektbeteiligten vorgestellt, die maßgebliche Aufgaben beim Erstellen einer eLearning-Anwendung übernehmen.

Die Produktion von eLearning ist eine Teamarbeit mit vielen Beteiligten, die sehr unterschiedliche Berufsbilder aufweisen. Der logisch denkende Softwareentwickler trifft auf den kreativen, manchmal verspielten Grafiker und der analytisch ausgerichtete, zahlenorientierte Versicherungsfachwirt begegnet dem ideenreichen Medienautor mit zumeist geisteswissenschaftlichem Hintergrund. Die Herausforderung im Projektteam ist, diese scheinbar gegensätzlichen Naturelle so zu bündeln, dass die besonderen Fähigkeiten jedes Einzelnen Teil der großen Zahnräder werden, die während einer eLearning-Produktion unablässig ineinandergreifen. Dieser Herausforderung stellt sich in der Regel der Projektleiter einer Multimedia-Agentur. Er sorgt dafür, dass kein Sand ins Getriebe kommt.

Die bunte Mischung von Fähigkeiten und Kompetenzen der Projektbeteiligten macht die eLearning-Welt einerseits so spannend, andererseits auch so anspruchsvoll. Der Projektleiter muss die auftretenden Kräfte so wirken lassen, dass sie mit geringstmöglicher Reibung beste Ergebnisse erzielen. Dabei hilft ihm ein detaillierter Projektplan, mit dem er die Produktion überwachen und steuern kann. Kreativität und Ordnung müssen einander nicht ausschließen, im Gegenteil: „Kreativität heißt, aus dem Chaos Ordnung zu schaffen." So bringt es zumindest der österreichische Journalist Georg S. Troller auf einen Nenner.

Das vorliegende Buch legt Schritt für Schritt die einzelnen Phasen im Produktionsprozess dar. Mit dem Ziel, die Entstehung eines Drehbuchs für eLearning transparent zu machen, konzentriert es sich auf die Darstellung der für das Drehbuch relevanten Produktionsphasen. Das nun folgende Kapitel stellt jedoch aus Gründen der Übersicht kurz den Gesamtprozess mit allen Phasen dar. Es schließt sich die Vorstellungsrunde der „Macher" an, die dazu beitragen, lernerfreundliches, lernzielorientiertes und nebenbei auch unterhaltsames eLearning zum Leben zu erwecken. Es erwartet Sie ein kleines Team, das Sie mit zahlreichen Tipps und Hinweisen aus der Praxis durch die Drehbuchentwicklung begleitet.

D. Stoecker, *eLearning – Konzept und Drehbuch*,
DOI 10.1007/978-3-642-17206-9_2, © Springer-Verlag Berlin Heidelberg 2013

## 2.1    Projektphasen im Überblick

Im Folgenden erfahren Sie mehr über die Projektphasen einer eLearning-Produktion. Anhand eines Ablaufdiagramms sehen Sie immer, an welcher Stelle des Herstellungsprozesses Sie sich gerade befinden: Das aktuell besprochene Kästchen ist dick umrahmt. Die für den eLearning-Autor relevanten Projektphasen sind zusätzlich grau hinterlegt.

### 2.1.1    Projektinitialisierung

Der eLearning-Produktionsprozess beginnt mit der Entscheidung im Unternehmen, die interne Aus- und Weiterbildung durch ein digitales Medium zu stützen oder sogar zu ersetzen. Mit dieser Entscheidung wird auch das Budget für das Projekt freigestellt sowie festgelegt, welche Ausbildungsziele mit dem neuen Bildungskonzept erreicht werden sollen. Dies ist die sogenannte „Projektinitialisierung" (siehe Abb. 2.1), der Startschuss für das Vorhaben. Ein Mitarbeiter des ausbildenden Unternehmens übernimmt die Verantwortung für das Projekt vom Start bis zum fertigen Lernprogramm: Er ist der Projektleiter.

Um ihn vom Projektleiter einer Multimedia-Agentur abzugrenzen, sei er nachfolgend *Auftraggeber* genannt. Der Auftraggeber erstellt ein Exposé, das Ziele und Bedingungen, aber auch Ideen und besondere Problemstellungen zum Projekt enthält. Anhand dieses Exposés sucht er sich eine geeignete Multimedia-Agentur für die Produktion der eLearning-Anwendung aus.

> **Tipp!**
> Um die Qualität von eLearning zu sichern, gibt es ein Referenzmodell mit dem Titel „PAS 1032" für die Planung, Entwicklung, Durchführung und Evaluation der damit verbundenen Prozesse und Angebote, abrufbar unter: *http://www.beuth.de*.

Die Auswahl des Produzenten will gut überlegt sein, denn dieser wird über mehrere Monate, manchmal sogar Jahre hinweg ein enger und wichtiger Geschäftspartner sein. Bei größeren Produktionen lohnt es sich, das Projekt auszuschreiben und ein sogenanntes „Pitching" zu veranstalten. Das Pitching ist eine Wettbewerbspräsentation, zu der mindestens zwei Agenturen eingeladen werden. Diese gestalten auf Basis eines schriftlichen Briefings des Auftraggebers ein Exposé darüber, wie sie die Inhalte dieses Briefings in ein Lernprogramm umsetzen würden. Dieses Exposé stellt das Agenturteam (Projekt- und Vertriebsleiter, Art Director) dann im Pitching vor. In aller Regel werden dabei Vorvisualisierungen präsentiert, zum Teil bereits animiert. Man spricht hier in der Regel von sogenannten „Prototypen". Der Auftraggeber kann sich auf diese Weise ein relativ gutes Bild von der Kompatibilität seiner Erwartungen mit dem Angebot der jeweiligen Agentur machen.

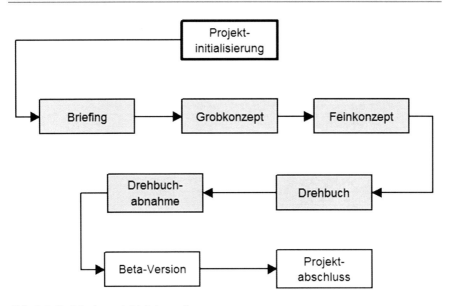

**Abb. 2.1** Projektphase „Initialisierung"

> **Tipp!**
> „Checkliste Auswahl des Produzenten", siehe Kap. 9 und *http://www.dreh-buchtext.de*.

Sobald die Entscheidung für eine Multimedia-Agentur gefallen ist, legt der dort zuständige Projektleiter fest, welche Mitarbeiter seiner Agentur er mit ins Boot nimmt: Medienautor(en), Grafiker, Screendesigner, Softwareentwickler, Teamassistenten.

## 2.1.2 Briefing

Der Auftraggeber bereitet zwischenzeitlich die erste große Teambesprechung vor, im Sinne einer „Lagebesprechung". Er legt grobe Werte für die Dauer und Inhalte der Lernanwendung fest und lädt alle Projektbeteiligten ein. In dieser ersten großen Besprechung geht es um die technischen Möglichkeiten, wie zum Beispiel Lernplattformen, und um das Design, etwa die Integration eines bestehenden Corporate Design. Die Multimedia-Agentur nimmt zu diesem Zeitpunkt eine beratende Funktion ein. In der Berufspraxis wird dieses Treffen zum Projektstart übrigens oft als „Kick-off-Meeting" bezeichnet. Die Ergebnisse dieses Kick-off-Treffens fließen in einen Style Guide ein, der Basis für die weitere Entwicklung des Lernprogramms ist.

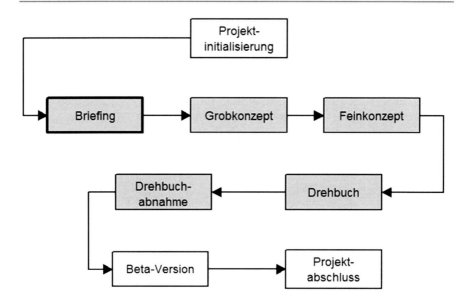

**Abb. 2.2** Projektphase „Briefing"

An das auf die Rahmenbedingungen bezogene erste Treffen schließt sich das
Briefing an, das sich vor allem mit den zu erstellenden digitalen Lerninhalten
beschäftigt (siehe Abb. 2.2). Hierzu lädt der Auftraggeber den Medienautor, den
Projektleiter der Multimedia-Agentur sowie Fachleute aus dem eigenen Unternehmen ein und bildet mit ihnen das Kernteam der Produktion. In dieser Tagung,
deren Dauer sich von zwei Stunden bis zu zwei Tagen erstrecken kann, stimmt
das Kernteam alle im Lernprogramm abzubildenden Lerninhalte ab. Das Protokoll
des inhaltlich ausgerichteten Briefings wandert als Rundmail an alle Mitglieder des
Kernteams und ist bindend für den nächsten Baustein – die Konzeption.

### 2.1.3  Konzeption

Die Konzeption beginnt mit dem Grobkonzept, das der Medienautor auf Basis des
Briefing-Protokolls und des Style Guides erstellt. Je nach Projektverlauf kann das
Grobkonzept inhaltlich mit dem Exposé bzw. dem Angebot der Multimedia-Agentur
zusammenfallen (zum Thema „Grobkonzept" siehe Abschn. 4.1). Erst wenn das
Grobkonzept seitens des Auftraggebers abgenommen ist, schreibt der Medienautor
das Feinkonzept, das dann seine erste Schleife nimmt: Es wandert zum Auftraggeber
und den dortigen Fachleuten. Eventuell zurückkommende Korrekturen arbeitet der
Medienautor ein. Erst auf der Grundlage des schriftlich abgenommenen Feinkonzepts wird im nächsten Schritt das Drehbuch erarbeitet (siehe Abb. 2.3, zum Thema
„Feinkonzept" siehe Abschn. 4.2).

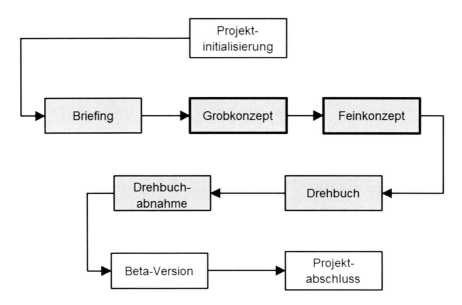

**Abb. 2.3**  Projektphase „Konzeption"

### 2.1.4  Drehbuch und Drehbuchabnahme

Sobald der Medienautor das Drehbuch fertig geschrieben hat, leitet er es weiter an die Agentur. Der Projektleiter und möglicherweise ein Lektor lesen das Drehbuch gründlich Korrektur. Es gelangt auf seiner ersten Korrekturschleife zurück zum Medienautor. Erst das vom Autor überarbeitete und nochmals in der Agentur geprüfte Drehbuch geht an den Kunden. Dort prüfen es der Auftraggeber und die Fachleute auf inhaltliche Richtigkeit und daraufhin, ob der Autor die Inhalte so lernzielgerecht umgesetzt hat, wie es durch das Briefing und das Feinkonzept vorgegeben war. Korrekturen, die an dieser Stelle immer anfallen, wandern parallel zur Agentur und zum Medienautor (zum Thema „Drehbuchschreiben" siehe Kap. 5).

Erst wenn das Drehbuch schriftlich vom Auftraggeber abgenommen ist, kann die technische Produktion des Lernprogramms beginnen. Je nach Umfang des Drehbuchs kann es Zwischenabnahmen geben. Man rechnet mit maximal 100 Seiten für eine Drehbuchabnahme. Sie sparen weitere Korrekturschleifen und damit Zeit und Geld. Sie beschleunigen zudem die Produktion, da die Agentur schon mit der Entwicklung der Software, mit dem Einlesen von Texten und mit dem Erstellen der Grafiken anfangen kann, während der Medienautor an den nächsten Drehbuchkapiteln schreibt (siehe Abb. 2.4).

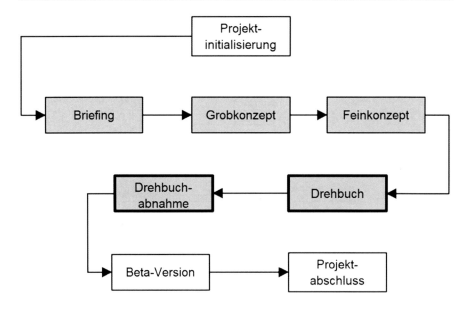

**Abb. 2.4** Projektphase „Drehbuch"

### 2.1.5  Beta-Version und Projektabschluss

Sobald das vollständige Drehbuch abgenommen und die Inhalte daraus technisch umgesetzt sind, steht die sogenannte „Beta-Version" des Lernprogramms. Sie ist vergleichbar mit einem Prototyp beim Autobau und durchläuft nun eine intensive Testphase. Als Tester fungieren das Projektteam sowie bewusst heterogen ausgewählte Lernende der letztendlichen Zielgruppe. Die Tester achten in dieser Phase vor allem auf technische Fehler. Es kommen aber auch immer wieder inhaltliche Änderungen oder neue Strukturierungen in der Beta-Abnahme vor (siehe Abb. 2.5).

Nach der Abnahme der Beta-Version durch den Kunden wird das endgültige Lernprogramm produziert und ausgeliefert bzw. im Intranet/Internet eingerichtet. Doch – Halt! – noch ist das Projekt nicht zu Ende. Zu einem ordentlichen Projektabschluss gehört eine evaluierende Qualitätssicherung des Produktionsverlaufs und der Transferleistung, die mit dem neuen Lernprogramm beim Lernenden erzielt wird.

**Tipp!**
„Checklisten für die Evaluation von Produktionsverlauf und Transferleistung", siehe Kap. 9 und *http://www.drehbuchtext.de*.

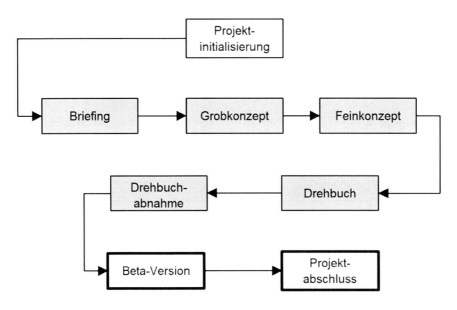

**Abb. 2.5** Projektphase „Abschluss"

## 2.2 Die „Macher" stellen sich vor

### 2.2.1 Medienautor

Der Medienautor wird von den Multimedia-Agenturen meist als freier Mitarbeiter für ein Projekt gebucht. Gemeinsam mit dem Projektteam entwickelt er das Konzept und erarbeitet auf dieser Grundlage das endgültige Drehbuch für die eLearning-Produktion. Neben seiner konzeptionellen Tätigkeit übernimmt der Medienautor eine beratende Funktion: Zu Beginn der Produktion ist er maßgeblich an der Entscheidungsfindung zur Auswahl des richtigen Lernprogramms beteiligt. Aufgaben und Funktionen des Medienautors sind ein Kernthema des vorliegenden Buchs.

### 2.2.2 Projektleiter einer Multimedia-Agentur

Der Projektleiter einer Agentur ist für die gesamte Abwicklung der eLearning-Produktion verantwortlich. Schwerpunkte seiner Tätigkeit sind Zeitplanung, Teamorganisation sowie das Erstellen von Produktionsplänen. Darüber hinaus koordiniert und überwacht er den Projektablauf, kalkuliert und kontrolliert die Kosten.

> „Meine betriebswirtschaftliche Ausbildung unterstützt mich bei der Kalkulation und Kostenplanung." Elke Kast, Senior-Projektleiterin, M.I.T e-Solutions GmbH.

Nicht selten entwickelt er auch das Grob- und Feinkonzept und nimmt erst für das Drehbuch einen Medienautor mit ins Team. Für die Sitzungen beim Kunden

braucht der Projektleiter eine schnelle Auffassungsgabe und eine gute Allgemeinbildung, da die Themenpalette der zu erstellenden eLearning-Anwendung ein wei-
tes inhaltliches Spektrum umfasst. Innerhalb der Agentur benötigt er ein umfassendes Fachwissen über die vielen Sparten der Multimedia-Produktion. Denn er
führt ein Team von Multimedia-Spezialisten so, dass am Ende ein hochwertiges
eLearning-Produkt entsteht, das den Anforderungen und Ansprüchen des Kunden
gerecht wird. Dafür muss ein Projektleiter zudem analytisches Denkvermögen mitbringen und hohe Beratungs- und Führungskompetenz aufweisen. Letztlich muss er
gleich einem Intendanten im Theater das Kunststück vollbringen, Kreativität und
wirtschaftliches Denken zu vereinen. Aufgaben und Funktionen des Projektleiters
einer Agentur sind Kernthemen des vorliegenden Buchs.

### 2.2.3  Auftraggeber

Bevor ein Unternehmen ein eLearning-Projekt starten kann, muss es einen Mitarbeiter als internen Projektleiter dafür festlegen. Dieser Projektleiter definiert zu Beginn das Projekt und führt eine Umfeldanalyse durch (siehe Abschn.
3.1.1 und Abschn. 4.1.1). Erst dann präzisiert und fixiert er die Projektziele. Im
nächsten Schritt konkretisiert der Projektleiter die Aufgabenstellung, die mit der
zu erstellenden eLearning-Anwendung verfolgt werden soll. Am Ende steht – als
Basis für die spätere Evaluation des fertigen Produkts – die genaue Beschreibung
der gewünschten Projektergebnisse. Zu den weiteren Aufgaben des Projektleiters
zählen die Bildung des Projektteams, das heißt die Auswahl der Vertreter aus den
Fachgremien der zu vermittelnden Ausbildungsinhalte, sowie die Auswahl des
externen Dienstleisters, also einer Multimedia-Agentur, die das eLearning-Programm produziert.

> „Obwohl wir ein erfolgreiches Team bei der eLearning-Produktion sind, war es zu Anfang
> doch ein Sprung ins kalte Wasser. Einfacher wäre es gewesen, wenn wir auf die einzelnen
> Projektphasen einer eLearning-Produktion besser vorbereitet gewesen wären." Timo Ret-
> tig, Projektleiter eLearning, Versicherungskammer Bayern.

### 2.2.4  Softwareentwickler

Der Softwareentwickler ist in der Regel Mitarbeiter einer Agentur. Er erstellt nach
den Layout-Vorgaben durch den Screendesigner und nach den Rahmendaten im
Grobkonzept einen Prototyp. Seine Kerntätigkeit besteht daher in der Umsetzung
von konzeptionellen Vorgaben und Ablaufbeschreibungen in Computerprogramme.
Hierfür muss der Softwareentwickler die gängigen Programmiersprachen beherrschen. Gerade für größere eLearning-Produktionen reicht Standardsoftware in der
Regel nicht aus. Hoch qualifizierte Softwareentwickler erarbeiten in diesem Fall
maßgeschneiderte Lösungen für den Kunden.

„Es ist immer von Vorteil, wenn ich mit dem Medienautor besprechen kann, was program-
miertechnisch machbar ist und was nicht; und das, bevor er an die Konzeption geht. Das
spart in der heißen, immer zeitknappen Produktionsphase viele Umwege." Güner Sakinc,
Softwareentwickler der M.I.T e-Solutions GmbH.

### 2.2.5   Screendesigner

Je nach Größe der Multimedia-Agentur ist der Screendesigner freier Mitarbeiter
oder fest angestellt. Er gestaltet aus Farben, Formen, Schriften, dem Layout,
Bildern, Tönen, Texten, Videos und Animationen eine lernerfreundliche Bild-
schirmoberfläche. Dafür bringt er grafisches Know-how mit sowie fundierte Kenntnisse in der Navigation multimedialer Anwendungen. Der Screendesigner kennt
die gängige Grafik- und Visualisierungssoftware und weiß sie effektiv einzusetzen.
Seine Kernfähigkeit ist das Beherrschen der ästhetischen und funktionalen Kriterien
der einzelnen Gestaltungselemente, um diese miteinander verbinden zu können.
Nicht selten führt ein und dieselbe Person die Tätigkeit des Screendesigners und
des Grafikers (siehe Abschn. 2.2.6) aus.

### 2.2.6   Grafiker

Genau wie der Screendesigner arbeitet auch der Grafiker projektbezogen als
Freiberufler oder in großen Agenturen als Angestellter. Seine Aufgabe ist das Erarbeiten von Visualisierungskonzepten. Dazu spricht er sich mit dem Medienautor
ab, der den fachlichen Inhalt in Form von Scribbles visualisiert und an den Grafiker
liefert („Scribbles" siehe Abschn. 5.2.3.1).

„Autoren machen sich zu viel Arbeit, indem sie aufwendige Grafiken erstellen. Einfache,
handgezeichnete Scribbles genügen einem professionellen Grafiker; das spart Zeit und
jeder konzentriert sich auf das, was er am besten kann." Christian Ertl, bildersprache.

Für das Erstellen der benötigten Grafiken setzt der Grafiker diverse Werkzeuge
ein, wie zum Beispiel Photoshop, Painter, Illustrator, Freehand, PowerPoint sowie
HTML- oder XML-Werkzeuge. Zu seiner gestalterischen Tätigkeit gesellt sich die
aktive Kommunikation mit dem Medienautor, dem Softwareentwickler sowie dem
Screendesigner, um eine hohe Qualität und eine termingerechte Fertigstellung des
Materials sicherzustellen. In kleineren Agenturen kann die Funktion des Grafikers
mit der des Screendesigners (siehe Abschn. 2.2.5) zusammenfallen.

### 2.2.7   Animator

Für moderne, interaktive Lernmedien ist der Animator sehr wichtig. Er wertet
Grob- und Feinkonzepte sowie Drehbücher aus, um daraus Tonmontagen und Bild-
effekte für computerfähige Videofilme oder flashbasierte Animationen zu gestalten.

Einsatzmöglichkeiten sind Leitfiguren oder Trailer für eLearning-Anwendungen sowie Simulationen, um einen komplizierten Lerninhalt anschaulich darzulegen (siehe Abschn. 5.3.3, Abschn. 5.2.2.5 und Abschn. 5.4.1.7).

## Literaturhinweise

PAS 1032-1, -2 (2004). Aus- und Weiterbildung unter besonderer Berücksichtigung von e-Learning - Teil 1: Referenzmodell für Qualitätsmanagement und Qualitätssicherung - Planung, Entwicklung, Durchführung und Evaluation von Bildungsprozessen und Bildungsangeboten - Teil 2: Didaktisches Objektmodell; Modellierung und Beschreibung didaktischer Szenarien, siehe: *http://www.beuth.de*.

# Briefing: Welche Inhalte sollen ins Drehbuch?

**3**

**Zusammenfassung**

Kapitel 3 zum Thema „Briefing" konzentriert sich auf die Teamarbeit einer eLearning-Produktion. Die Anforderungen, mit denen sich die Beteiligten einer Briefing- oder Drehbuchabnahme-Sitzung konfrontiert sehen, werden im Detail erläutert. Ein weiterer Schwerpunkt ist die Beratung des Kunden hinsichtlich der Auswahl der für sein Unternehmen geeigneten eLearning-Form sowie hinsichtlich der didaktisch sinnvollen Umsetzung von Lerninhalten. Angereichert ist das Kapitel mit vielen praktischen Tipps, Berechnungsbeispielen für die Kostenkalkulation und Formularen für die sichere Projektleitung.

> Das Briefing ist ein Informationsgespräch, aus dem alle Beteiligten mit einem Arbeitsauftrag hinausgehen.

Das Briefing ist Dreh- und Angelpunkt für die anschließende Drehbucherstellung, denn hier werden die Inhalte festgelegt, die der Lernende später in der eLearning-Anwendung bearbeiten soll. Das Briefing ist sozusagen das Handwerkswissen, es ermöglicht den Informationsaustausch zwischen den Projektbeteiligten und konkretisiert die Aufgabenstellung. Es soll eine Plattform bieten, auf welcher der Auftraggeber seine Ziele und Lerninhalte vermitteln kann. Ergebnis des Briefings ist eine möglichst präzise Aufgabenbeschreibung und -zuordnung für die einzelnen Teammitglieder. Deshalb ist auch die Verbindlichkeit der Aussagen von entscheidender Bedeutung. Der Auftraggeber sollte eindeutig Stellung beziehen und diese idealerweise im Verlauf der Projektarbeit auch beibehalten. Damit sind zum Beispiel die Zuständigkeiten im Projekt gemeint: Die Projektleiter des Auftraggebers sollten entscheidungsbefugt sein. Für ein erfolgreiches Briefing bringt der Auftraggeber seine fundierte Sachkenntnis mit ein und der Auftragnehmer, also die Agentur, eine gute Markt- und Umsetzungskenntnis. Dazu gesellen sich Loyalität und Vertrauen sowohl innerhalb des jeweiligen Unternehmens als auch untereinander im Projektteam. Richtungsänderungen während des Projekts (Wechsel der Zuständigkeiten, Änderung der gewählten eLearning-Form oder Ähnliches) sollten möglichst vermieden werden, denn sie sind meist mit sehr hohem Aufwand verbunden.

D. Stoecker, *eLearning – Konzept und Drehbuch*,
DOI 10.1007/978-3-642-17206-9_3, © Springer-Verlag Berlin Heidelberg 2013

Kein Briefing findet ohne Agenda statt. Es ist folglich wichtig, dass alle Beteiligten gut vorbereitet sind, denn das Briefing, genau wie die Multimedia-Produktion insgesamt, ist Teamarbeit. Dem Medienautor und den Mitarbeitern der Multimedia-Agentur kommen hierbei gleichermaßen beratende Funktionen zu. Am Ende dieses Kapitels erfahren Sie noch mehr zum Ablauf der Sitzungen bei der Drehbuchabnahme. Diese sind dem Briefing zugeordnet, da in großen Projekten die Teilabnahme eines Drehbuchs und das weitere Zusteuern von Briefing-Inhalten zusammenfallen können.

## 3.1    Vorbereitungen

Eine gründliche Vorbereitung auf das Briefing durch alle Beteiligten erspart Zeit und damit Geld. Zwei Kerngedanken führen durch die Vorbereitung: *Lernziele* und die *Konzentration auf das Wesentliche*. Gerade der Auftraggeber sollte sich an dieser Stelle noch einmal bewusst machen, dass er sich in die Vorbereitungsphase intensiv einbringen muss, um am Ende ein qualitativ hochwertiges eLearning-Programm zu erhalten. Die Vorbereitungsphase zeichnet sich maßgeblich durch umfangreiche Analysen aus, deren Ergebnisse zusammengefasst im Briefing präsentiert werden. Das Briefing umfasst folglich nicht nur den Termin der Zusammenkunft selbst, sondern im Besonderen auch die Vor- und Nachbereitung. Dies wirkt sich entsprechend auf die Angebotserstellung seitens des Autors aus, der in sein Tageshonorar die Vor- und Nachbereitungszeiten mit einkalkulieren muss (siehe Abschn. 6.1.1).

### 3.1.1    Der Auftraggeber bereitet sich vor

Der wichtigste Akteur der Vorbereitungsphase ist der Auftraggeber selbst. Noch vor dem Briefing hält er unternehmensintern eine Beschlusskonferenz ab, in der er die Entscheidung für die Produktion eines Lernprogramms fällt. Es werden ein (oder mehrere) Projektleiter benannt und das Budget festgelegt. Der in der Beschlusskonferenz benannte Projektleiter nimmt alle Informationen aus der Sitzung auf. Sie sind Basis seiner Vorbereitung auf das Briefing, das mit der aus dem Pitching hervorgegangenen Agentur abgehalten wird. Die Konferenz dient außerdem dazu, das Richtziel des Lernvorhabens festzusetzen und die Personen zu benennen, die ausgebildet werden sollen, sprich die Zielgruppe zu definieren. Vor der Zusammenkunft als Projektteam und dem Projektstart sind zahlreiche Informationen einzuholen und zu bündeln, um im späteren Projektverlauf Fehlinvestitionen und Verzögerungen vorzubeugen. Neben der Präsentation der Ergebnisse aus den nachfolgend dargelegten Vorbereitungsschritten sollte der Auftraggeber im Briefing eine Kurzdarstellung zum Unternehmen für alle Projektbeteiligten bereithalten. Wichtig sind Informationen über die Positionierung am Markt, die Kommunikationswege nach außen und übergeordnete Unternehmensstrategien. Eine Liste der Projektmitglieder aus dem eigenen Haus sollten mit Name, Funktion und Kontaktdaten an die Externen verteilt werden. Das Briefing ist der beste Zeitpunkt für den Auftraggeber, um besondere Gestaltungswünsche zu äußern, denn noch hat die Produktion nicht angefangen und allen Ideen, Besonderheiten und Wünschen kann hier entsprechender Raum gewährt werden.

### 3.1.1.1 Ausgangslage und Problemstellung benennen

An erster Stelle der Vorbereitung steht die Ausgangssituation. Der Auftraggeber legt dar, wieso er sich für die Produktion eines interaktiven Lernprogramms entschieden hat. Was war/ist die Problemlage? Welches Ziel soll mit der eLearning-Anwendung verfolgt werden? Um diese Problemstellung benennen zu können, muss der Auftraggeber eine interne Problemanalyse durchführen, die folgende Fragen klärt:

- Welches Problem soll mit eLearning gelöst werden?
- Ist es tatsächlich ein Problem, das auf Bildungsdefiziten basiert?

Nur mit einer genauen Definition des Problems ist garantiert, dass die Weiterbildungsmaßnahme an sich die richtige Methode zur Lösung sein wird. Zugleich verweist die Definition des zu lösenden Problems schon auf das Richtziel der Lernanwendung, wie es später entwickelt werden wird (siehe Abschn. 4.1.1.4 und Abschn. 3.2.3). Und das Aufspüren von Bildungsdefiziten beinhaltet bereits Hinweise auf die später noch einzugrenzende Zielgruppe (siehe Abschn. 4.1.1.3). Die Gegenfrage als Probe für eine folgerichtige Definition des Problems lautet:

- Oder ist es ein Problem in der Technik, im Management oder Ähnlichem?

Zeigt sich bei der Gegenprobe, dass das Problem auf technische Unzulänglichkeiten verweist oder Schwierigkeiten im Management, dann ist eine Weiterbildungsmaßnahme und eine damit verbundene eLearning-Anwendung fehl am Platz.

### 3.1.1.2 Anforderungsprofil und Richtziel erstellen

Das Anforderungsprofil soll aufzeigen, bei welchen Zielgruppen Kompetenzen aufzubauen sind und in welchem Feld ein bestimmter Bildungs- und Trainingsbedarf via eLearning besteht, zum Beispiel:

- Für bestimmte Aufgaben.
- Bezogen auf finanzielle Folgen, Arbeitsschutz, reibungslose Arbeitsprozesse.
- Als Bestandteil einer betrieblich einzuführenden Weiterbildungsmaßnahme.
- Als Datenlieferant für spätere (umfassende) Bildungsmaßnahmen.

Zur Beantwortung dieser Fragen empfiehlt sich folgende Vorgehensweise:

- *Womit?* Fragebögen oder persönliche bzw. telefonische Interviews. Auch eine Online-Befragung ist denkbar.
- *Wer?* Je nach Ergebnis der Problemanalyse durch eine Stichprobe der Zielgruppe des Lernprogramms oder der Führungskräfte.

Hilfreich für das Erstellen des Anforderungsprofils auf der Basis von Fragebögen oder Ähnlichem ist das gezielte Eingrenzen der Art und Weise des Weiterbildungsbedarfs im Betrieb. Nach Niegemann et al. (2008) lassen sich hierfür verschiedene Bedarfskategorien unterschieden, wie sie Tab. 3.1 auflistet.

Im Idealfall ergeben sich aus der Befragung unter Beachtung der Kategorien aus Tab. 3.1. weiterführende Informationen zu den erforderlichen Lernzielen sowie über die Art und Umstände der Anwendung des zu erwerbenden Wissens. Aus dem

**Tab. 3.1** Kategorien der Bedarfsanalyse

| | |
|---|---|
| Normativer Bedarf | Bildungsziel ist das Erreichen eines nationalen oder internationalen Qualifikationsstandard bei der Zielgruppe. |
| Subjektiver Bedarf | Es besteht seitens der Mitarbeiter der Wunsch nach Weiterbildung; der subjektive Bedarf ist diskutierbar. |
| Demonstrierter Bedarf | Mitarbeiter zeigen starkes Interesse an Seminaren o. ä.; Indikatoren: zum Beispiel Wartelisten oder Vorbestellungen für Fachbücher. |
| Zukünftiger Bedarf | Beispielsweise besteht für die Einführung einer neuen Software zukünftiger Weiterbildungsbedarf (hoher Analyseaufwand). |
| Ereignisorientierter Bedarf | Mitarbeiter sind auf Krisen oder kritische Ereignisse nicht ausreichend vorbereitet; Auslöser: oft kritischer Vorfall im Betrieb. |

Anforderungsprofil heraus kann nun das Richtziel formuliert werden (zur Formulierung von Lernzielen, siehe Abschn. 4.1.1.4).

### 3.1.1.3 Zielgruppe beschreiben
Idealerweise führt der Auftraggeber noch vor dem Briefing eine Zielgruppenanalyse durch, wie sie in Abschn. 4.1.1.3 beschrieben wird. In vielen Projekten erfolgt sie jedoch erst nach dem ersten Briefing und mit Unterstützung der beauftragten Multimedia-Agentur.

### 3.1.1.4 Fachinhalte bündeln
Für die Eingrenzung und die Bündelung des zu vermittelnden Lehrstoffs muss eine sorgfältige Inhaltsanalyse vorgenommen werden. Eine beliebte Stolperfalle ist dabei, vorhandenes Inhaltsmaterial aus verschiedenen Quellen zu sammeln und nun zu versuchen, die wichtigsten Inhalte daraus zu filtern. Dieser Weg ist nie zielführend, da sich auf diese Weise die Lernstoffaufbereitung dem Inhaltsangebot beugen muss. Die Frage lautet also nicht „Welches vorhandene Lernmaterial verwerten wir?", vielmehr dient der sinnvollen Inhaltsanalyse folgendes Frageschema:
- *Welchen Wissensstand* haben die Lernenden?
- *Welche Fähigkeiten und welches Wissen* wollen wir *wie* aufbauen?
- *Welche Inhalte* wollen wir *wie* vermitteln?
- *Welche Materialien* stehen *dafür* bereit?

Die auf diese Weise gesammelten Materialien liefern die Basis-Inhalte, die interaktiv aufbereitet werden sollen. Im Multimedia-Jargon nennt man sie auch „Basaltext".

### 3.1.1.5 Ressourcen zusammenstellen
Das Zusammenstellen der Ressourcen kann in der Briefing-Phase nur einen groben Richtwert liefern, da sich erst in der Konzeptionsphase Dauer, Kosten, Technikanforderungen und Personalaufwand der Produktion konkretisieren lassen. Die für das Briefing wichtigsten Ressourcenangaben zeigt Tab. 3.2.

**Tab. 3.2** Ressourcenanalyse des Auftraggebers für das Briefing

| | |
|---|---|
| Teammitglieder des Unternehmens | Zum Beispiel Projektleiter, technischer Leiter, Fachberater, Projektassistenz. |
| Terminvorgaben des Unternehmens | Zum Beispiel definitiver End- oder Starttermin, Zeitspannen mit eingeschränkten personellen Ressourcen. |
| Technische Ausstattung | Zum Beispiel Internetzugang an den Lernarbeitsplätzen, Multimediaausstattung der Lern-PC, im Detail erst auf der Ebene des Grobkonzepts auszuarbeiten, siehe Abschn. 4.1. |
| Einsatzort | Lernort der Zielgruppe benennen, zum Beispiel zu Hause, im Betrieb, im Schulungszentrum. Benennen, ob der Einsatz lokaler, regionaler, nationaler oder internationaler Art sein soll. |
| Budget | Achten Sie auf eine schlüssige Kosten-/Nutzenrechnung und lassen Sie sich die Kalkulationsgrundlagen der Agentur im Briefing erläutern. Fragen Sie ohne Scheu nach den zu Grunde gelegten Tagessätzen (siehe Abschn. 3.3.6). |
| Verfügbares Material | Beispiele für Quellen didaktisierbaren Materials: <br> • Vorhandenes Bildmaterial, möglicherweise digital und lizenzkostenfrei. <br> • Bisherige Ausbildungsmedien (zum Beispiel Videos, Lehrbücher und -hefte, Foliensätze etc.). <br> • Vorhandenes Werbematerial (zum Beispiel Anzeigenwerbung), das in die inhaltliche Aufbereitung mit einfließen kann. <br> • Werbejingles, die in die Vertonung integriert werden können. <br> • TV-Spots. <br> • Informationsfilme oder Animationen im Webauftritt des Unternehmens. <br> • Werbung mit Meinungsführern (Testimonials). |

**Tipp!**
Checkliste „Vorbereitung auf das Briefing für den Auftraggeber", siehe Kap. 9 und *http://www.drehbuchtext.de*.

## 3.1.2 Der Agentur-Projektleiter bereitet sich vor

Die Vorbereitung des Agentur-Projektleiters auf ein Briefing beginnt eigentlich schon mit der Angebotserstellung, noch bevor der Auftrag erteilt wurde. Hierfür hat der Projektleiter sich bereits über das Unternehmen informiert sowie über die Inhalte und Lernziele des zu erstellenden Lernprogramms. Genau wie der Autor kennt er die Branche des Auftraggebers, die Berufsbezeichnungen und Namen der Projektmitglieder, die dortigen Hierarchien und wenn möglich, Verantwortlichkeiten.

> **Tipp!**
> Checkliste „Faktenblatt Auftraggeber", siehe Kap. 9 und *http://www.drehbuchtext.de*.

Kernbestandteil der Vorbereitung des Projektleiters ist es, noch vor dem Briefing einen groben Projektplan zu erstellen. Softwareprogramme, wie zum Beispiel Microsoft Project, unterstützen ihn dabei, wie das Beispiel in Abb. 3.1 zeigt. Die Projektmanagementsoftware sollte mindestens folgende Funktionen aufweisen: Zeit- und Ressourcenplanung, Kostenkalkulation, Datenaustausch mit anderen Programmen, Planerstellung mit vernetzten Balkendiagrammen und Internetfähigkeit für die virtuelle Zusammenarbeit.

Der Terminplanung liegt eine Einschätzung der Dauer der jeweiligen Projektphasen zu Grunde, wie sie in Abschn. 3.3.5 beschrieben ist. Generell sollten Pufferzeiten für die Abgabetermine einzelner Projektschritte eingeplant werden. Die vorweggenommene Terminplanung unterstützt eine rasche Termineinigung im Briefing und ermöglicht den sofortigen Projektstart. Der Medienautor kann gleich im Anschluss an die Sitzung mit dem Drehbuchschreiben beginnen und muss nicht erst abwarten, bis weitere Termine per Rundmail an alle Sitzungsteilnehmer bekannt gegeben werden.

> „Ich plane auch für die Autoren immer etwas Puffer mit ein. Nur so kann ich bei Verzögerungen den Endtermin noch einhalten." Elke Kast, Senior-Projektleiterin, M.I.T e-Solutions GmbH.

Den gleichen Stellenwert wie die Terminplanung nimmt die Festsetzung des Kostenrahmens ein. Der Projektleiter einer Agentur muss sich hier gut vorbereiten, um dem Kunden am Ende des Briefings neben genauen Terminen auch genaue Preise nennen zu können. Für eindeutige Aussagen über die Kosten sollte sich der Projektleiter eine Liste zusammenstellen, die alle möglichen technischen Ausführungen mit Vor- und Nachteilen aufführt und die jeweiligen Kosten zuordnet.

Zur Kostenkalkulation gehört außerdem, eine Übersicht von Korrekturkosten zusammenzustellen. Auch hier sollte der Projektleiter feste Preise nennen können, falls dies nicht schon im Vorfeld bei der Angebotserstellung erfolgt ist. Die konkreten Angaben zu Korrekturkosten sind deshalb so wichtig, weil sie in der heißen Korrekturphase in der Regel nochmals zum heftig diskutierten Tagesordnungspunkt werden, was wiederum das Projekt unnötig verzögert und weitere Kosten verursacht. Man kann sagen: Je klarer die Aussagen über Kosten, umso reibungsloser und damit erfolgreicher gestaltet sich der Projektverlauf (siehe Absch. 3.3.6).

Genau wie bei den Terminen sind auch bei der Kostenkalkulation Puffer einzuplanen. Damit verhindert ein Projektleiter, dass bei unvorhergesehenen Arbeiten der Kostenrahmen gesprengt wird. Beispielsweise ist eine alte Regel im Geschäft, dass der Softwareentwickler immer genau das Budget verbraucht, das er hat.

Zur Vorbereitung eines Projektleiters zählt auch, Vorstellungen darüber zu entwickeln, wie das zu erstellende eLearning technisch umzusetzen ist und dies innerhalb seiner Agentur mit Grafik, Screendesign und vor allem der Softwareentwicklung

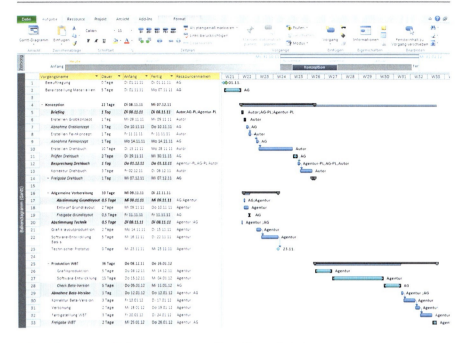

**Abb. 3.1**  Vernetztes Balkendiagramm, erstellt in Microsoft Project"

abzustimmen. Ins Briefing bringt er eine Übersicht mit, was technisch machbar und empfehlenswert ist. Idealerweise wurde schon ein kleiner Prototyp entwickelt, der dann präsentiert werden kann. Ein Briefing ist teuer, alle Anwesenden setzen ihre bezahlte Arbeitszeit hierfür ein. Umso wichtiger ist es, dass der Projektleiter die für die Präsentation benötigte Technik am Vortag prüft und zwar in den Räumen, in denen das Briefing stattfinden wird und mit genau den Geräten, die dann eingesetzt werden sollen.

Optimal wäre es, wenn der Projektleiter am Vortag des Briefings noch ein Gespräch mit dem Medienautor darüber führt, wie beide gemeinsam das Briefing gestalten wollen und wie sie untereinander die Rollen verteilen. Doch in der Praxis bleibt hierfür meist keine Zeit. Am Ende seiner Vorbereitungen stellt der Projektleiter die Agenda auf. Das heißt, er schreibt mit Zeiteinheiten und Inhaltsangaben auf, wie der Briefing-Termin ablaufen soll. Leitfragen dazu könnten sein:

• Welche Besprechungspunkte sollen in welcher Reihenfolge bearbeitet werden?
• Welche Techniken und Medien werden eingesetzt?
• Welche Präsentationsform eignet sich?
• Wie viel Zeit wird je Tagesordnungspunkt benötigt?

Die Agenda ist eine Art Navigator, der den Projektleiter sicher durch das Briefing steuert, wobei bewusst sein muss, dass flexible Abweichungen manchmal nötig sind.

„Wenn trotz aller Vorbereitung was nicht klappt, muss ein routinierter Projektleiter gut improvisieren können." Elke Kast, Senior-Projektleiterin M.I.T e-Solutions GmbH.

### 3.1.3    Der Medienautor bereitet sich vor

Der Medienautor sollte sich ausreichend Zeit nehmen, um sich auf das Briefing vorzubereiten. Dabei begegnen ihm verschiedene Ausgangssituationen: Zum einen kann es vorkommen, dass er noch gar nichts über das zu erstellende Lernprogramm weiß. Meist jedoch erhält er von der Agentur schon Vorabinformationen und kann mit konkreten Vorschlägen gut gerüstet ins Briefing gehen.

#### 3.1.3.1 Informationen über den Auftraggeber einholen

Ein erster Schritt ist, sich im Internet über das beauftragende Unternehmen zu informieren. Der Webauftritt gibt Aufschluss darüber, wie sich das Unternehmen am Markt positioniert und welche Unternehmensphilosophie es vertritt. Diese Eindrücke gilt es später im Drehbuch zu verarbeiten, wenn die Navigation und das Pflichtenheft erstellt werden sollen und die grafische Umsetzung zu entwickeln ist. Auf der Webseite lässt sich auch gut das vorhandene Bildmaterial evaluieren und schon in ein Minikonzept für die geplante Lernanwendung umsetzen.

**Beispiel:**

Angenommen, Ihr Kunde ist das Möbelhaus Ikea. Der Besuch der Website zeigt, dass das Unternehmen eine stark personalisierte Ansprache bevorzugt: Beispielsweise beantwortet die virtuelle Figur „Anna" Fragen rund ums Sortiment. Die Zeichnung und Animation der Figur zeigt verschiedene Gesichter und Gefühle, zum Beispiel wenn sie etwas nicht verstanden hat. Einrichtungsberatung bietet eine „reale" Expertin namens „Kirsten", die zugleich Mitglied der „hej-community" ist, die ebenfalls zum Möbelhaus-Service zählt. Ein Lernprogramm für diesen Kunden sollte folglich personalisierte Elemente enthalten, eine Leitfigur und die Möglichkeit, die Lernenden online über eine Community zu vernetzen. Der Kunde wird diese Ideen gerne aufgreifen, da er seine Unternehmensphilosophie darin gespiegelt sieht.

Neben dem Webauftritt gewährt auch die Tages- und Fachpresse Einblicke in das Geschäft des Auftraggebers. Dort lässt sich zum Beispiel herauslesen, ob das Unternehmen in Kürze international expandieren will. Dann kann der Autor schon beim Briefing darauf verweisen, die Inhalte so aufzubereiten, dass sie auch für die hinzukommenden Mitarbeiter im Nachbarland relevant sein werden. Der Auftraggeber wird darin seinen Vorteil zukünftiger Kostenersparnis erkennen und für die Weitsicht dankbar sein. Und für die Agentur und sich selbst baut der Autor damit einen Teil des Fundaments, das einer langfristigen Zusammenarbeit dienen soll.

**Literaturtipp!**
*Gabriele Fietz et al.*: „eLearning für internationale Märkte", Bertelsmann.

Darüber hinaus sollte der Autor sich in der Branche des Auftraggebers auskennen und gut informiert sein über die Berufsbezeichnungen, Hierarchien, Verantwortlichkeiten und Namen der Anwesenden.

**Tipp!**
Checkliste „Faktenblatt Auftraggeber", siehe Kap. 9 und *http://www.drehbuchtext.de*.

### 3.1.3.2 Analysemethoden kennen und kommunizieren

Neben der Recherche über das Unternehmen hat der noch „uninformierte" Medienautor eine weitere Möglichkeit, sich professionell auf das Briefing vorzubereiten: Er macht sich mit den Analysen vertraut, die zur Vorbereitung seitens des Auftraggebers gehören (siehe Abschn. 3.1.1). Durch konkretes Nachfragen bezogen auf die einzelnen Analyseelemente kann er wichtige Informationen aus dem Briefing gewinnen und zu einem erfolgreichen Verlauf beitragen. Als Ergänzung kann der Medienautor einen etwas kürzeren Fragenkatalog vorbereiten, den er mit ins Briefing nehmen kann. Falls die Fragen seitens des Auftraggebers nicht sofort beantwortet werden können, sollte er immer Kopien des Fragenkatalogs bereithalten, die er zur Bearbeitung überreichen kann. Aus diesem Fragenkatalog generiert sich später das didaktische Konzept (siehe Abschn. 3.3.1).

**Tipp!**
Checkliste „Fragenkatalog an den Auftraggeber" und „Vorbereitung auf das Briefing durch den Auftraggeber", siehe Kap. 9 und *http://www.drehbuchtext.de*.

### 3.1.3.3 Vorschläge für das Grobkonzept zusammenstellen

Verfügt der Medienautor bereits über Informationen zu den Inhalten, die als eLearning umzusetzen sind, kann er im Vorfeld des Briefings konkrete Vorschläge für die Grobkonzeption ausarbeiten. Neben den Analysemethoden und -ergebnissen (siehe Abschn. 3.1.1) unterstützen ihn dabei folgende Leitfragen:
- Welches didaktische Konzept ist zu empfehlen (siehe Abschn. 3.3.1)?
- Brauchen wir eine Leitfigur (siehe Abschn. 5.2.2.5)?
- Welche Tonality ist empfehlenswert, wenn die Zielgruppe schon bekannt ist (siehe Abschn. 5.2.2.3)?
- Welche Aufgabentypen eignen sich am besten für die Sicherung des Lernerfolgs (siehe Abschn. 5.4)?
- Welche Lernerfolgskontrolle soll eingesetzt werden (siehe Abschn. 5.4.2)?

- Sollen Abbildungen zeichnerisch, fotografisch, filmtechnisch oder als Animation umgesetzt werden (siehe Abschn. 5.3)?
- Welche Benutzerführung eignet sich gut (siehe Abschn. 4.1.1.7)?

### 3.1.3.4 Eigenes Fachwissen auf dem aktuellsten Stand halten

Da auch von Seiten des Auftraggebers und der Agentur-Projektleitung Fragen auf den Medienautor zukommen, empfiehlt es sich, das eigene Fachwissen vor einem Briefing auf den aktuellsten Stand zu bringen. Informationsquellen sind Fachzeitschriften, Fachportale im Internet und die Tagespresse (weiterführende Informationen dazu, siehe Abschn. 8.1.1).

### 3.1.3.5 Abstecken seiner Kapazitäten

Ein wichtiger Vorbereitungsschritt für den Medienautor ist das Abstecken seiner Kapazitäten:

- Welche Zeiten kann er für das anstehende Projekt blocken?
- Wie viel Zeit wird er für das Erstellen einer Bildschirmseite benötigen?
- Wie viele Tage wird das Drehbuchschreiben insgesamt in Anspruch nehmen (unter Beachtung von Pufferzeiten für Urlaub, Krankheit und Projektverzögerungen)?

Einen Großteil der Zeitplanung übernimmt zwar die Projektleitung der Agentur, doch der Autor sollte ebenfalls die Übersicht behalten, wenn am Ende des Briefings die Terminplanung besprochen wird. Dem Kunden wird die Sicherheit vermittelt, dass der Autor Liefertreue gewährleisten kann und das Projekt damit seinen geplanten Verlauf nimmt.

## 3.2    Das Briefing ist Teamarbeit

> „eLearning-Projekte sind stets zeitkritisch, sodass zeitliche Puffer kaum eingeplant werden können. Damit ist die reibungslose Zusammenarbeit im Team äußerst wichtig." Elke Kast, Senior-Projektleiterin M.I.T e-Solutions GmbH.

Das Briefing ist Teamarbeit. Dass der Autor und die Vertreter der Agentur zum Kunden kommen und einfach nur mitschreiben oder abheften, was an Lerninhalten zur Verfügung gestellt wird, ist nicht Sinn und Zweck eines Briefings. Vielmehr müssen sich alle Beteiligten durch eine solide Vorbereitung und hohe Wachsamkeit aktiv in das Briefing einbringen. Es ist besser, eine Frage zu viel zu stellen, als Verständnis zu signalisieren, wo keines da ist, nur um Know-how vorzutäuschen. Dieser Erkenntnis folgte schon vor 400 Jahren der Philosoph und Forscher Francis Bacon: „Klug fragen können, ist die halbe Weisheit." Man sollte sich daher seine Fragen gut überlegen, dann aber auch nicht zögern, diese auszusprechen. Die Agenturen und Medienautoren sind oft fachfremd und wickeln eLearning-Projekte zu Lerninhalten für Unternehmen der verschiedensten Branchen ab. Demzufolge gibt es immer viel zu hinterfragen, auch weil jedes Unternehmen seine Aus- und Weiterbildung ganz individuell gestaltet. Doch gerade der „Fachfremde" ist für die eLearning-Produktion wichtig, denn sein unverstellter Blick von außen erlaubt eine didaktisch „saubere" Umsetzung, wie sie Fachleuten oft so nicht möglich ist.

Der Ablauf eines Briefings gestaltet sich in der Regel entsprechend der Agenda, die der Projektleiter der Agentur vorbereitet hat (siehe Abschn. 3.1.2). Es beginnt damit, dass der Auftraggeber sein Anliegen in Bezug auf das neue Lernprogramm darlegt. Im Anschluss daran präsentiert der Projektleiter der Agentur die Möglichkeiten der technischen Umsetzung, idealerweise anhand der Demonstration eines kleinen Prototyps. Daran schließt sich die Beratung durch den Medienautor an, welche Art von Lernprogramm er sich mit den bisherigen Informationen vorstellt.

> **Tipp!**
> Checkliste „Teamarbeit im Briefing", siehe Kap. 9 und *http://www.drehbuch-text.de*.

### 3.2.1   Der Medienautor im Team

Der Medienautor kommt nach seiner gründlichen Vorbereitung gut gerüstet ins Team. Sein Sprechanteil nimmt mit der Dauer des Briefings stetig zu. Das heißt, zu Anfang der Sitzung ist er eher still, hört wachsam hin und verknüpft bereits hier geistig das vom Auftraggeber präsentierte Wissen und die dargelegten Anforderungen mit seinen möglichen Vorschlägen, die er später präsentieren wird. Sobald der Kunde sein Anliegen vorgetragen hat, wird sich der Projektleiter der Multimedia-Agentur einschalten und Anregungen zur technischen Umsetzbarkeit geben, welche Lernplattform, welches Konzept sich am besten eignet. Dazu gibt er eine Kosteneinschätzung ab. Immer noch hält sich der Medienautor zurück, auch wenn er möglicherweise einen konstruktiven Gegenvorschlag zur technischen Umsetzung im Hinterkopf hat. Wichtig ist, dass der Autor sich als Teil des Agenturteams versteht. Die Rede ist hier von Loyalität. Er darf dem Projektleiter nicht in den Rücken fallen, nur um einen Know-how-Vorsprung zu signalisieren. Wenn er dann im letzten Drittel des Briefings das Wort ergreift, um einen Gegenvorschlag zu machen, geht er am besten so vor: „Ich unterstütze den Vorschlag des Projektleiters voll und ganz. Wir hatten uns aber auch im Vorfeld schon über eine Alternative unterhalten, nämlich ..., die gerade für diese Anwendung doch sehr sinnvoll wäre, weil die Problemorientierung mehr Identifizierungsmöglichkeiten für den Lernenden, der täglich im Verkauf steht, erlaubt." Der Medienautor bringt die fachliche und didaktische Kompetenz mit ins Briefing. Dazu muss er auch das Angebotskonzept der Agentur gut kennen und zur Not auch in der Lage sein, es zu präsentieren. Noch besser ist es natürlich, wenn sich Projektleiter und Autor im Vorfeld über ihre Vorbereitungen abstimmen und so vor Überraschungen im Briefing gefeit sind. Der oben dargestellte Ablauf wird aus zeitlichen Gründen so nicht immer möglich sein. Manchmal kommt es auch vor, dass den Autor im Briefing ein Geistesblitz ereilt, der in den Vorbereitungen noch nicht zündete. Dennoch sollte er diese wertvolle Idee aufgreifen und dabei auf eine loyale Kommunikationsform achten. Gegen Ende des Briefings gibt der Medienautor seine Vorstellungen der lerndidaktischen Umsetzung der Inhalte bekannt und holt sich dafür die Zustimmung des Auftraggebers. Diese Zustimmung ist Basis für die Konzeption.

Eine wichtige Aufgabe für den Medienautor im Team ist es, den Kunden sicher durch eine konsequente Absteckung der Lerninhalte zu steuern. Meist wollen vor allem Fachleute jedes noch so kleine Detail abgebildet haben. Darunter leiden aber die didaktische Umsetzung und letztlich der Lernende, der sich das Thema später am Bildschirm erarbeiten soll. Die Fülle der Inhalte wird ihn erschlagen. Der Autor sollte folglich vertraut sein mit der Inhaltsanalyse (siehe Abschn. 3.1.1 und Abschn. 4.1) und darüber hinaus geübt und sicher im Streichen sein. Redaktionserfahrung ist durchaus vorteilhaft, denn dort lernt er tagtäglich, Inhalte auszuwerten und auf die wesentliche Information hin zu kürzen. Der Medienautor darf beim Redigieren ruhig übers Ziel hinausschießen, denn die Fachleute werden jeden einzelnen Satz, jedes Inhaltsdetail verteidigen wie die Löwen. Wenn der Autor sich dabei innerlich das Bild eines Spiels schafft, hilft ihm das dabei, diese oft heftigen Diskussionen nicht persönlich zu nehmen und sich immer auf die Sache und damit auf das Resultat eines guten eLearning-Programms zu fokussieren. Besonders wachsam sollte der Medienautor sein, wenn Zahlen und Statistiken präsentiert werden, die im Lernprogramm umgesetzt werden sollen. Es gilt im Vorfeld zu erfragen, wie wichtig diese sind, denn Zahlen und Statistiken sind extrem änderungsanfällig und kosten damit auf lange Sicht ganz einfach viel Geld. Wenn sie also nicht von entscheidender Bedeutung sind (zum Beispiel produktbezogene Spezifikationen), sollten sie gnadenlos gestrichen werden. Beispielsweise lassen sich Entwicklungen und Tendenzen auch allgemein als „wachsend" oder „fallend" formulieren. Generell sollte der Medienautor eine hohe soziale Kompetenz haben, denn er muss Wünsche erfassen, erfragen, ja nicht selten erfühlen und dann mit dem eigenen Know-how verknüpfen. Im Idealfall steuert er den Kunden dahin, dass dieser meint, die Ideen und Entscheidungen für das optimale Lernprogramm kommen von ihm selbst.

**Tipp!**
Sichere Gesprächsführung im Briefing mithilfe der Checkliste „Fragearten und -techniken", siehe Kap. 9 und *http://www.drehbuchtext.de*.

Entscheidend ist, dass der Medienautor im Briefing konkrete Vorschläge für die Konzeption unterbreitet. Diese sollte er anhand der Leitfragen, wie sie bei der „Vorbereitung des Auftraggebers auf das Briefing" gelistet sind (siehe Abschn. 3.1.1), schon im Voraus ausgearbeitet haben.

**Tipp!**
Als Medienautor sitzen Sie gut gerüstet im Briefing, wenn Sie vertraut sind mit der Checkliste „Vorbereitung auf das Briefing durch den Auftraggeber", siehe Kap. 9 und *http://www.drehbuchtext.de*.

## 3.2.2 Der Projektleiter einer Multimedia-Agentur im Team

In gewisser Weise übernimmt der Projektleiter einer Multimedia-Agentur die Moderatoren-Rolle im Briefing-Team, da er die Schnittstelle zwischen der Produktion (Softwareentwicklung, Grafik, Autor) auf der einen Seite und dem Kunden auf der anderen Seite bildet. Zu Beginn sollte er das Ziel des Briefings klarstellen und anhand seiner Agenda weiter durch die Sitzung führen (siehe Abschn. 3.1.2). Der Projektleiter hört genau wie der Autor zu Beginn des Briefings erst einmal hin, welche Vorstellungen der Kunde mitbringt und welche Inhalte seines Erachtens multimedial aufbereitet werden sollen. Daran schließt sich eine kurze Erörterung dessen an, wie sich die Agentur die Umsetzung der Lerninhalte in technischer Hinsicht vorstellt:

- Soll es ein reines *Web Based Training* werden oder doch eher ein *Blended Learning*, weil die Verkäufer neben dem reinen Wissensaufbau auch ihr Verhalten im Verkauf verbessern sollen?
- Soll eine Lernplattform zu Grunde gelegt werden, weil das Unternehmen die Weiterbildung dauerhaft um eLearning erweitern will?
- Ist eine Lernstandspeicherung erforderlich?

Falls diese Fragen schon im Vorfeld des Briefings verhandelt wurden, bietet sich hier die Gelegenheit, diese Problemstellungen noch einmal zu verifizieren. Für andere, möglicherweise neu hinzugekommene Teammitglieder sind dies wichtige Fakten. Der Projektleiter einer Multimedia-Agentur sollte zudem darauf achten, dass bereits im Briefing die *Tonality* geklärt wird, da er frühzeitig mit der Sprecherauswahl beginnen muss. Bei allem, was der Medienautor einbringt, sollte sich der Projektleiter einer Multimedia-Agentur loyal verhalten, auch wenn im Vorfeld nicht darüber diskutiert wurde. Der Autor steuert seine Fachkompetenz bei und möchte sein Wissen zusammen mit der Agentur für den Kunden nutzvoll einsetzen. Auch wenn ein Vorschlag des Autors technisch oder finanziell nicht umsetzbar sein sollte, ist es empfehlenswert, die Anregung als Diskussionsgrundlage aufzugreifen, statt sie mit einem „Geht nicht" abzuschmettern. Vor dem Kunden ist es wichtig, dass Agentur und Autor als *ein* Team erscheinen und loyal nebeneinanderstehen. Das wirkt sich auf das gesamte Projekt förderlich aus, vor allem in Phasen, in denen die Verhandlungen mit dem Kunden anspruchsvoll werden oder eine Spannung den Projektverlauf trübt. Aufgrund seiner sorgfältigen Vorbereitung ist der Projektleiter in der Lage, genaue Auskunft über Preise und Termine zu geben (siehe Abschn. 3.1.2). Das führt zu einem sauberen Abschluss des Briefings. Alle Beteiligten wissen, was sie bis wann zu erledigen haben und wann die nächste Zusammenkunft stattfindet.

**Tipp!**
Als Projektleiter einer Agentur müssen Sie sich bis zum Verantwortlichen für das Budget durchfragen. Auf vage Zusagen sollten Sie sich nicht einlassen, sondern *immer auf schriftliche Zusagen achten.*

Während des Briefings schreibt der Projektleiter viel mit, idealerweise gleich in einen Laptop. Er dokumentiert damit die Aufgabenverteilungen mit Terminen und muss anschließend durch Rückfragen sicherstellen, dass die Teammitglieder die Termine auch für realistisch halten. Im Anschluss an das Briefing erhalten alle Beteiligten eine Kopie des Protokolls. Das Protokoll hat eine bedeutsame Funktion, denn es ist neben dem Angebot Basis der Konzeption, vorausgesetzt, es wurde schriftlich vom Kunden „abgenommen" (mit „o.k." versehen).

**Tipp!**
Weisen Sie die Teammitglieder auf die Verbindlichkeit des Protokolls und der darin aufgeführten Termine hin.

Viel Zeit erspart das Anlegen von Formularen, in welche die Inhalte nur noch eingegeben werden müssen. Für jeden Kunden und jede Projektart können hier Varianten erstellt werden. Ein einfaches Formular-Protokoll, das mithilfe einer Word-Tabelle erstellt wurde, sehen Sie in Abb. 3.2.

Für ein detailliertes Protokoll mit konkreten Beschlüssen und einen Zeitplan dient alternativ die Form eines Projektauftrags, wie es Abb. 3.3 zeigt. Die Form des Projektauftrags erübrigt sich jedoch, wenn parallel zum Protokoll ein Projektplan mit Zeit, Terminen, Kosten und Ressourcen erstellt wurde.

**Literaturtipp!**
Werkzeuge des Projektmanagements und Projektleiteraufgaben: *Tomas Bohinc*: „Grundlagen des Projektmanagements", Gabal sowie *Gerold Patzak & Günter Rattay*: „Projektmanagement", Linde.

### 3.2.3   Der Auftraggeber im Team

Die Hauptaufgabe des Auftraggebers im Briefing-Team ist zunächst die Organisation der Veranstaltung. In aller Regel findet das Briefing in den Räumen des Auftraggebers statt. Daher muss er den Besprechungsraum bestellen und dafür Sorge

| Projekt | WBT Verkaufstraining | Projekt-Nr. | 3NSWBTV01 | Seite 1 von 1 | | |
|---------|----------------------|-------------|-----------|---------------|---|---|
| Auftrag-geber | Versicherung „Nummer Sicher" | Ersteller | Projektleiter, Agentur MM2 | Datum | 01.12.2011 |

**Protokoll:**

**WBT - Schulung neuer Krankenversicherungstarif**

MM2
AGENTUR FÜR
NEUE MEDIEN

| Teilnehmer / Name | Kürzel | beteiligt in Funktion / von Seite |
|-------------------|--------|-----------------------------------|
| Bernd Bauer | BB | „Nummer Sicher" Projektleitung |
| Franka Förster | FF | „Nummer Sicher" Projektleitung |
| Mara Müller | MM | Agentur „MM2", Projektleitung |
| Paula Peters | PP | Agentur „MM2", freie Drehbuchautorin |
| Stefan Siebert | SS | „Nummer Sicher" Fachberater Krankenversicherung |

**Themen**

| Nr. | Beschreibung / Kommentar / Info | To do |
|-----|--------------------------------|-------|
| 1 | **WBT - Schulung neuer Krankenversicherungstarif** Wegen der gesetzlichen Änderungen führt die „Nummer Sicher" einen neuen Krankenversicherungstarif ein. Entsprechend müssen die Außendienst-mitarbeiter geschult werden | |
| 2 | Herr Bauer stellt das Lernziel vor: „Die Außendienstmitarbeiter sollen den neuen Tarif gut kennen, um ihn aktiv verkaufen zu können". Dazu verteilt er ein Faktenblatt mit den wichtigsten Eckdaten | Bauer schickt alles Werbematerial zum Tarif an Peters |
| 3 | Frau Förster beschreibt die Zielgruppe der Außendienstmitarbeiter nach Firmenzugehörigkeit, Ausbildungsstand, Geschlecht und Altersgruppe | Förster liefert weitere Details an Peters |
| 4 | Frau Müller stellt den Prototyp für die technische Umsetzung des WBTs vor, das Team einigt sich auf diese Version, allerdings sollen die Farben noch an die Corporate Identity des Unternehmens angepasst werden | Bauer liefert das Handbuch mit der CI an Müller |
| 5 | Im Prototyp werden die Lernenden mit „Du" angesprochen, dies soll hinsichtlich einer nicht mehr ganz jugendlichen Zielgruppe in „Sie" geändert werden | Peters beachtet To-nality im Drehbuch |

**Abb. 3.2**  Beispiel eines Briefing-Protokolls, erstellt mit MicrosoftWord

tragen, dass die erforderliche Technik bereitgestellt wird, wie beispielsweise ein Beamer für die Präsentation der Agentur.

Im Briefing selbst spricht der Auftraggeber am Anfang sehr viel, da er seine Vorstellungen erörtert, so wie er sie sich in der Vorbereitung erarbeitet hat (siehe Abschn. 3.1.1). Die schriftliche Vorbereitung hilft dem Auftraggeber, bei der verbalen Erläuterung prägnant zu bleiben. Er sollte im Briefing herausarbeiten, welche Inhalte und Lernziele ihm für das entstehende Lernmodul besonders wichtig sind. Seine Anliegen und Ziele sollte er ruhig mehrmals wiederholen und die Wichtigkeit betonen. Oft fällt sowohl der Agentur als auch dem Medienautor die Gewichtung bei der Fülle von Inhalten und Informationen schwer, wenn sie am Ende eines ein- bis zweitägigen Briefings an ihren Arbeitsplatz zurückkehren.

Daher ist es hilfreich, ein Richtziel zu entwickeln und es zum Beispiel ganz groß über jedes neue Flip-Chart-Blatt zu schreiben und auch als Kopf für das Protokoll zu verwenden. So ein Richtziel könnte zum Beispiel sein: „Die Außendienstmitarbeiter erzielen mit dem neuen Tarif eine Umsatzsteigerung von 20 Prozent gegenüber

| Projektauftrag/Projekt-Nr. | | | | |
|---|---|---|---|---|
| Auftraggeber | | | | |
| Datum | | | | |
| Dauer | (von) | | (bis) | |
| Projekttitel | | | | |
| Projektskizze | | | | |
| Richtziel des Projekts | | | | |
| Projektleiter | | | | |
| **Zeitplan** | | | | |
| Meilenstein | Aufgabe(n) | Verant- wortlich | Dauer (von…bis) | Mitarbeiter- tage |
| | | | | |
| | | | | |
| | | | | |
| **Budget** | | | | |
| | Kosten/EUR | Anteil am Gesamtbudget/% | Mitarbeitertage | |
| Interne Mitarbeiter | | | | |
| Externe Mitarbeiter | | | | |
| Sachkosten | | | | |
| Investitionen | | | | |

**Abb. 3.3** Beispiel eines Projektauftrags, erstellt in MicrosoftWord

dem Vorjahr." Dies signalisiert dem Medienautor, dass er die Produktspezifikationen *verkaufsorientiert* aufbereiten muss und sich nicht in reiner Informationsvermittlung verlieren darf. Für ein so geartetes Richtziel wird er außerdem Lerninhalte zur Förderung der Verkaufs- und Verhandlungskompetenz aufbereiten und die Produktinformationen entsprechend damit verknüpfen. Eine andere Richtung schlägt der Medienautor hingegen ein, wenn der Auftraggeber ihm zum Beispiel folgendes Richtziel vorgibt: „Die Außendienstmitarbeiter bestehen die Prüfung, die sie zum Verkauf des neuen Tarifs berechtigt." Hierbei geht es darum, den Anforderungskatalog der Prüfung so umzusetzen, dass alle in der Prüfung möglichen Fragen hundertprozentig beantwortet werden können. Das entstehende Lernmodul wird *informationslastiger* sein als das vorher beschriebene. Es lohnt sich also, bei der Vorbereitung Zeit in die Entwicklung eines passenden Richtziels zu investieren, welches dann den Teammitgliedern im Briefing präsentiert wird. Wenn alle wissen, wo es lang geht, fällt es leichter, an einem Strang zu ziehen.

Neben der Präsentation der eigenen Vorstellungen kann der Auftraggeber das Briefing dazu nutzen, Fragen zu klären, die sich für ihn bei der Vorbereitung ergeben haben. Dabei sollte auch nach den Strukturen innerhalb der Agentur gefragt werden, zum Beispiel welche Personen für welche Aufgaben zuständig sind, wie ihre Kontaktdaten lauten usw. Oft ist dem Auftraggeber nicht ganz klar, was ein Animator eigentlich macht oder welches Handwerkszeug ein Softwareentwickler mitbringt. Ein umfassendes Verständnis der Abläufe und Aufgaben im Unternehmen des jeweiligen Teampartners ist wichtig für eine möglichst reibungslose Zusammenarbeit.

> „Im Briefing ist wichtig, die Verantwortlichkeiten zu klären, das heißt die jeweiligen Rollen seitens der Projektleitung der Agentur, des Medienautors und bei uns im Unternehmen."
> Georg Engelhard, Projektleiter eLearning, Versicherungskammer Bayern.

Parallel zum Protokoll, das der Projektleiter der Agentur erstellt, sollte auch der Auftraggeber mitschreiben. Das geschriebene Wort signalisiert Verbindlichkeit und wird oft als Nachweis genutzt. Es empfiehlt sich, als Abschluss des Briefings beide Mitschriften noch einmal durchzugehen und abzustimmen. Daraus resultiert eine verbindliche Protokollversion, die als Arbeitsauftrag an alle Teammitglieder herausgegeben wird.

## 3.3  Aspekte der Beratung

Neben dem genauen Erfassen der Lerninhalte (siehe Abschn. 3.1.1 und Kap. 4.), die der Kunde als eLearning umgesetzt haben will, gehört die Beratung zu den Hauptaufgaben des Medienautors und des Projektleiters der Multimedia-Agentur. Sollte der Auftraggeber noch kein übergeordnetes Richtziel für die anstehende eLearning-Produktion entwickelt haben, so kann ein solches gleich zu Beginn des Briefings gemeinsam erarbeitet werden. Es beugt vielen möglichen Problemen vor, wenn gleich zu Anfang der Teamarbeit sichergestellt wird, dass der Kunde weiß, was er will. Eine mögliche Technik dafür ist das Mind-Mapping, wie es Tony Buzan (2005) entwickelt hat. Es kann per Hand aufs Flip-Chart gezeichnet oder mittels einer Software erstellt und per Beamer an die Wand projiziert werden. In Abb. 3.4 sehen Sie das Beispiel einer mit der Software „MindManager" erstellten Mind-Map. Der Vorteil einer Mind-Mapping-Sitzung im Plenum ist, dass jedes Teammitglied seine Vorstellungen mit einbringen kann. Bildhaft stehen die Richtziele der Lernanwendung vor Augen, sodass die Kernbegriffe nur noch zu unterstreichen und als Richtziel auszuformulieren sind. Den kreativen Part übernimmt hierbei ausnahmsweise der Auftraggeber und nicht der Medienautor oder Projektleiter, die das Mind-Mapping eher stützen und steuern sollten.

**Tipp!**
Empfehlenswerte Mind-Map-Software: „Mindjet MindManager" (*http://www.mindjet.com*) sowie „OpenMind" (*http://www.matchware.com*).

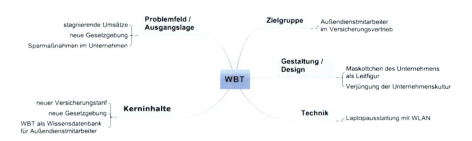

**Abb. 3.4** Mind-Map zum Definieren eines Richtziels, erstellt mit der Software MindManager

### 3.3.1  Didaktischer Ansatz

Didaktik ist die Kunst des Lehrens, der auch elektronische Lehrmedien zu folgen haben. Die Produzenten einer eLearning-Anwendung können hierfür mit verschiedenen Ansätzen arbeiten und diese zum Teil auch kombinieren. Die Auswahl des geeigneten didaktischen Ansatzes ist abhängig von der Zielgruppe und den Lernzielen, die mit dem neuen Lehrmedium erreicht werden sollen. Grob lassen sich die didaktischen Ansätze wie folgt unterteilen:

- *Ansatz der Fremdsteuerung*: Ein Tutor oder eine fest vorgegebene Navigation führt durch das Lernprogramm. Dieser Ansatz eignet sich für Lernprozesse, die eher objektives Wissen oder Orientierungswissen vermitteln sollen. Zudem ist die Fremdsteuerung empfehlenswert, wenn wenig Unterrichtszeit zur Verfügung steht (auch: „tutorielles Lernen").
- *Ansatz der Selbststeuerung*: Darunter versteht man einen autodidaktischen Informationszugriff, wenn Wissen und Können eigenständig konstruiert werden sollen. Dieser Ansatz eignet sich besonders für Lernprozesse, die komplex sind und vielfältige Antworten zulassen. Einsatzfelder sind Lernanforderungen, bei denen viel Unterrichtszeit zur Verfügung steht und bei denen neben notwendigem auch frei wählbares Orientierungswissen vermittelt werden soll (auch: „selbstgesteuertes Lernen").
- *Kombination:* In der Praxis wird zunehmend eine Kombination aus Fremd- und Selbststeuerung eingesetzt. Dabei wird dem Lernenden eine gewisse Navigation empfohlen, jedoch kann er sich alternativ für einen anderen Lernweg entscheiden. Das ist besonders dann sinnvoll, wenn der Lernende nur bestimmte Kapitel wiederholen möchte. Der Grad an Fremd- und Selbststeuerung kann je nach eLearning-Konzept unterschiedlich ausgeprägt sein.

Wenn die Entscheidung für die Produktion eines neuen Lernprogramms fällt, steht meist nicht die reine Faktenvermittlung im Vordergrund. Ein wichtiger didaktischer Anspruch ist folglich, Wissen zu vermitteln, das in konkreten Anwendungen eingesetzt werden kann, also *Handlungswissen*. Dieser Forderung wird weitgehend die konstruktivistisch geprägte Lehrmethode für multimediale Lehranwendungen gerecht. Man spricht hierbei auch vom *„problemorientierten Lernen"* und bettet die Lerninhalte in situative Kontexte ein, die für den Lernenden einen Realitätsbezug aufweisen. Ziel dabei ist, den Lernenden aktiv zu beteiligen, statt ihn passiv

Informationen rezipieren zu lassen. Reinmann-Rothmeier und Mandl (2001) formulieren vier Leitlinien für die Gestaltung problemorientierter Lernumgebungen.

1. *Authentische Problemstellungen:* Ziel ist, den Anwendungsbezug des Gelernten zu sichern und Interesse beim Lernenden zu erzeugen, zum Beispiel ein Anfragegespräch für eine Reise im Reisebüro: Hier sollte das Beispiel eines Kunden genommen werden, der schon alles im Internet recherchiert hat und sich „besser" auskennt als der Expedient hinter dem Schalter. Der Lernende ist mit dieser Situation vertraut und folglich motiviert zu erfahren, wie er dieses Gespräch gestalten kann, sodass beide zufrieden sind und er im Idealfall auch noch eine Reise verkauft.
2. *Multiple Anwendungssituationen*: Sie ermöglichen dem Lernenden, das erworbene Wissen in verschiedenen Problemsituationen abzurufen, umzusetzen und weiterzuentwickeln; zum Beispiel vermittelt ein multimediales Sprachlernprogramm Begrüßungsformen in der Fremdsprache: Diese Begrüßungen sollte der Lernende in den verschiedenartigsten Alltagssituationen variieren und üben können.
3. *Soziale Vernetzung*: Wann immer möglich, in Gruppen lernen, denn Kommunikation erhöht die Lernmotivation; auch Probleme lassen sich in Kleingruppen schneller lösen. Beispiel: Alle Lernenden des eLearning-Angebots haben Zugang zu einem Forum, in dem sie untereinander Wissen austauschen können.
4. *Instruktionale Unterstützung*: Der Lernende kann bei Bedarf einen Tutor oder Dozenten kontaktieren; Ressourcen, Anregungen und Unterstützungen zum Lernen werden bereitgestellt. Beispiel: Alle Lernenden haben Zugang zu einem Forum, in dem sie sich mit ihren Fragen an einen Tutor wenden können.

**Tipp!**
Checkliste „eLearning auswählen", siehe Kap. 9 und *http://www.drehbuch-text.de*.

## 3.3.2 eLearning-Methoden im Vergleich

### 3.3.2.1 Computer Based Training (CBT) und Web Based Training (WBT) als Basismethoden

Es gibt zwei Basismethoden für eLearning: zum einen die Umsetzung als *CBT*, wobei ein PC als Basis dient und eine CD-ROM als orts- und internetunabhängiger Datenträger und Datenspeicher. Zum anderen die Umsetzung als *WBT*, wobei auch hier ein PC als Lernort dient. Jedoch erfolgen Datenspeicherung und -transport über ein Netzwerk. Dadurch ist der Lernende beim WBT zwar nicht mehr an einen bestimmten PC oder Ort gebunden, er muss aber Zugang zu einem Netzwerk bzw. zum Internet haben. Noch immer ist ein WBT nicht die einzig richtige Lösung für alle Arten von eLearning-Anwendungen. Nach wie vor hat auch die Entwicklung

**Tab. 3.3** Gegenüberstellung CBT vs.WBT

| CBT | WBT |
|---|---|
| Medium: CD-ROM | Medium: Browser (on- und offline) |
| Allein lernen: keine Kommunikationsmöglichkeit mit einem Tutor oder anderen Mitlernenden. | Allein und (virtuell) in Gruppen lernen: Chatrooms, Foren, tutorielle Betreuung; einfacher Datenaustausch zwischen verschiedenen Teilnehmern in einem Netzwerk. |
| Lineare oder modulare Inhaltsvermittlung möglich. | Lernerselbststeuerung durch modulare Inhaltsvermittlung, auch tutoriell begleitet. |
| Schnelle Datenübertragung: viel Multimedia, 3D-Lernwelten oder anderweitige große Datenmengen möglich, da hohes Speichervolumen von ca.700 MB vorhanden. | Viel Multimedia erforderlich, je nach Netzauslastung zum Teil lange Ladezeiten. |
| Ortsunabhängig nutzbar. | Ortsunabhängig nutzbar. |
| Unabhängig von Netzwerken nutzbar, zum Beispiel in Regionen mit fehlender technischer Infrastruktur (vgl. Entwicklungsländer). | Erfordert Anschluss an ein Netzwerk, das heißt entsprechende technische Infrastruktur. |
| Kurze und schnelle Datenübertragung, da der PC über das CD-ROM-Laufwerk direkt auf die Daten zugreift. | Zum Teil Wartezeiten für die Datenübertragung, je nach Netzauslastung. |
| Bildqualität am Bildschirm wie von der Softwareentwicklung vorgesehen. | Oft andere oder schlechtere Bildqualität am Bildschirm, zum Teil fehlende Bildelemente, abhängig vom gewählten Browser. |
| Inhalte dürfen nicht änderungsanfällig sein, da aufwendiger Änderungsprozess (Neupressung der Daten-CD). | Aktuelle und sich häufig ändernde Inhalte lassen sich einfach, schnell und ohne hohen Kostenaufwand anpassen. |
| Speicherung von Lernerdaten (nur) direkt auf CD möglich. | Zentrale Verwaltung von Lernerdaten; einfache Anpassung von Lerninhalten gemäß dem Lernfortschritt. |

von eLearning für Datenträger, wie CD-ROMs, ihre Berechtigung. Die Gegenüberstellung in Tab. 3.3 soll die Entscheidungsfindung erleichtern. Sie zeigt anschaulich, dass der didaktische Ansatz sich nicht allein auf das gewählte eLearning-Medium (CBT oder WBT) konzentrieren darf, sondern vielmehr die gesamten Bedingungen des Lernumfelds mit in Betracht ziehen muss (Kerres 1999).

Noch bevor eine Beratung darüber stattfinden kann, welche der beiden Varianten sich besser für das zu entwickelnde eLearning-Modul eignet, sollten daher Informationen über die durchschnittliche technische Ausstattung der Zielgruppe eingeholt werden. Bei der Technikabfrage gilt es zu beachten, dass von allen PC, die für die Lernanwendung eingesetzt werden sollen, derjenige mit der jeweils *niedrigsten* Leistung relevant ist.

**Tipp!**
Checkliste „Technische Einrichtungen und Spezifikationen", siehe Kap. 9 und *http://www.drehbuchtext.de*.

### 3.3.2.2 Lernplattformen

Entscheidet sich ein Unternehmen für die Umsetzung der Lernanwendung als WBT im Rahmen einer Lernplattform, so hat es dafür folgende Möglichkeiten:

- *Das Unternehmen betreibt eine eigene Lernplattform.* Hierfür sind Server erforderlich für die Anwendung, die hinterlegte Datenbank und die Lehrmaterialien sowie für die Software, die das Datenbankmanagement betreibt. Zudem muss das Unternehmen Personal für die Verwaltung der Lernplattform und der zugehörigen Komponenten bereitstellen. Der Vorteil einer individuellen Anpassung steht hohen Kosten und hohem organisatorischem Aufwand gegenüber. Eine eigene Lernplattform eignet sich vor allem für den Einsatz zahlreicher Anwendungen mit einer hohen Anzahl von Lernenden.
- *Das Unternehmen mietet eine Lernplattform.* Das Mieten einer Lernplattform bezeichnet man auch als „Hosting". Dabei zahlt das Unternehmen einen regelmäßigen Mietbetrag an den Betreiber der Lernplattform, der als Gegenleistung für den reibungslosen Betrieb sorgt. Dieser kostengünstigen Lösung steht die eingeschränkte individuelle Anpassung an Unternehmenswünsche, zum Beispiel an die Corporate Identity, gegenüber. Eine Lernplattform zu mieten, eignet sich vor allem für kleinere und mittlere Unternehmen, die in eLearning einsteigen möchten.

> **Literaturtipp!**
> *Peter Baumgartner et al.*: „Auswahl von Lernplattformen", Studien-Verlag sowie *Rolf Schulmeister:* „Lernplattformen für das virtuelle Lernen", Oldenbourg.

### 3.3.2.3 Übersicht weiterer eLearning-Methoden

Die Übersicht in Tab. 3.4 ist ein hilfreiches Beratungsinstrument, um die optimale eLearning-Anwendung gemeinsam mit dem Kunden auszuwählen.

### 3.3.3 Wie überzeuge ich den Chef?

Obwohl die Entscheidung für die Produktion eines eLearning-Programms gefallen ist, können Hemmschwellen bei den Entscheidern oder anderen Teammitgliedern im Unternehmen auftreten. Manchmal sind im Fachgremium Mitarbeiter, die bisher in Präsenzseminaren für die Ausbildung ihrer Kollegen zuständig waren und nun eine Beschneidung ihrer Aufgaben befürchten. Eine eLearning-Produktion kann jedoch nur reibungslos verlaufen, wenn alle Beteiligten in einem Boot sitzen und sich fördernd daran beteiligen. Ein erster Schritt, Vorbehalte zu entkräften, ist, dafür zu sorgen, dass alle Beteiligten einmal selbst mit eLearning arbeiten und dabei ein Erfolgserlebnis haben. Man sollte die Entscheider ganz einfach selbst interessante eLearning-Anwendungen ausprobieren lassen, zum Beispiel während einer

**Tab. 3.4** eLearning-Methoden im Vergleich

| Ansatz | Zielgruppe | Lerninhalt | Kurzbeschreibung |
|---|---|---|---|
| **Linearer Aufbau:** Lineare Navigation oder tutorielle Systeme führen durchs Lernprogramm (informieren und prüfen) = Ansatz der **Fremdsteuerung.** | Homogene Zielgruppe bezüglich des Vorwissens. | Neues Wissen, neue Fachinhalte, neue Fakten; oftmals später im Präsenztraining vertieft (vgl. Methode „Blended Learning"). | Linearer Aufbau der Lerneinheiten, Wissensvermittlung und -abfrage mit **kommentierendem Feedback**, eLearning übernimmt die Rolle des Tutors, Lernwege sind zum Teil festvorgegeben. |
| **Modularer Aufbau:** Der Lernende wählt selbst seine Lerneinheiten aus und konstruiert damit Wissen und Können selbst = Ansatz der **Selbststeuerung.** | Heterogene Zielgruppe bezüglich des Vorwissens. | Neues oder aufbauendes Wissen wird vermittelt, Wissen steht zum kurzfristigen Auffrischen bereit; Selbstcheck des aktuellen Wissensstands. | Modularer Aufbau der Lerneinheiten, interaktive Tests mit kommentierendem Feedback zur Selbstkontrolle. Lernwege werden empfohlen, sind aber letztlich frei wählbar. |
| **Informationssysteme,** Wissensdatenbanken (Hypermedia-Konzept). | Lernende mit Vorwissen, die selbstständig Informationen abrufen möchten; Lernende in der Ausbildung. | Informationen lernbegleitend und/oder als Nachschlagewerk bereitstellen. | Datenbanksysteme mit allen Arten von Medien und mit verschiedenen Navigations- bzw. Suchmöglichkeiten, zum Beispiel thematisch, alphabetisch, chronologisch; kontinuierliche Vernetzung via Hyperlinks zu weiteren Themen innerhalb der Datenbank; nicht zum Neuerwerb von Wissen geeignet, da nicht didaktisch strukturiert (Gefahr der Verzettelung). |
| **Informationsnuggets,** Learning on Demand. | Lernende, die Informationen und Wissensinhalte bei Bedarf abrufen wollen; Lernende im Berufsalltag, zum Beispiel an auskunftgebender Stelle oder im Außendienst. | Die Lerninhalte stehen als sogenanntes „Lebenslagenkonzept" bereit und können situationsbedingt als in sich geschlossene Informationseinheit abgerufen werden. | Möglichkeiten der Bereitstellung sind zum Beispiel das Intranet, ein regelmäßig aktualisierter Weblog oder Podcast oder eine „App" auf einem Smartphone. |
| **Intelligenter tutorieller Ansatz** (ITS) | Heterogene Zielgruppe bezüglich des Vorwissens. | Neues oder ergänzendes Wissen, Lernender kann eigenes Wissensmodell generieren. | Flexible Reaktion auf aktuellen Wissensstand des Lernenden, ähnlich einem Expertensystem, hohe Entwicklungskosten. |

**Tab. 3.4**  (Fortsetzung)

| Ansatz | Zielgruppe | Lerninhalt | Kurzbeschreibung |
|---|---|---|---|
| **Übungsprogramme** (Drill &Practice) | Lernende, die ihr erworbenes Wissen prüfen wollen. | Wiederholen und üben bereits gelernter Inhalte, Wissenskontrolle, Faktenwissen vermitteln. | Tutorielles Übungssystem ohne kommentiertes Feedback, nur „richtig" und „falsch", keine didaktische Aufbereitung, Aufgaben per Zufallsgenerator aus größerem Pool. |
| **Simulation** | Lernende mit Vorwissen; Entscheidungs- wissen, das in der Realität weitreichende Konsequenzen hat. | Bedienungs-, Anwendungs-, Prozess-, Handlungs-, Verhaltens- und Entscheidungswissen sowie motorisches Wissen und intellek- tuelle Fähigkeiten. | Das Programm stellt modellhaft reale Abläufe dar; Lernender kann auf verschiedene Arten ein- greifen, nur eine davon ist richtig. Methoden der Darstellung, zum Beispiel als Digitalvideo oder als Fotostory. |
| **Virtual Reality**(VR) | Heterogene Zielgruppe bezüglich des Vorwissens. | Komplexes, oft „gefährliches" Wissen (zum Beispiel medizi- nische Operationen, Pilotenausbildung, virtuelles Kommuni- kationstraining). | Programm läuft selbst ab, Lernender interagiert mithilfe von speziellen Eingabegeräten, zum Beispiel einer 3D-Maus, einem Datenhandschuh oder einem Flystick. |
| Virtual-Reality- Umgebungen im **SocialNetwork**. | Lernende in der Aus- und Weiterbildung. | Direkte Kommunikation in Gruppen und zwischen Dozent und Lernendem, Nachstellung realer Arbeitsumfelder, virtuelle Gruppenarbeiten und Seminare (synchrones Lernen ist möglich). | Virtueller Teamraum, Application Sharing, Whiteboard; Kommunikation in vir- tuellen Klassenzimmern, Diskussionsforen, sowie Chatrooms oder via Facebook, Twitter und Ähnlichem (siehe Abschn. 7.3.2). |
| **Mikrowelten**, Computer-Lernspiele. | Schüler und Hochschüler. | Wissen produktiv- kreativ nutzen, selbst- ständiges Ausarbeiten von Lösungen und Strategien, intel- lektuelle Fähigkeiten und motorisches Wissenvermitteln. | Ähnlich der „Virtual Reality", aber tech- nisch einfacher: Entdeckungssystem mit Experimentier- möglichkeit, ohne speziellen Inhalt und ohne vorgege- bene Lernwege; mit Einführung zur Bedienung. |

**Tab. 3.4** (Fortsetzung)

| Ansatz | Zielgruppe | Lerninhalt | Kurzbeschreibung |
|---|---|---|---|
| **Rapid eLearning** | Lernende mit heterogenem Wissensstand. | Informationen, die in kurzer Zeit an zahlreiche Empfänger verteilt werden müssen, zum Beispiel Gesetzesänderungen mit Auswirkungen auf den Unternehmensalltag, neue Verkaufsstrategie für das Vertriebsteam oder Einführung neuer Produkte im Konzern. | Methode der Bereitstellung: beispielsweise eine Präsentation in Microsoft PowerPoint mithilfe eines Autorenwerkzeugs wie Adobe Captivate (siehe Abschn. 5.6.4) als Lernprogramm mit einfacher Navigation ins Intranet stellen. |
| **Mobile eLearning** | Lernende mit heterogenem Vorwissen; Lernende in festen Institutionen und in ortsverteilten Lernstrukturen. | Arbeitsorganisation, Kursplanung, Kommunikation, Vor- und Nachbearbeitung, Test zur Wissenssicherung. | Einsatz von PDA und Mobiltelefon, dadurch vergleichsweise günstigeAnschaffungskosten; technische Einschränkungen bezüglich Displaygröße, Auflösung, Speicher, Prozessorgeschwindigkeit. |
| **Blended Learning** | Lernende mit unterschiedlichem Wissensstand; Zielgruppe kommt aus einer einzigen Bildungsinstitution, einem Unternehmen. | Lerninhalte, die nicht allein stehend via eLearning vermittelt werden sollen, zum Beispiel Verhaltenstraining, Kommunikationstraining, beruflicher Umgang mit Menschen. Lerngruppen sollen auf einen gemeinsamen Wissensstand gebracht werden, um eLearning durcharbeiten zu können. ZurVertiefung des via eLearning angeeigneten Wissens. | Kombination aus Präsenztraining und eLearning-Anwendung, zum Beispiel indem ein Präsenztraining von einem oder mehreren Tagen Dauer einem eLearning vorangestellt ist; erfordert eine feste Teilnehmergruppe von Lernenden. |

Präsentation des Prototyps im Briefing. Eine weitere Möglichkeit besteht darin, dass eine kleine, heterogene Zielgruppe von etwa fünf Leuten das Angebot testet und persönliche Erfahrungen damit schildert. Weitere Argumente zum Abbau von Hemmschwellen und Vorbehalten gegen eLearning sind:

- *Flexibilität*: Lernen unabhängig von Zeit und Ort.
- *Ökonomie*: Reisekosten zu Seminarzentren entfallen, genau wie Honorare für teure (oft externe) Seminarleiter und Kosten für Seminarräume.

- *Zeitersparnis*: Durch das individuelle Lernen, den gezielten Informationszugriff und das ungestörte Arbeiten gelangt der Anwender schneller zum Bildungsziel.
- *Individualität*: Jeder Teilnehmer kann Wissen ganz nach seinem individuellen Lerntempo aufbauen, Inhalte beliebig oft wiederholen und die Schwerpunkte nach eigenem Interesse setzen; das „Mittelmaß" entfällt, das ein Dozent im Präsenzseminar oft halten muss, um allen gerecht zu werden.
- *Fehlzeiten*: Durch das ortsunabhängige Lernen reduzieren sich die weiterbildungsbedingten Fehlzeiten am Arbeitsplatz und damit die Kosten.
- *Synergien*: Der Arbeitsplatz wird zum Lernort und umgekehrt, denn die fachlichen Kompetenzen werden kontinuierlich aktualisiert.
- *Eigenverantwortung*: Computerunterstütztes Lernen fördert die Selbstständigkeit beim Wissenserwerb.
- *Inzidentelles (beiläufiges) Lernen*: Neben den einzuprägenden Fachinhalten lernen die Anwender den Umgang mit den neuen Medien und erwerben (software-)technische Kompetenz.
- *Wissensgesellschaft*: Konventionelle Unterrichtsformen sind dem nicht mehr gewachsen, was der Einzelne im Ausbildungs- und Arbeitsalltag an Informationsmenge zu bewältigen hat; eLearning entlastet Präsenzseminare von der reinen Faktenvermittlung und macht dort den Weg frei für die Vermittlung von handlungsorientiertem Fachwissen.
- *Lehr-/Lernmittel*: Einfacher und kostengünstiger Zugriff auf Lehr- und Lernmittel, zum Beispiel im PDF- oder Word-Format.
- *Aktualität*: Web Based Trainings erlauben eine schnelle und kostengünstige Anpassung von Lerninhalten an aktuelle Entwicklungen.
- *Motivation*: Medienvielfalt, ansprechende Gestaltung, individuelle Feedbacks und Erfolgserlebnisse lösen beim Anwender eine hohe Lernmotivation aus.
- *Internet*: Sofortiger Zugriff auf für die Aus- und Weiterbildung oder Arbeit relevante Portale und Informationsquellen im Internet.
- *Hemmungsabbau*: Anders als im Präsenztraining können auch Lernende, die wenig Vorwissen haben oder von Natur aus scheu sind, ohne Angst die erforderlichen Bildungsziele erreichen.
- *Direktheit*: Im modernen Arbeitsalltag sind ständig situationsbedingte Wissens-Updates erforderlich; eLearning wird durch seine große zeitliche und räumliche Flexibilität dieser Anforderung gerecht.

Aufgrund der relativ hohen Entwicklungskosten schrecken gerade kleine und mittlere Unternehmen vor eLearning-Maßnahmen zurück. Dazu sollte man wissen, dass eLearning ein langfristiges Investitionsinstrument ist, das eine gewisse Amortisationszeit benötigt. Die Kosten können daher nicht das alleinige Argument für oder wider die Produktion einer eLearning-Anwendung sein. Oft wird der Ausweg über ein am Markt käufliches Standardprodukt gesucht. Doch ist fraglich, ob diese Lösung auf Dauer kostengünstiger ist. Der Projektleiter einer Agentur oder auch der Medienautor sollten den Auftraggeber auf mögliche Folgekosten eines eLearning-Standardprodukts aufmerksam machen:

Neue Gesetze oder aktuelle Fakten erfordern eine manuelle Führung von Änderungslisten, die dem jeweiligen Lernenden zum Standard-eLearning mitgegeben werden müssen.

Auch fachliche Fehler müssen separat dokumentiert und dem Lernenden ausgehändigt werden.

Ein Standard-eLearning entspricht dem aktuellen Entwicklungsstand von herkömmlichen Computern. In spätestens vier Jahren ist das eLearning-Programm nicht mehr mit der bis dann üblichen Technik kompatibel.

### 3.3.4   Wie motiviere ich die Zielgruppe?

Ein Unternehmen, das eLearning einführt, konfrontiert seine Mitarbeiter zunächst mit einer Menge neuer Anforderungen. Damit sich die Lernenden davon nicht abschrecken lassen, sondern im Gegenteil motiviert an die neuen Lernmethoden herangehen, ist es Aufgabe der Unternehmens- oder Projektleitung, für motivierende Rahmenbedingungen zu sorgen:

#### 3.3.4.1 Solide mit der Betriebsvereinbarung

Der Einführung von eLearning im Unternehmen geht ein sorgfältig durchdachter Abstimmungsprozess voraus. Ist ein Betriebsrat vorhanden, muss er der Einführung und Anwendung von eLearning zustimmen. Mit einer Betriebsvereinbarung setzen Arbeitgeber und Betriebsrat ein deutliches Zeichen für die Belegschaft, dass das neue Aus- und Weiterbildungskonzept von der Personalführung befürwortet und unterstützt wird.

#### 3.3.4.2 Lebendig durch eine neue Lernkultur

Führungskräfte spielen eine Schlüsselrolle, wenn es darum geht, die Motivation der Zielgruppe für das Anwenden von eLearning zu erhöhen und aufrechtzuerhalten. Sie sind es, die eine neue Lernkultur schaffen, indem sie Wissen und damit Bildung als vierten Produktionsfaktor wahrnehmen und dazu auch aktiv Stellung beziehen. Gefördert werden sollte ein positives Lernklima. Statt „witziger" Kommentare, wie „Da verspielt mal wieder einer seine Arbeitszeit", sollte der Kollege, der am Computer lernt, respektiert und unterstützt werden. Zum Beispiel, indem ihn die Kollegen während der Lernzeit nicht unterbrechen und auch keine lauten Unterhaltungen führen oder indem die Unternehmensleitung sogar eigene kleine Büroräume als „Lerninseln" einrichtet.

> **Tipp!**
> In der Praxis hat es sich bewährt, Vertreter der Zielgruppe ins Briefing-Team mit einzubinden.

Dem Unternehmen und zugleich der neuen Lernkultur verbunden fühlen sich Mitarbeiter, deren Chefs durch Informationsveranstaltungen, Publikationen in Fachorganen und durch Beiträge auf Online-Portalen über richtiges Lernen die Unterstützung von eLearning auch öffentlich signalisieren. Der Projektleiter einer Agentur und der Medienautor schaffen eine Win-win-Situation, wenn sie ihren Auftraggeber dahingehend beraten.

### 3.3.4.3 Spielerisch durch ansprechende Gestaltung

Ein anspruchsvoller Film, dessen Ausstattung dürftig ist und der mit schlechter Qualität ausgestrahlt wird, verdirbt das Sehvergnügen derart, dass die wertvollen Inhalte ins Hintertreffen geraten. Eine ansprechende Gestaltung ist wesentlich, um den Lernenden für das Lernen am PC zu motivieren. eLearning motiviert durch:

- eine interessante, lernfördernde Aufmachung,
- ein themenbezogenes Design,
- hohe Anschaulichkeit,
- einfache und übersichtliche Navigation,
- abwechslungsreiche Gestaltung,
- Modernität,
- hochwertige Qualität,
- Lebendigkeit,
- rasche Erfolgserlebnisse,
- abwechslungsreiche und anspruchsvolle Aufgabenstellungen,
- raschen Wissenstransfer und
- kontextbezogene Hilfe.

### 3.3.4.4 Gewinnend mit den richtigen Ködern

Anreizsysteme motivieren die Zielgruppe, überhaupt zu lernen, unabhängig davon, ob das Wissen mittels eLearning oder in Präsenzseminaren erworben wird. Da eLearning jedoch in vielen Fällen Vorbehalte auslöst, sollten der Projektleiter der Agentur und der Medienautor im Briefing explizit auf Anreizsysteme zu sprechen kommen und ihren Auftraggeber dahingehend steuern, so etwas den eigenen Mitarbeitern für die Bearbeitung des geplanten eLearning-Programms anzubieten. Mögliche Anreize sind:

- Zertifikate,
- Prämien oder ähnliche finanzielle Anreize,
- Vergünstigungen,
- Karrierevorteile,
- Beförderung,
- Aussicht auf Erweiterung des Kompetenzbereichs,
- Anerkennung der Maßnahme als Bildungsurlaub nach erfolgreicher Zertifizierung,
- Freizeitausgleich, zum Beispiel für das erfolgreiche Durcharbeiten einer eLearning-Anwendung,
- Teilnahme an regionalen, nationalen oder internationalen Wettbewerben.

Erfahrungsgemäß wirken sich der Einsatz eines oder mehrerer der hier aufgeführten Anreizsysteme positiv auf die Akzeptanz, Verbreitung und den Lernerfolg
von eLearning aus. Und je besser das eLearning bei der Zielgruppe angenommen
wird, umso eher hat der Auftraggeber das Gefühl (und die Bestätigung), lohnend
investiert zu haben.

### 3.3.5   Wie lange dauert die Produktion?

Die Zeitplanung eines Projekts muss vor allem eines sein: realistisch für beide
Seiten. (Mehr zum Zeitmanagement für das Drehbuchschreiben, siehe Abschn. 6.2.)
Dazu zählt auch, den Kunden im Briefing darauf hinzuweisen, dass bei ihm intern
Zeit für das Projekt vorhanden sein muss. Die verantwortlichen Mitarbeiter sollten
weitgehend für das Projekt freigestellt sein, denn es kommt einiges auf sie zu:
Informationsrecherche, Rückfragen seitens Agentur und Medienautor, Konsultation
von Fachleuten, Besprechungstage sowie deren Vor- und Nachbereitung, Dreh-
buchlesen, Beta-Versionen testen, Zielgruppen-Umfragen starten usw. Dieser Aufwand wird in der Praxis oft unterschätzt und infolgedessen verzögern sich Projekte
maßgeblich.

Für die Zeitplanung eines eLearning-Projekts kann man die Vorwärts- oder
Rückwärts-Terminierung zu Grunde legen. Die *Vorwärts-Terminierung* wählt den
Produktionsstart als Ausgangstermin und entwickelt daraus weitere Projektphasen
mit den jeweiligen Endzeitpunkten bis hin zur Auslieferung des eLearning-Programms an den Endanwender. Bei der *Rückwärts-Terminierung* geht man vom
Auslieferungstermin des eLearning-Programms aus und rechnet bis zum Startpunkt
zurück. In diesem Zeitfenster müssen alle erforderlichen Projektphasen einschließlich Zeitpuffer Platz finden. Folgende Einflussfaktoren von Projekt- und Arbeitszeiten sollten bei der Zeitplanung berücksichtig werden:

- Arbeitszeiten seitens der Agentur sind schon im Voraus relativ genau kalkulier-
  bar und der Projektleiter bringt sie ins Briefing mit in einem ersten Zeitplan für
  das Projekt (die Arbeitszeiten sind auch Grundlage für seine Kostenkalkulation
  im Angebot).
- Die Projektdauer kann die Agentur mit den Rahmendaten für das Projekt meist
  schon prognostizieren, wobei Zeit für die Nachbereitung des Projekts berücksichtigt werden sollte.
- Projektzeiten zu dokumentieren schafft eine gute Basis für die Zeitplanung
  zukünftiger Projekte.
- Die Zeitplanung beinhaltet einen Endtermin und viele kleine Zwischentermine,
  anhand derer stets überprüfbar ist, ob das Projekt noch im geplanten Zeitrahmen
  läuft.

In Tab. 3.5 sind die Zeitparameter dargestellt, die einer eLearning-Produktion
mit folgenden Parametern zu Grunde liegen:

- 1 Stunde Lerndauer,
- 1 Medienautor und
- 2 Softwareentwickler.

**Tab. 3.5**  Zeitparameter für die Produktion von einer Stunde eLearning

| Projektphase | Tage |
| --- | --- |
| Briefing (Besprechungstag) | 1 |
| Grobkonzept und Abnahme | 5 |
| Feinkonzept und Abnahme | 7 |
| Drehbuch erstellen | 12 |
| Drehbuch prüfen | 4 |
| Drehbuch besprechen (Besprechungstag) | 1 |
| Drehbuch korrigieren | 4 |
| Drehbuch freigeben (Besprechungstage) | 1 |
| Technikabstimmung, Grundlayout und Prototyp erstellen (parallel zur Drehbucherstellung) | 10 |
| Softwareentwicklung | 15 |
| Vertonung | 2 |
| Grafik | 5 |
| Beta-Version prüfen | 5 |
| Beta-Version abnehmen (Besprechungstag) | 1 |
| Beta-Version Korrekturen | 3 |
| Freigabe Lernprogramm | 2 |
| **Gesamtdauer in Tagen** | **78** |

Für das Drehbuchschreiben einer einstündigen eLearning-Anwendung werden folgende Daten zu Grunde gelegt: pro Drehbuchseite durchschnittlich 45 Minuten Schreibzeit. Dies ergibt für 60 Drehbuchseiten einen Zeitaufwand von 45 Stunden. Pro Arbeitstag rechnet man maximal fünf Stunden reine Arbeitszeit am Drehbuch, woraus sich bei insgesamt 45 Stunden Schreibzeit neun Arbeitstage zu je fünf Stunden ergeben. Dazu kommt noch ein Puffer von drei Tagen, sodass in der Tabelle bei „Drehbuch erstellen" 12 Tage Arbeitszeit gelistet werden. Die beispielhafte Gestalt und Struktur eines Zeitplans für die Produktion einer einstündigen eLearning-Anwendung zeigt Ihnen Abb. 3.5. mit einem Ausschnitt der Zeitplanung mittels der Software Microsoft Project.

### 3.3.6  Welche Kosten fallen an?

Eine eLearning-Produktion ist bereits für nur eine Stunde Lerndauer ein umfangreiches Projekt, das mindestens drei Monate Zeit und viele Beteiligte in Anspruch nimmt. Bei sehr klarer Aufgabenstellung kann die Produktion einer Lernstunde durchaus in sechs bis acht Wochen abgewickelt werden. Entsprechend sorgfältig sollte die Kostenkalkulation ausfallen, indem der Auftrag inklusive aller anfallenden Kosten berechnet wird. Ein wichtiger Hinweis zur Kostenentwicklung: Eine eLearning-Produktion gleicht eher der Schaffung von Medien, wie sie aus der Film- und Werbebranche bekannt sind, als einer Softwareentwicklung.

| # | Vorgangsname | Dauer | Anfang | Fertig | Ressourcennamen |
|---|---|---|---|---|---|
| 1 | Beauftragung | 0 Tage | Di 01.11.11 | Di 01.11.11 | AG |
| 2 | Bereitstellung Materialien | 5 Tage | Di 01.11.11 | Mo 07.11.11 | AG |
| 3 | | | | | |
| 4 | – Konzeption | 22 Tage | Di 08.11.11 | Mi 07.12.11 | |
| 5 | Briefing | 1 Tag | Di 08.11.11 | Di 08.11.11 | Autor;AG-PL;Agentur-PL |
| 6 | Erstellen Grobkonzept | 1 Tag | Mi 09.11.11 | Mi 09.11.11 | Autor |
| 7 | Abnahme Grobkonzept | 1 Tag | Do 10.11.11 | Do 10.11.11 | AG |
| 8 | Erstellen Feinkonzept | 1 Tag | Fr 11.11.11 | Fr 11.11.11 | Autor |
| 9 | Abnahme Feinkonzept | 1 Tag | Mo 14.11.11 | Mo 14.11.11 | AG |
| 10 | Erstellen Drehbuch | 10 Tage | Di 15.11.11 | Mo 28.11.11 | Autor |
| 11 | Prüfen Drehbuch | 2 Tage | Di 29.11.11 | Mi 30.11.11 | AG |
| 12 | Besprechung Drehbuch | 1 Tag | Do 01.12.11 | Do 01.12.11 | Agentur-PL;AG-PL;Autor |
| 13 | Korrektur Drehbuch | 3 Tage | Fr 02.12.11 | Di 06.12.11 | Autor |
| 14 | – Freigabe Drehbuch | 1 Tag | Mi 07.12.11 | Mi 07.12.11 | AG |
| 15 | | | | | |
| 16 | – Allgemeine Vorbereitung | 10 Tage | Mi 09.11.11 | Di 22.11.11 | |
| 17 | Abstimmung Grundlayout | 0,5 Tage | Mi 09.11.11 | Mi 09.11.11 | AG;Agentur |
| 18 | Entwurf Grundlayout | 2 Tage | Mi 09.11.11 | Do 10.11.11 | Agentur |
| 19 | Freigabe Grundlayout | 0,5 Tage | Fr 11.11.11 | Fr 11.11.11 | AG |
| 20 | Abstimmung Technik | 0,5 Tage | Di 08.11.11 | Di 08.11.11 | Agentur;AG |
| 21 | Grafiklayoutproduktion | 2 Tage | Mo 14.11.11 | Di 15.11.11 | Agentur |
| 22 | Software-Entwicklung Basis | 5 Tage | Mi 16.11.11 | Di 22.11.11 | Agentur |
| 23 | Technischer Prototyp | 0 Tage | Mi 23.11.11 | Mi 23.11.11 | Agentur |
| 24 | | | | | |
| 25 | – Produktion WBT | 36 Tage | Do 08.12.11 | Do 26.01.12 | |
| 26 | Grafikproduktion | 5 Tage | Do 08.12.11 | Mi 14.12.11 | Agentur |
| 27 | Software-Entwicklung | 15 Tage | Do 15.12.11 | Mi 04.01.12 | Agentur |
| 28 | Check Beta-Version | 5 Tage | Do 05.01.12 | Mi 11.01.12 | AG |
| 29 | Abnahme Beta-Version | 1 Tag | Do 12.01.12 | Do 12.01.12 | Agentur;AG |
| 30 | Korrektur Beta-Version | 3 Tage | Fr 13.01.12 | Di 17.01.12 | Agentur |
| 31 | Vertonung | 2 Tage | Mi 18.01.12 | Do 19.01.12 | Agentur |
| 32 | Fertigstellung WBT | 3 Tage | Fr 20.01.12 | Di 24.01.12 | Agentur |
| 33 | Freigabe WBT | 2 Tage | Mi 25.01.12 | Do 26.01.12 | Agentur;AG |

**Abb. 3.5**  Zeitplan für die Produktion von einer Stunde eLearning, erstellt in Microsoft Project

Entsprechend hochpreisig fällt die Produktion aus. Einfache, rein textbasierte eLearning-Anwendungen mit geringfügiger Interaktion starten bei 12 000 Euro, hochinteraktive und damit komplexe eLearning-Projekte mit hohem Aufwand bezüglich Animationen, Videos, Simulationen und Fachrecherchen erfordern eine individuelle Entwicklung und verbrauchen nicht selten ein Budget von 60 000 Euro und mehr. Die hier aufgeführten Kosten stellen Richtwerte dar, die je nach Region, Markt oder Branche variieren können. Alle angegebenen Beträge beziehen sich auf Honorare im mittleren Bereich, wie sie Multimedia-Agenturen berechnen. Freelancer bieten ihre Dienstleistungen in der Regel um einiges kostengünstiger an. Allerdings ist es vorteilhaft, wenn der gesamte Produktionsprozess „in einer Hand" bleibt und der Auftraggeber von der hohen Servicequalität und Professionalität der Agentur profitieren kann. Eine Kalkulation in Tagessätzen kommt oft günstiger als Stundenhonorare, zum Beispiel kostet die *Konzeption* 680 Euro, wenn ein *Stundenhonorar* (= acht Stunden à 85 Euro) zu Grunde gelegt wird. In der Regel wird jedoch ein etwas günstigerer, *pauschaler Tagessatz* vereinbart, der sich zwischen 500 und 600 Euro pro Tag für die Konzeption bewegt. Weit kleinschrittiger sieht es bei den Kosten für die *Sprecher* aus. Hier wird nach Minuten berechnet. Ein Beispiel: Der Sprecher berechnet für eine eLearning-Produktion 300 Euro Grundgebühr bis maximal fünf Minuten gesprochenem Text und 12 Euro für jede weitere gesprochene Minute. Dieses Honorar bewegt sich dabei noch im unteren Bereich.

**Tab. 3.6** Honorartabelle eLearning-Produktion

| Aufgabenbereich | Kosten / Stunde |
|---|---|
| Projektmanagement | 88 Euro |
| Pädagogisch-didaktische Konzeption (Grob- und Feinkonzept) | 87 Euro |
| Drehbuch | 75 Euro |
| Grafik (2D-Grafik Illustration) | 77 Euro |
| Grafik ( 3D-Grafik) | 86 Euro |
| Grafik ( 2D-Animation) | 81 Euro |
| Grafik ( 3D-Animation) | 91 Euro |
| Grafik Screen-/Webdesign, Pflichtenheft erstellen | 79 Euro |
| Interface-Design (Layout) | 85 Euro |
| Softwareentwicklung C, C++ | 90 Euro |
| Softwareentwicklung Java | 92 Euro |
| Softwareentwicklung Flash | 85 Euro |
| Softwareentwicklung Java-Script | 82 Euro |
| Videoproduktion: redaktionelle Begleitung des Drehteams vor Ort | 92 Euro |
| Sprecherhonorar (Sprecher rechnet pro Minute ab) | 500-1200 Euro |

Für 60 Minuten gesprochenen Text fällt ein Sprecherhonorar von 500 bis 1200 Euro an. Neben diesen auf dem Markt frei auftretenden Sprechern kann man inzwischen auch auf Vermittlungsportale im Internet zugreifen. Diese bieten Hörproben und Preisbeispiele, gestaffelt nach Anfängern und Profis.

> **Tipp!**
> Wenn Sie sich für einen Sprecher interessieren, surfen Sie doch mal zu *http:// www.bodalgo.com* oder *http://www.intervoice24.de* und lassen Sie sich Beispieltexte vorlesen und Honorarberechnungen in Sekundenschnelle ausgeben.

Beispiele für gängige Honorare von eLearning-Produktionen zeigt Tab. 3.6 gemäß den Angaben im *iBusiness* Honorarleitfaden. Alle angeführten Werte verstehen sich netto. Die Tabelle zeigt deutlich, dass gerade die grafischen Arbeiten hochpreisig sind, vor allem dann, wenn 3D-Animationen zu erstellen sind. Dem Kunden, der eine virtuelle, animierte Leitfigur erwägt, sollten seitens der Projektleitung die Kosten dafür aufgezeigt werden. Oftmals kann eine Leitfigur auch statisch sein und dafür witzige Kommentare sprechen. Das hat fast denselben Effekt, ist aber wesentlich günstiger. Neben den Personalkosten können Lizenzkosten für Grafik und Ton auf das Unternehmen zukommen, die seitens des Projektleiters genau aufzuführen sind. Generell sollten alle Beteiligten über die Nutzungs- und Verwertungsrechte interaktiver Produktionen im Bilde sein (siehe Abschn. 7.2).

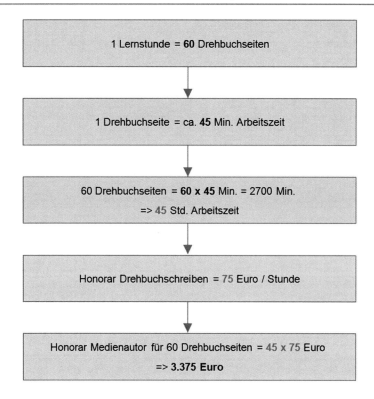

**Abb. 3.6** Beispiel für die Berechnung des Honorars einesMedienautors

**Literaturtipp!**
*iBusiness* Honorarleitfaden, Hightext Verlag mit sämtlichen Lizenzkosten einer Multimedia-Produktion (*http://www.ibusiness.de*).

Eine Beispielberechnung für das Honorar eines Medienautors zeigt Abb. 3.6. Zugrunde liegt das Drehbuchschreiben für eine Lernstunde eLearning, wofür man rund 60 Bildschirmseiten rechnet.

Wesentlich für eine Kostenaufstellung ist, dass versteckte Kosten mit eingeplant werden. Im Verlauf des Projekts können sich immer wieder Kostenverschiebungen ergeben, weil neue Lerninhalte zu ergänzen sind, neue Technologien am Markt berücksichtigt werden müssen oder anderweitig Unvorhergesehenes auftritt. Empfehlenswert ist es, in Teilschritten zu kalkulieren und die Kostenplanung bei jedem dieser Teilschritte anzupassen und mit den Entscheidern des Auftraggebers neu abzustimmen. Dies ist zwar ein höherer Aufwand, spart jedoch Zeit und vermindert Ärger sowie unnötige Diskussionen über die Rechnung, wenn die Arbeit seitens der Agentur schon geleistet wurde. Beispiele für versteckte Kosten:

- Autorenkorrekturen, das heißt Änderungswünsche des Kunden, die vom Briefing oder von einer Abnahme abweichen oder erst zu einem späteren Zeitpunkt eingebracht werden, zum Beispiel zur Beta-Abnahme,
- Anpassungen im Pflichtenheft,
- Korrektur- und Testschleifen, die über das Normalmaß hinausgehen (das heißt mehr als zwei Korrektur- und Testläufe),
- viele Entscheidungsebenen bis zur Freigabe beim Auftraggeber,
- Zwischenversionen für Workshops, Messeauftritte und Ähnliches sowie
- zusätzliche Besprechungs- und Präsentationstermine.

Wissen Sie als Auftraggeber bereits bei Projektbeginn, dass Ihre eLearning-Anwendung schon bald und in der Folge regelmäßig aktualisiert werden soll, so ist es empfehlenswert, mit der Multimedia-Agentur über ein Content-Management-System (CMS) nachzudenken. Ein CMS ermöglicht Ihnen, textliche Korrekturen und Aktualisierungen von dafür geschulten Mitarbeitern durchführen zu lassen. Das spart Zeit und Kosten für die Beauftragung der Agentur, auch bei nur geringfügigen Änderungen.

**Tipp!**
Achten Sie auf die Laufzeit der Anwendung! In kleinen und mittelständischen Unternehmen erfolgt ein Relaunch in der Regel nach zwei bis drei Jahren. In Großunternehmen findet die erste Aktualisierung nicht selten nach einem oder bereits nach einem halben Jahr statt. In diesem Fall entstehen Folgekosten für das eLearning-Projekt.

Sobald die Kostenkalkulation durch den Auftraggeber abgenommen und der Auftrag erteilt wurde, erfolgt eine Abschlagszahlung von einem Drittel des Gesamthonorars. Eine weitere Abschlagszahlung erhält die Agentur bei Abgabe des Drehbuchs und das restliche Honorar nach Abnahme des fertigen Lernprogramms. Bei größeren Multimedia-Projekten mit vielen Lernstunden kann eine monatliche Honorarzahlung vorkommen. Genau wie der Zeitaufwand sollte auch der Kostenverlauf sorgfältig dokumentiert werden, um als Basis für zukünftige Projekte zu dienen.

**Literaturtipp!**
*Christoph von Dellinghausen*: „dmmv-Kalkulationssystematik", Hightext Verlag; übersichtliches, leicht verständliches Formularwerk für die sichere Kalkulation eines Multimedia-Projekts, ergänzt durch eine gut verständliche Erläuterung aller Posten, die in den Kalkulationsformularen aufgelistet sind.

## 3.4    Die Drehbuchabnahme

Die Drehbuchabnahme ist ein komplexer Prozess. Idealerweise schreibt der Medienautor das Drehbuch und leitet es dann an die Agentur weiter, die dieses dahingehend prüft, ob die Mengen und Anforderungen mit dem Angebot übereinstimmen; anfallende Korrekturen leitet die Agentur an den Medienautor weiter. Die überarbeitete Version wird dann nochmals in der Agentur auf Richtigkeit geprüft, bevor sie an den Auftraggeber zur Prüfung herausgegeben wird. Dort sollte intern eine inhaltliche Besprechung stattfinden, bevor die Änderungen und Korrekturen am Drehbuchabnahmetag gemeinsam mit Agentur und Medienautor besprochen werden.

**Tipp!**
Ein hilfreiches Werkzeug für Auftraggeber ist die Checkliste „Drehbuch-abnahme", siehe Kap. 9 und *http://www.drehbuchtext.de*.

### 3.4.1    Fachliche Änderungen beisteuern

Sind von der Auftraggeberseite mehrere Vertreter im Projektteam, was die Regel ist, so sollten diese sich vor dem Termin der Drehbuchabnahme hausintern über fachliche Änderungen und Korrekturen abstimmen. Die Kosten des Projektteams für einen Abnahmetag sind hoch (siehe Abschn. 3.3.6). Idealerweise werden Änderungswünsche und Korrekturen der Agentur und dem Medienautor als Ergebnisse präsentiert. Die sich in aller Regel ergebenden Diskussionen laufen dann nur noch auf programmtechnischer und fachdidaktischer Ebene ab, kreisen jedoch nicht mehr um Fachliches. Wichtig ist allerdings, vor allem dem Medienautor eine fachliche Begründung zu liefern, wenn sich Inhalte geändert haben. Fazit: Der Auftraggeber fasst die intern vorausgegangene Fachdiskussion zu fachlichen Änderungen fürs Team zusammen und lässt den Autor dadurch an der inhaltlichen Entwicklung teilhaben; der Autor bedenkt dies bei der fachdidaktischen Aufbereitung der Änderungen und filtert Auswirkungen auf weitere Drehbuchteile heraus. Es gibt fachliche Korrekturen, die dadurch bedingt sind, dass der Autor im Briefing etwas falsch verstanden und dann fehlerhaft umgesetzt hat. Diese gehen zulasten der Agentur und des Medienautors. Es gibt aber auch fachliche Änderungen, die sich seit dem Briefing bei der Auftraggeberseite ergeben haben. Diese gehen über den Rahmen des Angebots und damit der Kostenkalkulation hinaus, was der Projektleiter dem Kunden in dieser Phase deutlich machen muss. Transparenz schafft hierbei eine Entscheidungsmatrix, die per Beamer an die Wand projiziert wird (siehe Tab. 3.7). Auf diese Weise sieht der Kunde auf einen Blick, welche Korrektur ihn in etwa wie viel kostet. Er kann dann viel schneller über die Relevanz seiner angedachten Änderungen entscheiden. Für einen effektiven Projektverlauf

**Tab. 3.7** Entscheidungsmatrix für Änderungen durch denAuftraggeber

| Änderungswunsch | Wichtig (Schulnoten von 1 bis 6) | Kosten Konzept/ Drehbuch | Kosten Design |
|---|---|---|---|
| 4 neue Produktkriterien einarbeiten. | 1 | 312 Euro | |
| Farbe der Corporate Identity (CI) ändern wegenUnternehmensfusion. | 1 | | 500 Euro |
| Immer „zum Beispiel" schreiben statt „etwa". | 3 | 75 Euro | |
| Audiotexte der Animationsfigur umformulieren (Tonality soll lustiger sein). | 4 | 10 Euro (je Audiotext) | |

ist die Entscheidungsmatrix ein mächtiges Handwerkszeug. Die Wichtigkeit von inhaltlichen Anpassungen sollte immer aufs Lernziel bezogen betrachtet werden.

- Exemplarisch sei hier die Rechnung dargestellt, die den Kosten für das Konzept in der Entscheidungsmatrix zu Grunde liegt:
- 4 neue Produktkriterien = 4 neue Bildschirmseiten
- Je Bildschirmseite = ¾ Stunde Drehbuchschreiben
- 4 Bildschirmseiten = 3 Stunden  Drehbuchschreiben
- 3 Std. Drehbuchschreiben à 75 Euro = 225 Euro
- Einfügen ins didaktische Konzept und Prüfen der Stimmigkeit –> 1 Std. Konzeptarbeit à 87 Euro

  225 Euro + 87 Euro = *312 Euro Änderungskosten*

  Zusätzlich muss geprüft werden, ob diese neuen Anforderungen mit in die kalkulierten Mengen an Grafik, Vertonung und Programmierung passen. Eventuell können für die Abstimmung aller betroffenen Elemente noch weitere Kosten entstehen.

## 3.4.2 Die Rechtschreibung korrigieren

Bei diesem heiklen Thema gilt für alle Beteiligten vor allem eines: sachlich bleiben. Auftraggeber, die im Drehbuch einen Rechtschreibfehler finden, sollten dies sachlich bemerken und sich Kommentare sparen, wie: „Da hat wohl einer die neue Rechtschreibung nicht gelernt." Das mag witzig klingen, auf der Seite des Medienautors wird es jedoch allenfalls ein gequältes Lächeln hervorrufen, da er sich womöglich nur vertippt hat. Die Gefahr besteht, dass Projektmitglieder bei der Drehbuchabnahme endlich einmal „ihre" Gelegenheit wahrnehmen, eine Haltung der Art „Jetzt zeig ich mal, was ich kann und weiß" zu präsentieren und damit das Klima im Projektteam unnötig verschlechtern. Andersherum gilt auch für den Medienautor, dass er Rechtschreibkorrekturen sachlich bestätigt und notiert. Weder sollte er „mea culpa" rufen noch sich überheblich zeigen, indem er zum Beispiel sagt: „Das ist ja wohl klar, das wird ausgebessert, damit sollten wir unsere Zeit heute nicht verschwenden." Noch schlimmer ist es, wenn der Medienautor der Agentur den schwarzen Peter zuschiebt, indem er bemerkt: „In meinem Drehbuch war doch alles richtig, die Fehler müssen beim Druck in der Agentur verursacht worden sein." Dann steht der Projektleiter in der Kreide; die Stimmung ist ebenfalls im Eimer. Der Projektleiter tut gut daran, seinen Autor bei Rechtschreibkorrekturen

nicht lächerlich zu machen, indem er etwa spöttelt: „So was sollte aber nicht vorkommen!" Zwar ist es angebracht, im Anschluss an die Drehbuchabnahme unter
vier Augen über die Qualität zu sprechen, im Projektteam steht jedoch die Loyalität
zwischen Projektleiter und Autor an erster Stelle. Ausdrücklich sei an dieser Stelle
allen Beteiligten einer Drehbuchabnahme die Anwendung eines einheitlichen
Korrekturmodus nahe gelegt. Im Verlagswesen sind die im Duden aufgeführten
Korrekturzeichen Standard, wenn es um das Lektorieren von Texten geht. Ein
Blick hinein lohnt sich allemal. Für die ganz Eiligen zeigt Abb. 3.7 eine Übersicht
der wichtigsten Korrekturzeichen, mit denen man gut durch einen Drehbuchtext
kommt.

### 3.4.3   Feilschen um die Formulierung

Ein kritischer Punkt bei jeder Drehbuchabnahme ist das Feilschen um die richtige
Formulierung. Die Auftraggeberseite hat meist eine genaue Vorstellung davon, wie
etwas formuliert sein sollte. Oftmals haben die Teammitglieder bisher die haus-
internen Weiterbildungsmaterialien selbst getextet und fühlen sich nun heraus-
gefordert, möglichst alle Formulierungen des Autors im Drehbuch zu hinterfragen
oder zu verwerfen. Diese Angewohnheit kann für die Drehbuchentwicklung eine
echte Bremse sein. Denn es entsteht ein Konflikt zwischen dem Know-how, das
der Medienautor für das richtige Formulieren von Bildschirmtexten und Audios
mitbringt (siehe Abschn. 5.2) und dem, was der Auftraggeber an gewohntem Stil
durchsetzen will. Das Problem lässt sich nur dadurch lösen, dass sich der Auftraggeber zurücknimmt und dem Autor vertraut, indem er für ihn ungewöhnliche
Formulierungen einfach akzeptiert. Bei der Drehbuchabnahme sollte sein Augenmerk bezüglich der Richtigkeit der Formulierung auf dem Inhalt liegen und auf
der Verständlichkeit für die Zielgruppe. Hinzu kommt, dass er darauf achten sollte,
ob unternehmensinterne Begrifflichkeiten in den Formulierungen berücksichtigt
wurden.

### 3.4.4   Änderungen dokumentieren mit Change-Request-Listen

Äußert der Auftraggeber bei der Drehbuchabnahme Änderungswünsche in inhalt-
licher, zeitlicher oder finanzieller Hinsicht, so hat dies maßgeblichen Einfluss auf
den Projektauftrag. Der ändert sich entsprechend, sofern die Änderungen nicht vom
Autor oder von der Agentur verursachte Fehler betreffen. Bei umfangreicheren
Änderungen entstehen hohe Kosten, deren Übernahme idealerweise mit einem
Change-Request-Formular (= Formular für Änderungsanforderungen) beantragt
wird.
    Alle Änderungen, die am Besprechungstag der Drehbuchabnahme anfallen,
müssen dokumentiert werden. Im Idealfall hat der Projektleiter schon eine Change-
Request-Liste auf seinem Laptop vorbereitet und braucht die Einzelheiten nur noch
einzutragen. Am Ende der Drehbuchbesprechung verteilt er dann die Listen an die

**Abb. 3.7** Auswahl der gängigsten Korrekturzeichen

| Bedeutung und Umsetzung | Korrekturzeichen |
|---|---|
| Gewünschte Kursivschrift oder ein unverständliches Wrot: markiert durch eine Wellenlinie unter dem entsprechenden Begriff und am Rand. | |
| Rechtschreibfehler, fehlende Buchstabe oder falsche Trennung: markiert durch Varianten dieses Korrekturzeichens. | |
| Rechtschreibfehler oder zwiespältige Ausdrücke: markiert mit den Varianten dieses Korrekturzeichen. | |
| Falsche Trennungszeichen innerhalb eines Wortes: markiert mit Tilgungszeichen und durch je einen Bogen ober- und unterhalb. | |
| Zu große Wortabstände, Zwischenräume: markiert mit senkrechtem Strich und Dachbogen. | |
| Zu geringe oder fehlende Wortabstände, Zwischenräume: markiert mit senkrechtem Strich und Tellerbogen. | |
| Wörter, die man getrennt schreiben soll: markiert durch ein großes „Z". | |
| Ein Buchstabe, Wort oder Satz entfällt: Markierung durch das „Delatur-Zeichen" (lat.: „Es möge entfernt werden."). | |
| Ein ganzes Wort soll gestrichen werden, oder durch ein anderes ersetzt werden: markiert durch Varianten dieses Korrekturzeichens. | |
| Mit diesem Korrekturzeichen werden Wörter verstellte markiert. | |
| Fehlender Zeilenabstand: Markierung durch einen waagrechten Strich mit Tellerbogen. | |
| Zu großer Zeilenabstand: Markierung durch waagrechten Strich mit Dachbogen. | |

Teammitglieder und die Projektmitarbeiter, die die Änderungen auszuführen haben. Ein gut geeignetes Werkzeug zum Erstellen einer Change-Request-Liste ist die Tabellenkalkulations-Software Microsoft Excel, wie das Beispiel in Abb. 3.8 zeigt. Vorteilhaft daran ist, dass sich die Liste vorkonfektionieren lässt, zum Beispiel indem verschiedene Bearbeiternamen oder Kapitel vorgegeben werden. Außerdem lassen sich erledigte Aufgaben ganz einfach ausblenden.

**Tipp!**
Checkliste „Change-Request-Formular", siehe Kap. 9 und *http://www.drehbuchtext.de*.

| Nr. | Kapitel/ Seite | Termin | Index | ToDo | Wer? | Status? |
|---|---|---|---|---|---|---|
| | | | | **Change-Request-Liste**      Datum: 12.01.2012 | | |
| 1 | 1/3 | 13.02. | DB501 | Korrigierte PDF-Datei zu Schadenfällen | GE | |
| 2 | 1/8 | 17.02. | DB501 | Zusammenfassung Tarife | Autor | |
| 3 | 1/9 | 17.02. | DB602 | Demoblatt zum Thema "Jugendtarif" | GE | |
| 4 | 2/11 | 19.02. | DB603 | Nachvertonung Audio DB603a: 2500 EUR ergänzen | Agentur | |
| 5 | 2/11 | 19.02. | DB722 | Nachvertonung Audio VIPsDB722b=Sie wissen nun genau, welche Vorteile der Jugendtarif für Ihren Kunden parat hat. Aber nicht nur Ihr Kunde profitiert davon - auch für Sie und Ihre Kollegen schaut etwas dabei raus! | Agentur | |
| 6 | 2/13 | 12.02. | DB723 | Audios anpassen und nachvertonen | Agentur | |
| 7 | 2/20 | 10.02. | DB815 | Verwendung des Begriffs "Absicherung vom Feinsten" | Autor | |
| 8 | 4/8 | 10.02. | DB815 | Rückmeldung zum Thema "elektronisches Berechnungstool" | TR | |
| 9 | 4/10 | 10.02. | DB815 | Was leistet der Tarif? Zusammen-stellung von Leistungsbeispielen. | TR | |
| 14 | 4/13 | 10.02. | DB911 | Anpassung Demoblatt "Gliedertaxe" | Autor | |

**Abb. 3.8**  Change-Request-Liste, erstellt mit Microsoft Excel

## Literaturhinweise

Baumgartner, Peter et al. (2002) Auswahl von Lernplattformen. Innsbruck: Studien-Verlag.

Bohinc, Tomas (2010) Grundlagen des Projektmanagements. Offenbach: Gabal.

Buzan, Tony (2005) Das Mind-Map-Buch. München: mvgverlag.

Dellingshausen, Christoph von (2004) dmmv-Kalkulationssystematik – Leitfaden zur Kalkulation von Multimedia-Projekten. München: Hightext Verlag.

Fietz, Gabriele et al. (2004) eLearning für internationale Märkte. Bielefeld: Bertelsmann Verlag.

Hightext Verlag (2011) iBusiness Honorarleitfaden. München: Hightext Verlag.

Kerres, Michael (1999) Didaktische Konzeption multimedialer und telemedialer Lernumgebungen. In: HMD Praxis der Wirtschaftsinformatik, Heft 205: Multimediale Bildungssysteme, Heidelberg, S. 9-21.

Kerres, Michael et al. (2002) E-Learning. Didaktische Konzepte für erfolgreiches Lernen. In: von Schwuchow, Karlheinz & Guttmann, Joachim (Hrsg.) Jahrbuch Personalentwicklung & Weiterbildung 2003. Köln: Luchterhand.

Kerres, Michael (2001) Multimediale und telemediale Lernumgebungen: Konzeption und Entwicklung. München: Oldenbourg Verlag, 2. vollständig überarbeitete Auflage.

Niegemann, Helmut et al. (2008) Kompendium multimediales Lernen. Heidelberg: Springer.

Mindjet MindManager: *http://www.mindjet.com*.

OpenMind: *http://www.matchware.com*.

Patzak, Gerold & Günter Rattay (2009) Projektmanagement. Wien: Linde, 5. aktualisierte Auflage.

Reinmann-Rothmeier, Gabriele & Heinz Mandl (2001) Virtuelle Seminare in Hochschule und Weiterbildung. Bern: Huber.

Schulmeister, Rolf (2005) Lernplattformen für das virtuelle Lernen. München: Oldenbourg Verlag.

# Konzeption: Wie kommt Struktur in die Inhalte?

**4**

**Zusammenfassung**

Kapitel 4 beschäftigt sich mit der Konzeption von eLearning-Inhalten. Die sorgfältige Ausarbeitung eines Grobkonzepts als Basis für einen reibungslosen Produktionsablauf steht dabei im Fokus. Detailliert werden die einzelnen Inhaltselemente von Grob- und Feinkonzept vorgestellt, ergänzt um zahlreiche Beispiele zu Navigationstypen. Besondere Erwähnung finden die Lernziele und zwar in ihrer Taxonomie und Funktion sowie in der Art und Weise ihrer trefflichen Formulierung.

Die Konzeption basiert auf den Arbeitsaufträgen, die aus dem Briefing mitgenommen wurden (siehe Kap. 3). Auf Grundlage der Konzeption erfolgt später die Drehbuchentwicklung. Je mehr Aufmerksamkeit der Konzeption gewidmet wird, desto geringer fällt die Fehlerquote im Drehbuch selbst aus, umso weniger Korrekturschleifen sind erforderlich und umso leichter ist damit der Kostenrahmen einzuhalten; von der guten Teamarbeit, die dabei entsteht, einmal ganz abgesehen, denn alle Projektmitglieder konzentrieren sich verstärkt auf ihre wirklichen Aufgaben und nicht auf Probleme mit der Kommunikation oder auf Diskussionen über die Kosten. Die Konzeption umfasst bei einer eLearning-Produktion in der Regel ein Grobkonzept und ein Feinkonzept. Nicht immer ist klar, welche Inhalte ins Grobkonzept gehören, welche ins Feinkonzept und was eigentlich ein Pflichtenheft ist. Je nach Projekt herrschen hier ganz verschiedene Auffassungen. In den folgenden Kapiteln erfolgt eine strukturierte Zuordnung der Inhalte zu den einzelnen Konzeptphasen.

## 4.1 Das Grobkonzept

Das Grobkonzept ist Grundlage des Feinkonzepts, aus dem wiederum das Drehbuch hervorgeht. Vom Grobkonzept ausgehend kann ein Pflichtenheft formuliert werden (siehe Abschn. 4.3). Manchmal fällt das Grobkonzept mit dem Angebot der Agentur zusammen; dann ist entweder der Medienautor bereits in der Angebotsphase mit in das Projekt eingebunden oder aber er wird erst beim Entwickeln des Feinkonzepts hinzubestellt. Wenn ein Medienautor das Grobkonzept bereits in der Angebotsphase entwickelt, hat das einen Nachteil: Der Auftraggeber hat kein

D. Stoecker, *eLearning – Konzept und Drehbuch*,
DOI 10.1007/978-3-642-17206-9_4, © Springer-Verlag Berlin Heidelberg 2013

Mitspracherecht mehr und muss für die gesamte Projektdauer mit dem Schreibstil des Autors leben, ob ihm das gefällt oder nicht. Dadurch segelten schon komplette Produktionen in gefährlichen Gewässern, weil dies einen endlosen Rattenschwanz an Formulierungskorrekturen nach sich zieht, für deren Kosten keiner verantwortlich sein will. Klar ist: Aus einem Benjamin Stuckrad-Barre lässt sich kein Günther Grass machen – und das muss auch nicht sein. Beide haben für ihre Zielgruppe den genau richtigen Schreibstil. Deshalb empfiehlt es sich für eine Agentur, dem Angebot mehrere Textproben des Autors beizufügen, die Rückschlüsse auf seine möglichen Schreibstile zulassen. In gewissem Maß kann ein Medienautor jedoch seinen Schreibstil auch den Unternehmensvorgaben und dem Projekt anpassen. Außerdem prüft die Agentur bereits im Vorfeld die fachliche Kompetenz des Autors und ob er zum Team passt.

Ob nun der Medienautor oder ein Projektleiter mit entsprechender mediendidaktischer Kompetenz die Konzeption übernimmt, zu ihrem Handwerkszeug gehört eine umfassende Kenntnis der:

- Wahrnehmungs- und Lernpsychologie (siehe Abschn. 5.7),
- Multimedia-Didaktik (siehe Abschn. 5.8),
- Standards für eLearning (siehe Abschn. 9.12),
- einschlägigen Lernkonzepte (siehe Abschn. 4.1.1.5) und
- Autorenwerkzeuge (siehe Abschn. 5.6.4).

> **Tipp!**
> Checkliste „eLearning-Standards", siehe Kap. 9 und *http://www.drehbuch-text.de*.

Nur in den seltensten Fällen erstellt ein Unternehmen ein Grobkonzept ohne Agentur. Mit Recht, denn die Agentur bringt gerade in der Konzeptionsphase ihr volles Know-how mit ein, auf dem die gesamte spätere Produktion aufsetzt. Überdies greift die Agentur in aller Regel auf vorhandene Grobkonzeptionen aus anderen Produktionen zurück und erhöht dadurch den Grad der Professionalität. Das Grobkonzept ist ein „weiches" Instrument, auch wenn es die Grundlage für Feinkonzept und Pflichtenheft ist. Es ist in der Abnahmebesprechung weitgehend modifizierbar. Dadurch bietet die Phase des Grobkonzepts Raum für Ideen und Überlegungen, die auch gerne mal übers Ziel hinausschießen dürfen. Zusammen mit weiteren Projektmanagement-Formularen hat die Multimedia-Agentur damit eine gute Vorlage, um mit möglichst wenig Zeitaufwand eine ordentliche Arbeitsbeschreibung abzuliefern.

Das Grobkonzept strukturiert die Anforderungsinhalte für die multimediale Aufbereitung von selektierten Lerninhalten.

## 4.1.1 Inhalte des Grobkonzepts

### 4.1.1.1 Ausgangssituation

Die verschiedenen Aspekte der Ausgangssituation stellt Tab. 4.1 übersichtlich dar. Sie ist ein hilfreiches Instrument für die zielgerichtete Entwicklung des Grobkonzepts im Briefing.

**Scribble: Beispiel**
Das am Ende von Tab. 4.1 beschriebene „Szenario" ist ein wirksames Instrument, um ein Problembewusstsein für die Entwicklung der Lernziele zu schaffen. Lebendig wird ein Grobkonzept, wenn die Szenarien in einfachen Scribbles dargestellt werden (siehe Abschn. 5.2.3.1), wie es das Beispiel-Scribble in Abb. 4.1 zeigt.

Noch vor der Entwicklung von Szenarien kann ein kurzer Fragebogen an die Zielgruppe verschickt werden, in dem nach häufigen Problemsituationen im Alltag gefragt wird. Ein schöner Nebeneffekt: Die zukünftigen Lernenden fühlen sich ernst genommen und sind später umso motivierter, tatsächlich mit dieser speziell auf ihre Bedürfnisse abgestimmten eLearning-Anwendung zu arbeiten.

**Leitfiguren: Beispiele**
Für das VIP-S-Training der Versicherungskammer Bayern wurde auf das schon bestehende Maskottchen VIP-S-Punkt zurückgegriffen; es wurde für ein gedrucktes Selbstlernprogramm entwickelt. Die Leitfigur in Abb. 4.2 spricht die Zielgruppe (Berater der Sparkasse) an, da sie aus dem roten Sparkassenpunkt entwickelt wurde.

Abbildung 4.3 stellt die Leitfigur „Amanda" vor. Sie wurde von Beck et al. für die Continental AG entwickelt. Amanda begleitet die vorwiegend männliche Zielgruppe mit viel Know-how und Charme durch das problemorientierte, englischsprachige Lernprogramm zu einem neuen System für Kundenbindungsmanagement (CRM-System).

Als Leitfigur setzen Sie am besten einen fiktiven Vertreter der Zielgruppe ein oder das schon vorhandene Firmenmaskottchen. Der Lernende identifiziert sich dadurch leichter mit dem Programm. Ein Ritter, der Versicherungsberatern als Leitfigur dienen soll, ist zwar metaphorisch betrachtet interessant, wird aber die Zielgruppe herzlich wenig dazu motivieren, ernsthaft Versicherungen zu verkaufen.

### 4.1.1.2 Lerninhalte
Das Grobkonzept führt alle Lerninhalte auf, die für die eLearning-Anwendung didaktisiert werden sollen. Man bezeichnet diese auch als „Basaltext". Die Lerninhalte werden so ausgewählt, dass sie dem Lernziel zuarbeiten und für die Zielgruppe relevant sind. Für die Auswahl der Lerninhalte gilt folgende Formel:

So viel wie für das Lernziel nötig, doch so wenig wie möglich.

**Tab. 4.1** Inhaltselemente des Grobkonzepts

| Inhaltskomponente | Beispiel |
| --- | --- |
| Entscheidung für eine eLearning-Variante (abhängig von der Veränderlichkeit der zu vermittelnden Lerninhalte) | WBT oder CBT. |
| Gewählter Lehransatz (sieheAbschn. 4.1.1.5) | Zum Beispiel linear, modular oder Methodenmix aus modular und linear. Zum Beispiel kognitivistische Informationsvermittlung oder konstruktivistischer bzw. problemorientierter Wissenserwerb (siehe Abschn. 3.3.1). Zum Beispiel induktiv (vom Einzelfall zum Allgemeinen) oder deduktiv (vom Allgemeinen zum Einzelfall). |
| Einsatzform des eLearning-Programms | Als Ergänzung zum Seminar (Blended Learning), allein stehend zum Selbststudium oder als Wissensdatenbank bzw. Informationsmedium. |
| Richtziel des eLearning-Programms (siehe Abschn. 3.2.3 und Abschn. 4.1.1.4) | Zum Beispiel: „Die Verkäufer der PC-Abteilung lernen, Kunden gezielt für einen verlängerten Garantievertrag beim Kauf eines Netbooks zu gewinnen." Weitere Zielfelder können sein: Öffentlichkeitsarbeit, Image, Erreichbarkeit, Nutzung vorhandener Medien, Modernität etc. |
| Ideen, Vorüberlegungen | Zum Beispiel: Intro per Video, Besonderheiten der grafischen Umsetzung oder Muster für die spätere Wissensabfrage. Beispiel fürVorüberlegungen: „Die Zielgruppe kennt bereits die Informationsbroschüren zu den Serviceleistungen des verlängerten Garantievertrags und hat bisher damit gelernt. Die Mitarbeiter werden eine Stunde pro Woche freigestellt, um mit der eLearning-Anwendung zu arbeiten. Die eLearning-Anwendung soll auch als Informationsmedium in der Kundenberatung dienen sowie das Ausfüllen und Ausdrucken von Garantieverträgen ermöglichen." |
| Benchmarking: Beispielprojekte, die dem Kunden gefallen/nicht gefallen haben | „Die eLearning-Anwendung soll weniger Theorie beinhalten als das eLearning von Mitbewerber XY, dafür mehr praktische Beispiele aufweisen zu realen Situationen mit Fragestellungen aus dem Alltag der Kundenberatung." |
| Rahmendaten | Höhe des verfügbaren Budgets, Zeitrahmen für die Produktion, Bearbeitungsdauer der eLearning-Anwendung, besondere Vorgaben, zum Beispiel: die eLearning-Anwendung muss auf bestimmten Laptops lauffähig sein, Anzahl der zu schulenden Mitarbeiter, Kooperationen, die zur Projektinitiierung führten, Folgeprojekte, die darauf basieren sollen, sowie Vorgängerprojekte, auf denen aufgesetzt wird. |

**Tab. 4.1**   (Fortsetzung)

| Inhaltskomponente | Beispiel |
| --- | --- |
| Lerninhalte | Basaltext, Ausbildungsleitfaden etc. |
| Intro | Ein Trailer stellt dem Lernenden vor, welche Medien ihn erwarten (zum Beispiel Filme aus dem Berufsalltag), ob ihn eine Animationsfigur als Tutor begleiten wird, welche Fähigkeiten er mit der eLearning-Anwendung erwerben kann usw. Ziel ist, den Lernenden auf die Lerneinheit einzustimmen, ihn für das Medium zu sensibilisieren. |
| Beispielszenarien | Zum Beispiel: „Ein Kunde kommt in den Elektronikmarkt und möchte ein Netbook erwerben; im Gespräch mit dem Verkäufer zeigt sich, dass er viel auf Reisen ist und ein Gerät möchte, das ihm keine technischenSchwierigkeiten bereitet. Hier beginnt die Beratung hinsichtlich eines verlängerten Garantievertrags, der den Kunden entlastet und dem Verkäufer Provision bringt." |
| Bildschirmgestaltung: Navigation und Design | Zum Beispiel: ein Szenario als Template programmieren und als Bildschirmfoto im Grobkonzept abbilden. Besondere Ideen für das Design nennen, zum Beispiel Comicstil, Bauhausstil, Ökodesign etc. |
| Aufgabentypen, die in diesem Lernproramm zum Einsatz kommen sollen | Zum Beispiel: Multiple- oder Single-Choice-Aufgaben, Drag-and-Drop-Aufgaben oder Übungen mit freier Eingabe. Mehr zu Aufgabentypen und zur Multimedia-Didaktik, siehe Abschn. 5.4. und 5.8. |
| Leitfigur | Grobe Skizzierung einer Leitfigur, die den Lernenden tutoriell oder kommentierend durch die eLearning-Anwendung führt. |
| Medien, Technik | Auflistung aller verfügbaren Medien, die in den Lerneinheiten auftauchen, zum Beispiel Fotos, Videos, Audios. |
| Problemfelder thematisieren | Zum Beispiel: fehlende Audios, zu recherchierende Fotos, Klären von Urheberrechten etc. |

Damit reduziert sich der Lerninhalt auf das Wesentliche; Weitschweifigkeit mag als theoretischer Unterbau interessant sein, verfehlt aber in der eLearning-Anwendung seinen Zweck, nämlich die geradlinige Bewegung hin zum Lernziel.

Der Basaltext muss im Grobkonzept eindeutig bezeichnet werden:

- Titel der Dokumente mit den entsprechenden Lerninhalten,
- Verfasser der Dokumente und Kontaktdaten (für Rückfragen),
- Erscheinungsdatum der Dokumente,
- Datum der Aushändigung der Dokumente an die Agentur oder den Medienautor,
- Angabe weiterer Informationsquellen zu den Inhalten (Kontaktperson, Internetadresse etc.) sowie
- Schwerpunkte, die im Basaltext zu setzen sind.

**Beispiele für Lerninhalte, die als Basaltext dienen können:**

- Ausbildungsleitfäden,
- Handbücher,
- Gesetzestexte,
- Lehrpläne sowie
- Arbeitsplatzrichtlinien.

**Abb. 4.1**  Grobkonzept: Scribble eines Szenarios

**Abb. 4.2**  Leitfigur „VIP-S-Training", Versicherungskammer Bayern

**Abb. 4.3**  Leitfigur „Amanda", Continental AG

**Tab. 4.2** Mögliche Inhaltselemente einer Zielgruppenanalyse:

| | |
|---|---|
| Größe der Zielgruppe | Wie viele Anwender sollen mit der eLearning-Anwendung geschult werden? |
| Zusammensetzung der Zielgruppe | Heterogen oder homogen bezüglich: |
| | Alter, Geschlecht, Nationalität etc.; gerade bei globalem Einsatz andere Kulturkreise und Mehrsprachlichkeit beachten. |
| Personentyp, der durch die Maßnahmen angesprochen wird bzw. Position im Betrieb | Führungskräfte, Fachexperten, Anwender, Sachbearbeiter, Auszubildende, Handwerker, Kunden, Verkäufer etc. |
| Beziehungen untereinander | Hierarchien innerhalb der Zielgruppe: Vorgesetzte, Teamkollegen oder Ähnliches. |
| Bildungsniveau | Heterogen oder homogen bezüglich: |
| | abgeschlossener Berufsausbildung, Art des Schulabschlusses, Studienabschluss, Weiterbildungsmaßnahmen etc. |
| Altersgruppe | Heterogen oder homogen bezüglich: |
| | Anteil an 20- bis 30-Jährigen, 30- bis 40-Jährigen, 40- bis 50-Jährigen, 50- bis 60-Jährigen, über 60-Jährigen. |
| Lernort | Arbeitsplatz, zu Hause, Lernzentrum, an mehreren Orten oder auf (Geschäfts )Reisen. |
| Medienkompetenz | Beherrschen des Umgangs mit betriebsüblicher Hard- und Software sowie Umgang mit gängigen Internet- und Interaktionsfunktionen via Computer. |
| Vorwissen | Die Ausprägung des Vorwissens (gering, mittel, hoch) gibt die Gestaltung des Lernwegs vor. |
| Motivation | Externe oder intrinsische Motivation der Teilnehmer. |
| Besonderheiten | Spezielle Interessen, Eigenschaften, evtl. Behinderung (=barrierefreies eLearning). |

### 4.1.1.3 Zielgruppe

Die Zielgruppe für das eLearning-Programm sollte möglichst genau definiert und abgegrenzt werden. Nicht selten hat der Auftraggeber im Briefing bereits eine klare Zielgruppendefinition parat. Manchmal jedoch wird die Zielgruppe erst im Anschluss an das Briefing genauer bestimmt. In jedem Fall geht eine Zielgruppen-analyse voraus, die möglichst viele der in Tab. 4.2 aufgeführten Inhaltselemente aufweisen sollte.

> **Tipp!**
> Checkliste „Zielgruppenanalyse", siehe Kap. 9 und *http://www.drehbuchtext.de*.

Die Zielgruppenanalyse kann auf verschiedenen Wegen erfolgen, zum Beispiel durch Fragebögen, Beobachtung, persönliche oder telefonische Interviews und Recherchen oder aufgrund von Arbeitsplatz- und Aufgabenbeschreibungen. Die *Zielgruppendefinition* könnte wie folgt lauten:

„Die eLearning-Anwendung wendet sich an 1000 Elektronikfachverkäufer in den bundesweiten Filialen des Warenhauses.

Die Zielgruppe ist relativ homogen, da sie die gleiche Ausbildung als Einzelhandelskaufmann hat; die Mitarbeiter sind zwischen 20 und 40 Jahre alt und vorwiegend männlich. Die beratungs- und verkaufsorientierte eLearning-Anwendung baut auf dem Berufsbild Einzelhandelskaufmann auf. Die Zielgruppe verfügt über eine hohe Anwenderkompetenz im Umgang mit elektronischen Medien, vor allem dem PC; die Bearbeitung der eLearning-Anwendung soll daher größtenteils der Selbststeuerung durch den Lernenden unterliegen. Dem kommt der Aufbau mit Situationsbeispielen aus der Praxis entgegen, die sich der Anwender problembezogen aufrufen kann. Die eLearning-Anwendung soll gegen Freizeitausgleich zu Hause bearbeitet werden. Außerdem soll es als Informationsmedium für die Beratung im Verkauf zur Verfügung stehen. Die Zielgruppe verbessert mit der eLearning-Anwendung ihre Beraterkompetenz und erhöht dadurch die Anzahl verkaufter Netbook-Garantieverträge. Dadurch ergibt sich für den Fachverkäufer ein Zusatzverdienst aus den Provisionen, die für den Abschluss von Netbook-Garantieverträgen gewährt werden."

Liegt eine heterogene Zielgruppe vor, so kann diese priorisiert werden, zum Beispiel: Das Friseurhandwerk möchte eine Learning-Anwendung herausgeben zur Frisur- und Haarberatung. Oberste Priorität in der Zielgruppe besitzen Friseurmeister, die täglich Kunden beraten und sich mit Haarstrukturen, Haarfärbemitteln, Kopfformen, Gesichtstypen und Schnitttechniken auskennen müssen. Zweithöchste Priorität haben die Auszubildenden, die das eLearning-Programm parallel zu ihrer Ausbildung durcharbeiten und so das Berufsschulwissen vertiefen können. An dritter Stelle der Zielgruppe stehen die Kunden, die sich für die Thematik interessieren und sich vor dem anstehenden Friseurbesuch informieren wollen; sie können die eLearning-Anwendung während der Wartezeit durcharbeiten oder einfach nur anschauen. Jede der drei genannten Zielgruppen muss nach den oben dargestellten Verfahren im Grobkonzept beschrieben werden. Dadurch entsteht eine Struktur der eLearning-Anwendung, die der heterogenen Anwendergruppe des eLearning-Programms gerecht wird.

### 4.1.1.4 Lernziele
Lernziele lassen sich folgerichtig entwickeln, wenn sie in Kategorien eingeteilt und bestimmte Formulierungsrichtlinien eingehalten werden.

#### Formulieren von Lernzielen
Die richtige Formulierung der Lernziele im Grobkonzept ist wegbereitend für die sinnvolle Strukturierung und Didaktisierung der Lerninhalte auf den einzelnen Lernseiten. Lernziele beschreiben konkret, welches Verhalten, welche Fähigkeit oder welche Fertigkeit der Lernende erwerben soll. Lernzielsätze folgen einfachen Regeln:

- Ein Lernziel beginnt immer mit dem Subjekt, das den Lernenden bezeichnet: Es nennt den Handelnden.
- Das Verb des Lernziels ist aussagekräftig und steht immer am Satzende.
- Lernzielsätze sind handlungsorientiert, das heißt, Adjektive entfallen, wann immer es geht; dafür gewinnen Verben an Bedeutung.

- Lernziele sind aktiv formuliert.
- Die Subjekte und Verben bezeichnen Lernziele treffend.
- Auch für Lernzielsätze gilt die Regel: „So viel wie nötig, so wenig wie möglich."

„Die Klarheit und Kraft der Sprache besteht nicht darin, dass man zu einem Satz nichts mehr hinzufügen kann, sondern darin, dass man aus ihm nichts mehr wegstreichen kann." Isaac Babel, russischer Schriftsteller, 20. Jh.

**Beispiele für die Einleitung von Lernzielsätzen**
- Der Lernende begreift, …
- Der Lernende kann …
- Der Lernende ist fähig, …
- Der Lernende ist in der Lage, …
- Der Lernende weiß, …

**Beispiele für Verben, die sich für Lernzielsätze eignen:**
- begreifen, beurteilen,
- einsehen, einsetzen, erkennen, erklären, erzielen,
- kennen, kennenlernen,
- nachempfinden, nachvollziehen,
- (re-)aktivieren,
- umfassen,
- verstehen, vertraut sein,
- wiedergeben, wissen.

**Tipp!**
Nehmen Sie ein Synonymwörterbuch (zum Beispiel von Duden) zur Hand und suchen Sie nach Synonymen, die noch besser auf Ihr Lernziel passen; oder unternehmen Sie eine kleine Exkursion ins Web unter *http://www.open-thesaurus.de*.

**Beispiele für ausformulierte Lernziele:**
- Der Berater ist fähig, dem Kunden das passende Produkt aus dem Portfolio des neuen Tarifs zu empfehlen.
- Der Lernende ist in der Lage, die Regeln des Harvard-Verhandlungskonzepts sinnvoll im Verkaufsgespräch einzusetzen.
- Der Mitarbeiter begreift, dass ihn in der chinesischen Niederlassung andere Sitten und Gebräuche erwarten.
- Der Anwender kann die Funktionsweise der Datenbank nachvollziehen.

**Kategorien von Lernzielen**

Die Kategorisierung von Lernzielen unterstützt die Auswahl der geeigneten Lehr-strategie. Sie unterscheidet sich je nachdem, ob der Lernende Fakten wiedergeben soll, komplexe Begrifflichkeiten verstehen soll oder fähig ist, einen Transfer zu leisten, indem er das Gelernte in realen oder simulierten Situationen anwendet (Kerres 2001). Lernziele folgen laut Bloom (1976) drei Kategorien:

*Kognitive Lernziele*: Faktenwissen, Konzepte, Regeln, Abläufe, Prinzipien.

*Affektive Lernziele*: Interessen, Einstellungen und Werte sowie die Fähigkeit, angemessene Werturteile zu bilden und das eigene Verhalten danach auszurichten.

*Psychomotorische Lernziele*: Verhaltensweisen, Beherrschen von Bewegungs-abläufen, zum Beispiel handwerkliche Fähigkeiten, das Bedienen von Maschinen.

**Stufen von Lernzielen**

*Richtziel:* Das Richtziel bezieht sich auf die gesamte eLearning-Anwendung bzw. den vollständigen Blended-Learning-Kurs. Es kann zum Beispiel lauten: „Die Außendienstmitarbeiter erzielen mit dem neuen Tarif eine Umsatzsteigerung von 20 %." (siehe Abschn. 3.2.3). Dieses Richtziel erfährt nun eine Unterteilung in die sogenannten Groblernziele.

*Groblernziele:* Die Groblernziele sind zugleich Strukturelemente. Sie beziehen sich auf die Themenfelder bzw. Kapitel innerhalb des Kurses und geben damit schon eine Strukturierung der eLearning-Anwendung vor. Groblernziele legen fest, was die Zielgruppe wissen und können muss, um diese Umsatzsteigerung auch zu erreichen. Außerdem beschreiben sie, zu welchen konkreten Handlungen das gelernte Wissen und Können anleiten soll.

---

**Beispiel**

Das Richtziel: „Die Außendienstmitarbeiter erzielen mit dem neuen Tarif eine Umsatzsteigerung von 20 %" lässt sich gemäß den eben genannten Kategorien von Bloom in mehrere Groblernziele unterteilen:

*Kognitiv*:

„Die Außendienstmitarbeiter sind in der Lage, den Tarif in das Gesamtprodukt-konzept einzuordnen."

„Die Außendienstmitarbeiter können die gesetzlichen Hintergründe und Vor-gaben zum neuen Tarif benennen."

„Die Außendienstmitarbeiter wissen, welche Inhalte in den Versicherungs-bedingungen stehen."

*Affektiv*:

„Die Außendienstmitarbeiter verstehen, dass der neue Tarif als wichtige Alters-vorsorge ihrer Kunden zu erklären ist."

„Die Außendienstmitarbeiter sehen im neuen Tarif einen Beitrag, die Renten auf Dauer zu sichern."

„Die Außendienstmitarbeiter erfassen ihre persönliche Verantwortung, den Kunden sinnvoll und nachhaltig zu beraten."

*Psychomotorisch*:

„Die Außendienstmitarbeiter sind in der Lage, ergebnisorientierte Beratungs-und Verkaufsgespräche zu führen."

„Die Außendienstmitarbeiter sind fähig, die dazugehörigen Kommunikations-
regeln anzuwenden."

Groblernziele wiederum werden im Feinkonzept in detaillierte Feinlernziele
aufgebrochen. Anschließend wird anhand von Aufgaben geprüft, ob der Lernende
diese Feinlernziele auch erreicht hat (siehe Abschn. 4.2.2).

Neben der Beschreibung von Lernzielen und den daraus resultierenden Fertigkeiten und Fähigkeiten benennt das Grobkonzept formale Abschlüsse, Zertifikate
und Teilnahmebescheinigungen. Zusammen mit dem Richtziel geben die Groblernziele eine Anweisung für den nun auszuwählenden Lehransatz.

### 4.1.1.5 Lehransatz
Das Grobkonzept enthält folgende Beschreibungen zum Lehransatz:
* *Art der Lernwege*, zum Beispiel: tutorielles System, Simulation, Übungspro-
  gramm, Mikrowelt oder Wissensdatenbank: fremdgesteuert (= linear), selbst-
  gesteuert (modular) oder eine Kombination aus beidem.
* *Informationsorientierte oder problemorientierte* Wissensvermittlung (*kogniti-
  vistisch* oder *konstruktivistisch*, siehe Abschn. 5.7).
* *Induktive* (vom Einzelfall zum Allgemeinen) oder *deduktive* (vom Allgemeinen
  zum Einzelnen) Entwicklung der Lerninhalte.
* Evtl. eine *Lerndramaturgie* benennen, wie beispielsweise Planspiel oder Rah-
  menhandlung; ruft meist hohe Akzeptanz bei den Lernenden hervor, bedingt
  allerdings eine lineare Abfolge, was wiederum keinen selektiven Wissenszugriff
  ermöglicht; zudem teure Umsetzung.
* *Tonality*: Sprachmodulation verschiedener Sprechertypen: Welche Charaktere
  tauchen der eLearning-Anwendung auf? Wie sollen sie sprechen?
* *Charakter und Aussehen der Leitfigur*, die durch die eLearning-Anwendung
  führt und ein evaluierendes Feedback nebst motivierenden Kommentaren gibt.

**Tipp!**
Fügen Sie ein Scribble der Leitfigur ins Grobkonzept ein, das erhöht die
Vorstellungskraft!

Tabelle 4.3 erläutert die Elemente des Lehransatzes, die ein Grobkonzept aufführen sollte und gibt jeweils Beispiele dazu.

**Tab. 4.3** Erläuterung der Elemente des Lehransatzes im Grobkonzept

| Element Lehransatz | Hintergrund | Beispieltext |
|---|---|---|
| Lernweg | Affektives Groblernziel: „Die Außendienstmitarbeiter haben gelernt, den neuen Tarif als wichtige Altersvorsorge ihrer Kunden zu verstehen." | Der Lernweg kombiniert Selbst- mit Fremdsteuerung: Auf simulierte Verkaufsgespräche folgen Übungen, in denen derLernende den Verlauf des Verkaufsgesprächs je nach gewählter Lösung selbst steuern kann. |
| Art der Wissens- vermittlung | Affektives Groblernziel: „Die Außendienstmitarbeiter sehen im neuen Tarif einen Beitrag, die Renten auf Dauer zu sichern." | Die Wissensvermittlung erfolgt prob- lemorientiert: Modellrechnungen zeigen denVersorgungsbedarf von potenziellen Kunden auf. In den anschließenden Übungen wird der Lernende aufgefordert, mit dem simu- lierten Berechnungsprogramm eigene Modellrechnungen anzustellen. |
| Entwicklung der Lerninhalte | Praxisorientierte Ausrichtung der eLearning-Anwendung, das heißt, der Lernende soll anhand von Problemstellungen lernen. | Induktiver Zugang: Eine Problemsituation wird vorgestellt, dann findet der Lernende selbst Lösungswege. Am Ende erhält er eine Zusammenfassung, die zugleich als Richtlinie für zukünftigeVerkaufs- gespräche dient. |
| Lerndramaturgie | Psychomotorisches Groblernziel: „Die Fahrschüler lernen, das Fahrzeug sicher durch den Stadtverkehr zu steuern." Hier lohnt sich eine Lerndramaturgie, da die eLearning-Anwendung lediglich der Vorbereitung zur Führerscheinprüfung dienen soll; es wird danach nicht mehr für den selektiven Wissenszugriff benötigt. | Ein junger Protagonist muss dringend ein Geschenk zu seiner Mutter bringen, denn die hat Geburtstag. Er ist schon spät dran und gerät jetzt in alle möglichen Verkehrssituationen, die einem bei einer Stadtautofahrt begegnen können. In jede dieser Situationen ist ein Lerninhalt zur Fahrzeugführung, zu Verkehrszeichen und zum Reaktionsvermögen integriert. Erst durch das Bestehen der jeweils zuge- hörigen Aufgabe(n) darf der Lernende weiterfahren. |
| Sprach- modulation | Die eLearning-Anwendung soll mit einer virtuellen Leitfigur ausgestattet werden, die motivierende Kommentare und ein evaluierendesFeed- back gibt. Parallel dazu gibt es eine Sprecherin, die die Lerninhalte zusammen mit dem Bildschirmtext vermittelt. | Die Leitfigur ist ein frecher Begleiter, der im Jargon der jugendlichen Zielgruppe spricht. Seine Sprechertexte sind emo- tional gefärbt: In den Feedbacks zu den Aufgaben zeigt er Begeisterung, manch- mal auch Enttäuschung, die aber immer mit einem motivierenden Satz endet.  Der/die Sprecher/in sollte sich von der Leitfigur in ihrer Sprechweise abgren- zen, um deutlich zu machen, dass sie die wichtigen Lerninhalte vermittelt. |

**Tab. 4.3** (Fortsetzung)

| Element | Hintergrund | Beispieltext |
|---|---|---|
| Lehransatz | | |
| Leitfigur | Die eLearning-Anwendung zur Vorbereitung auf die Führerscheinprüfung spricht vor allem junge Leute an; daher wird eine Leitfigur eingesetzt, die lebendig und motivierend durch den Wissenserwerb führen soll. | Die Leitfigur heißt Radolfo und hat „die Lizenz zum Fahren". Sie interessiert sich nur für Autos und Verkehr und ist öfter mal irritiert, mit Fußgängern oder Radfahrern in Berührung zu kommen. Radolfo spricht im Jugendjargon, er macht auch gerne Auto- und Verkehrsgeräusche nach. Er hat die Form eines Autoreifens mit Gesicht in der Mitte. Es ist genau darauf zu achten, dass die Sprechertexte nicht nerven, das heißt vor der Vertonungwerden die im Drehbuch formulierten Sprechertexte ausgewählten Zielgruppenvertretern vorgelesen. |

**Tipp!**

Das Computer Based Training „Investmentfonds – einfach praktisch" des *Bundesverband Investment und Asset Management e. V. (BVI)* ist ein Lernprogramm, das ausschließlich über eine Leitfigur funktioniert. Ähnlich dem Bildungsfernsehen der 1970er-Jahre erklärt eine real gefilmte Dame alle präsentierten Themen. Der selbst gesteuerte Wissenserwerb beschränkt sich auf die Ansteuerung unterschiedlicher Themen und Unterkapitel (siehe Abb 4.11 und *http://www.bvi.de*).

### 4.1.1.6 Struktur

Das Grobkonzept gibt die wichtigsten Elemente der Struktur der eLearning-Anwendung wieder. Am besten lässt sich dies mithilfe eines Flowchartprogramms darstellen, wie beispielsweise in Abb. 4.5 mit der Software „Inspiration" (siehe Abschn. 4.1.2). Die im Grobkonzept aufgeführten Strukturelemente sind nicht für die gesamte Produktion bindend, sie können später variiert, ergänzt oder weggelassen werden.

Bei der Struktur sollte im Grobkonzept grundsätzlich vermerkt werden, ob die Seiten zueinander in Bezug stehen oder ob jede Seite für sich steht. Dies ist wichtig, denn der Autor muss wissen, ob er Überleitungen von einer Seite auf die nächste formulieren oder die Sprechertexte so gestalten soll, dass die jeweilige Lernseite abgeschlossen ist. In der Regel steht jedoch bei zeitgemäßem eLearning jede Seite für sich.

**Abb. 4.4**  Beispiel-Scribble zur Leitfigur „Radolfo"

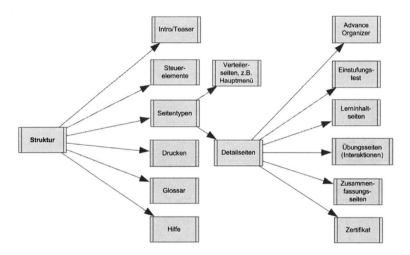

**Abb. 4.5**  Beispiel für die Struktur einer eLearning-Anwendung, erstellt mit der Software Inspiration

### Generelle Seitentypen in einer eLearning-Anwendung:

- *Verteilerseiten* mit vielen Verlinkungen, die als sogenannter „Advance Organizer" dienen, indem sie eine Vorschau auf die Lernziele und -inhalte bieten sowie auf die durchschnittliche Bearbeitungsdauer der jeweiligen Lernseiten. Sie können aber auch als explorative Seiten zur weiteren Erkundung anregen, indem animierte Menüs auf spannende Themen aufmerksam machen, was meist bei eLearning-Programmen mit Informationscharakter der Fall ist. Der Lernende kann sich somit geistig auf die kommenden Lektionen einstimmen und profitiert damit von einer höheren Behaltensleistung des Erlernten.

- *Detailseiten* mit wenig oder gar keinen Verlinkungen, die auch als *Inhaltsseiten* bezeichnet werden. Detailseiten bereiten die einzelnen Lerninhalte auf, erläutern diese und gehen in die Tiefe. Bei den Detailseiten steht die Wissensvermittlung im Vordergrund.
- *Interaktionsseiten*, auch *Übungsseiten* genannt, die Aufgaben anbieten, mit denen der Lernende seinen Lernfortschritt selbstständig prüfen kann.
- *Zusammenfassungsseiten*, die in regelmäßigen Abschnitten ein Thema abschließen, indem sie die Kerninhaltspunkte noch einmal auflisten.

## Steuerelemente (Buttons)

So unterschiedlich wie die Lernziele und Zielgruppen von eLearning-Anwendungen sind auch die Bedienungselemente, die für die Benutzerführung eingesetzt werden. Einige der hier aufgeführten Elemente sind standardisiert; die kursiv gedruckten Elemente sind zwar empfehlenswert, aber letztlich optional. Die einmal gewählten Steuerelemente sollten dem Lernenden auf jeder Seite zur Verfügung stehen. Sie sind quasi sein Werkzeug für ein effizientes Arbeiten mit der eLearning-Anwendung. Die gängigsten Steuerelemente für eLearning-Anwendungen sind:

- Menü: Lernender kommt auf jeder Lernseite zum Hauptmenü,
- Weiter: Lernseite vor,
- Zurück: Lernseite zurück,
- Ende: Programm beenden,
- Ton an / Ton aus,
- *Wiederholen: Wiederholung der aktuellen Lernseite,*
- *Pause: später an derselben Stelle weiter lernen,*
- *Suche,*
- *Hilfe / Bedienungsanleitung,*
- *Notizen,*
- *Druck: Lernunterlagen sind als PDF-Datei hinterlegt und*
- *Lesezeichen.*

## Strukturelemente

Strukturelemente helfen dem Lernenden dabei, sich individuell und sicher durch das Programm zu bewegen und gleichzeitig den eigenen Lernfortschritt nachzuvollziehen. Die optionalen Strukturelemente sind wiederum kursiv gedruckt:

- Hauptmenü als zentrales, möglichst intuitiv bedienbares Orientierungssystem,
- *Eingangstest für die Empfehlung des Lernwegs,*
- *Inhaltsverzeichnis vor jedem Kapitel (= Verteilerseite),*
- *Modularität: individuelle Auswahl des Lernwegs,*
- *Seitenverfolgungsfunktion: bisher besuchte Seiten (zum Beispiel 2 von 20 Seiten) in einer kleinen Übersicht anzeigen oder bereits angeklickte Links farbig markieren,*
- *Aufgaben am Ende jeder Lektion,*
- *Lernstandspeicherung,*
- *Zertifikat und*
- *Glossar.*

### 4.1.1.7 Navigation

Die Benutzerführung des Anwenders durch die eLearning-Anwendung bezeichnet man als Navigation. Es gibt zahlreiche Möglichkeiten, sie umzusetzen:

**Lineare Navigation**
Die lineare Navigation dient der linearen Inhaltsvermittlung. Dabei führt die eLearning-Anwendung den Lernenden auf einem vorgegebenen Pfad durch die Lerneinheit, wie in Abb. 4.6 gezeigt. Die lineare Navigation eignet sich zum Beispiel für Endlosschleifen auf Messen oder für logisch zusammenhängende Lernsequenzen. Für modernes eLearning wird sie eher selten eingesetzt, da sie kein selbst gesteuertes Lernen erlaubt.

**Hierarchische Navigation**
Die hierarchische Navigation dient der modularen Inhaltsvermittlung. Sie hat eine Leiterstruktur und zeigt übersichtlich den Inhalt der eLearning-Anwendung, wie in Abb. 4.7 anschaulich dargestellt. Sie erlaubt dem Lernenden, innerhalb der Lektionen vor- und zurückzunavigieren; jedoch kann er nicht von einer Lernseite innerhalb einer Lektion auf die Lernseite einer anderen Lektion springen, da die Lernseiten nicht untereinander verlinkt sind. Diese Navigationsform ist gut geeignet für Anwender, die wenig geübt sind im Umgang mit dem Computer und speziell mit vernetzten Seiten, wie sie zum Beispiel im Internet zu finden sind. Sie empfiehlt sich auch für die eLearning-Anwendung, deren Lektionen zwar wenig Bezug untereinander haben, deren Lernseiten innerhalb der Lektionen aber logisch zusammenhängen.

**Hierarchische Navigation mit Baumstruktur**
Auch die hierarchische Navigation mit Baumstruktur dient der modularen Inhalts-vermittlung. Sie geht aber noch einen Schritt weiter als die Leiterstruktur, da sie dem Anwender erlaubt, innerhalb der einzelnen Lektionen einzelne Lernseiten selektiv anzusteuern. Diese Navigationsform ist in aktuellen Lernanwendungen üblich. Ver-bindungen zwischen den einzelnen Lektionen gibt es auch hier nicht. Um von einer Lektion zur anderen zu wechseln, muss der Lernende das Hauptmenü ansteuern. Wie die Lernwege der hierarchischen Navigation funktionieren, zeigt Abb. 4.8.

**Vernetzte Navigation**
Genau wie die hierarchische Navigation dient auch die vernetzte Navigation der modularen Inhaltsvermittlung. Sie erlaubt dem Lernenden ein beliebiges Ansteuern der Lerninhalte, ohne vorher das Hauptmenü ansteuern zu müssen. Dabei können sowohl inhaltlich zusammenhängende Lernbausteine als auch voneinander unabhängige Themen vernetzt werden. Die netzbasierte Benutzerführung eignet sich vor allem für Wissenssysteme und Nachschlagewerke.

**Abb. 4.6** Lineare Navigation, erstellt mit iGrafx FlowCharter

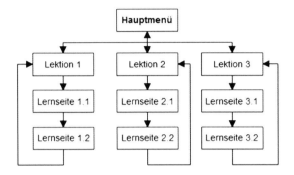

**Abb. 4.7** Hierarchische Leiterstruktur, erstellt mit iGrafix FlowCharter

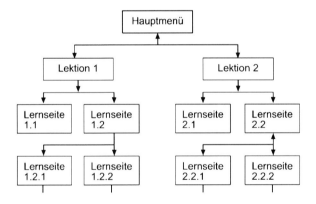

**Abb. 4.8** Hierarchische Baumstruktur, erstellt mit iGrafix FlowCharter

**Tipp!**
Auch in einer vernetzten Struktur kann der Lernweg beibehalten werden, indem sich beim Klick auf einen Hyperlink nur ein Pop-up-Fenster mit der angesteuerten Seite öffnet. Das erleichtert dem Lernenden die Orientierung.

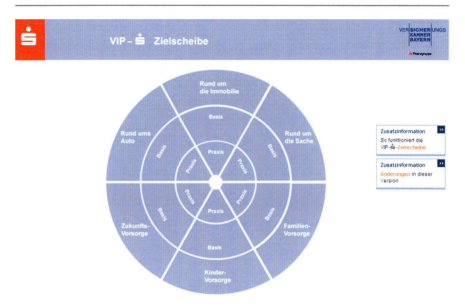

**Abb. 4.9**  Zielrad „VIP-S-Training", Versicherungskammer Bayern

### Navigationsbeispiele

Die Abb. 4.9 bis 4.16 zeigen exemplarisch, wie die verschiedenen Navigations-
arten und Steuerungselemente als Bildschirmseiten umgesetzt aussehen können.
Der Navigationsbildschirm für die Modulreihe *VIP-S-Training* der Versicherungs-
kammer Bayern zur Schulung von Sparkassenmitarbeitern eröffnet mit einem
Zielrad, auf dem das gewünschte Lernprogramm ausgewählt werden kann. Auf
dieser Ebene ist die Navigation in einer hierarchischen Leiterstruktur umgesetzt.
Abbildung 4.9 zeigt die grafische Umsetzung des Zielrads mit den einzelnen
Themensegmenten, wobei sich die Ringe auf die verschiedenen Lernniveaus
„Grundlagen", „Basiswissen" und „Praxiswissen" beziehen.

Auf der Verteilerseite im Hauptmenü sieht der Lernende dann einen Advance
Organizer, der ihm eine individuelle Auswahl der Lernkapitel erlaubt. Alternativ
kann er dem Lernprogramm linear folgen, indem er die Steuerelemente „Weiter" und
„Zurück" am unteren Bildschirmrand anklickt, wie Abbildung 4.10 zeigt. Auf der
Ebene der Verteilerseiten folgt die Navigation einer hierarchischen Baumstruktur.

Auch die Menüführung im CBT *Investmentfonds – einfach praktisch!* des BVI
Bundesverband Investment und Asset Management e. V. folgt der hierarchischen
Baumstruktur. Abb. 4.11 zeigt das Auswahlmenü am rechten Bildschirmrand, das
der Lernende bei Bedarf aufklappen kann. Alternativ hat er die Möglichkeit, über
die Steuerelemente „Vor" und „Zurück" links unten am Bildschirm durch das Programm zu navigieren.

Eine einfache, aber wirkungsvolle Navigation hat die Handwerkskammer Oberfranken für ihr Lernmodul *Facility Management* entwickelt. Wie Abb. 4.12 zeigt, ist
die Benutzerführung intuitiv und folgt einer hierarchischen Leiterstruktur.

**Abb. 4.10** Hauptmenü „VIP-S-Training", Versicherungskammer Bayern

**Abb. 4.11** Hauptmenü „Investmentfonds – einfach praktisch!", Quelle: BVI e.V.

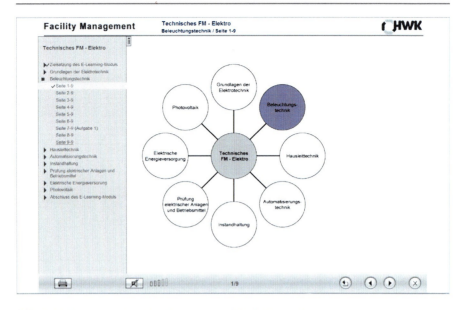

**Abb. 4.12** Hauptmenü „Facility Management", HWK Oberfranken

Die Lernplattform der Beruflichen Fortbildungszentren der Bayerischen Wirtschaft (bfz) gGmbH arbeitet mit einem schlichten Inhaltsverzeichnis als Startmenü und folgt von dieser Ebene aus einer linearen Baumstruktur, wie in Abb. 4.13 dargestellt.

Zugleich hat der Lernende jedoch die Möglichkeit, individuell auf einzelne Lernseiten zuzugreifen, indem er von jeder Bildschirmseite des Lernprogramms aus dieses Inhaltsverzeichnis ansteuern kann. Abbildung 4.14 gibt dazu einen Einblick, auch zur streng linearen Menüführung innerhalb der Lernseiten.

Eine übersichtliche Navigation mit vernetzter Struktur findet sich im Lernprogramm *LernCULtur* der Teleteach GmbH. Abbildung 4.15 gibt eine Besonderheit der hier angewandten Benutzerführung wieder: die sogenannte „3-Frame-Architektur", bei der die Navigation auch noch über ein drittes verknüpftes Fenster möglich ist. Verlinkungen ins Lexikon öffnen sich per Pop-up-Fenster.

Und zu guter Letzt: das Themenportal von *Wikipedia* als Beispiel einer erstklassig vernetzten Navigation, wie in Abb. 4.16 dargestellt. Der Anwender kann in einem sogenannten „Themenportal" verschiedene Inhaltsbereiche zum Thema in der Reiter-Leiste am oberen Bildschirmrand ansteuern. Wahlweise stehen im rechten Bildschirmfenster Links zu weiteren, themenbezogenen Artikeln bereit. Zudem sind innerhalb des Lexikoneintrags alle die Begriffe verlinkt, zu denen wiederum ein Artikel im Themenportal bereitsteht.

Inhaltsverzeichnis des Moduls

1. Online-Lernen selbst gestalten
2. Online-Lernen: Eine Prognose
3. Warum Online-Lernen?
4. Online-Lernen - Was ist das?
5. Multimedial aufbereitete Lerninhalte
6. Multimedia und Lernen
7. Übung: Multimedia
8. Zugriff auf weltweit verfügbares Wissen
9. Downloads
10. Online-Lernen und traditionelle Lernformen
11. Die schulische Lernsituation
12. Die Online-Lernsituation
13. Das Online-Lernkonzept
14. Anforderungen an den Lernenden
15. Übung: Eigenaktivität des Lerners
16. Individualisiertes Lernen

**Abb. 4.13** Hauptmenü „Online-Lernen selbst gestalten", bfz/bbw online, Nürnberg

[Computer und Internet] Online-Lernen selbst gestalten
Seite 2 von 50

Online-Lernen: Eine Prognose

Lernen via a-z Internet ist für Lerninteressierte eine zusätzliche Option für die Weiterbildung, die sich mittlerweile fest etabliert hat. In der betrieblichen Aus- und Weiterbildung ist das Online-Lernen heute nicht mehr wegzudenken.

Wissensbedarf

▸ Der Wissensbedarf jedes Einzelnen vergrößert sich ständig: Nicht nur in Schule und Ausbildung, sondern auch in Beruf und Freizeit müssen laufend vorhandene Kenntnisse aktualisiert und neue erworben werden. Nur so lässt sich das eigene Leben und Arbeiten aktiv und selbstbestimmt "im Griff" behalten

**Abb. 4.14** Lineare Menüführung im Kurs „Online-Lernen selbst gestalten", bfz/bbw online, Nürnberg

**Abb. 4.15** „LernCULtur", Teleteach GmbH

**Abb. 4.16** Wikipedia „Themenportal Geowissenschaften"
(Quelle:http://de.wikipedia.org/wiki/Portal:Geowissenschaften)

## 4.1.1.8 Design

Im Filmgeschäft gibt es eine Regel: Ein Film, der die Zuschauer in den ersten zehn Minuten nicht packt, gewinnt sie auch in den nächsten 100 Minuten nicht mehr. So viel Zeit hat ein Screendesigner nicht: Der Anwender entscheidet innerhalb von Sekunden, ob ihm die Bildschirmgestaltung gefällt oder nicht. Somit stellen sich dem Screendesigner einige Herausforderungen, denn das Layout oder „Interfacedesign", wie es im Fachjargon so schön heißt, soll unter anderem folgenden Kriterien gerecht werden:

- Zielgruppenorientierung,
- Abwechslungsreichtum, um die Motivation zu fördern,
- Übersichtlichkeit und
- stimmiger Gesamtcharakter der Abbildungs- und Navigationselemente.

> „Seiteninhalte und Navigation sollten so klar und übersichtlich gestaltet sein, dass es dem User leicht gemacht wird, sich schnell und gezielt darin zu bewegen." Stephanie Wehner, Screendesignerin bfz, Zentralabteilung eLearning.

Das Grobkonzept beschreibt die allgemeinen Anforderungen an das Screendesign und sollte folgende Punkte benennen:

- Corporate Design (CD) oder Corporate Identity (CI) des Auftraggebers, einschließlich Verweis auf Vorgaben durch ein möglicherweise vorhandenes Pflichtenheft (siehe Abschn. 4.3).
- Evtl. eine Metapher, zum Beispiel: Schreibtisch, Wohnhaus, Verkaufsraum, Beratungszimmer, Stadt etc. Achtung! Die Metapher muss für alle Anwender gleich interpretierbar sein.
- Die wichtigsten Steuerelemente für die Navigation (Buttons).
- Gestaltungsbesonderheiten der Buttons, wie zum Beispiel Mouseover-Texte, welche die Funktion der Buttons benennen.
- Beschreibung der grundsätzlichen Bedienerführung, zum Beispiel durch Karteikarten als vertikale Menüführung am oberen Bildschirmrand.
- Die grundsätzliche Gestaltung der Lernseiten, zum Beispiel Grafik links, Text rechts, Zusatzinfos in einer Spalte ganz rechts außen, Scrollbarkeit der Seiten, Positionierung der Navigationselemente. Idealerweise als grobe Zeichnung im Grobkonzept darstellen oder ein Template programmieren als Demonstration in der Konferenz.

**Tipp!**
Auf der Checkliste „Seitengestaltung" finden Sie praktische Tipps für gutes Screendesign, siehe Kap. 9 und *http://www.drehbuchtext.de*.

Mehr zum Beruf des Screendesigners finden Sie in Abschn. 2.2.5.

**Literaturtipp!**
Praktische Tipps und Hinweise für gutes Design gibt das Lehrbuch von *Christian Fries*: „Grundlagen der Mediengestaltung". Einer einführenden Sehschule folgen konkrete Informationen zur Entwicklung von Design, Visualisierungen (unter anderem Piktogramme) und Farbflächen sowie zur Anwendung von Schrifttypen.

### 4.1.1.9 Medien

Lerninhalte werden über die Palette der verfügbaren Medien unterschiedlich präsentiert. Dadurch sprechen sie mehrere Sinneskanäle an, was wiederum die Behaltensleistung fördert (siehe Abschn. 5.7.1). Alle für die eLearning-Anwendung verfügbaren Medien erscheinen im Grobkonzept als Aufstellung mit dem jeweils dazugehörenden Umsetzungskonzept; ein Beispiel dafür gibt Tab. 4.4. Hinzu kommen grob kalkuliert die Angaben zur Anzahl, Größe und Komplexität der gewählten Medien. Für diese Angaben liegt meist ein Input aus dem Briefing vor (siehe Kap. 3) Bei Erstellung der Medienliste ist auf das Urheberrecht der verwendeten Medien zu achten: Für externe Medien sind Rechte einzuholen und Quellen anzugeben.

### 4.1.1.10 Technik

Zur technischen Beschreibung im Grobkonzept zählen folgende Inhaltspunkte:
- Einsatzumgebung: Welche Systemvoraussetzungen sind bei den PC-Arbeitsplätzen der Anwender gegeben (Betriebssystem, Multimedia-Ausstattung, wie Kopfhörer oder Ähnliches, Internetzugriff etc.)?
- Medienformate: Welche Dateiformate werden in der eLearning-Anwendung verwendet (HTML, DOC, XLS, PPT, JPG etc.)?
- Autorenwerkzeug: Mit welcher Software erstellt der Medienautor das Drehbuch (siehe Abschn. 5.6)?
- Content Management: Auf welche Art und Weise werden die Inhalte weitergepflegt (siehe Abschn. 5.6)?
- Produktionsart: Welche Technologie wird für die Softwareentwicklung verwendet (XML (siehe Abschn. 5.6.1), Java, php, JSP mit Java Application Server etc.)?
- Struktur: Soll die eLearning-Anwendung modular oder linear aufgebaut sein?

**Tipp!**
Checkliste „Technische Einrichtungen und Spezifikationen" zum Erfragen der Systemvoraussetzungen", siehe Kap. 9 und *http://www.drehbuchtext.de*.

**Tab. 4.4** Grobkonzept:Medienliste

| Medium | Beispiel Umsetzungskonzept. |
|---|---|
| Bildschirmtext | Rechte Bildschirmseite; Text ist nicht scrollbar. |
| Lerndokumente | Als PDF-Datei hinterlegt, mit Lese- und Druckfunktion. |
| Realbilder | Farbfotos auf der linken Bildschirmseite, auch als Collagen von bis zu drei Fotos; Bildsprache hat Zielgruppenbezug. |
| Grafik | Farbige Grafiken (RGB-Modus) auf der linken Bildschirmseite; wie handgezeichnet. |
| Video | Linke Bildschirmseite; 2 Filme von max. 2 Minuten mit Gesprächssimulation. |
| Animationen | Leitfigur setzt animiert zum Sprechen an, bleibt dann statisch; erneute animierte Bewegung am Ende ihres Sprechertextes. |
| Ton | Geräusche zusammen mit dem entsprechenden Bild einblenden, zum Beispiel das Zerbrechen einer Fensterscheibe; Ton ist abschaltbar. |
| Audio/ Sprechertexte | Die Aussprache des Erzählsprechers ist Standarddeutsch. Die Leitfigur hat einen umgangssprachlichen Jugendslang; Audio ist abschaltbar, stattdessen erscheint ein kleines Textfenster im unteren rechten Bildschirmbereich; die Lautstärke der Audios ist regulierbar. |
| Plug-ins | Windows Media Player, Acrobat Reader. |

## 4.1.2 Werkzeuge zum Erstellen eines Grobkonzepts

Grundsätzlich lässt sich ein Grobkonzept gut in einer Software für Textverarbeitung darstellen. Sollen Scribbles zur Leitfigur oder zu Szenarien eingearbeitet werden, so sind ein Scanner oder eine Digitalkamera sowie eine Software für die Bildbearbeitung erforderlich. Entsprechend digital bearbeitete Bilder lassen sich direkt in ein Textdokument einbinden. Für die Darstellung von Struktur, Navigation und Design eignen sich Programme zur Erstellung von Flussdiagrammen (auch *Flowcharts* genannt) oder Software zum Zeichnen von Mind-Maps. Mit der Präsentationssoftware *PowerPoint* von Microsoft können dem Kunden Grobkonzepte übersichtlich und lebendig präsentiert werden. Tabelle 4.5 bietet eine Übersicht gängiger Werkzeuge, die beim Erstellen des Grobkonzepts hilfreich sind.

**Tipp!**
Mit der Checkliste „Grobkonzept" kann sowohl der Autor sein Konzept vor der Abgabe prüfen als auch der Auftraggeber bei der Abnahme, siehe Kap. 9 und *http://www.drehbuchtext.de*.

**Tab. 4.5** Grobkonzept: Werkzeuge

| Software für die Bildbearbeitung | | | |
| --- | --- | --- | --- |
| Adobe Photoshop CS5 Extended http://www.adobe.de | deutsch | Demo | Hochprofessionelle Bildbearbeitung, Einarbeitung erforderlich, weitverbreitet. |
| Adobe Photoshop Elements http://www.adobe.de | deutsch | Demo | Einfache, kreative Bildbearbeitung. |
| PaintShop Pro X4 Ultimate http://www.corel.com | deutsch | Demo | Schnelle, semiprofessionelle Bildbearbeitung, preiswert. |
| Microsoft Office Picture Manager http://www.microsoft.com | deutsch | | Schnelle Bildbearbeitung auf einfachem Niveau, Verwaltung und Veröffentlichung von Bildern; kostenloses Zusatzwerkzeug der Microsoft-Office-Programmreihe. |
| Software für das Erstellen von Mind-Maps | | | |
| MindManager 2012 http://www.mindjet.com | deutsch | Demo | Schnelle, vielfältige Mind-Maps mit Schnittstellen zur Microsoft-Office-Software. |
| Software für das Erstellen von Flowcharts | | | |
| Inspiration http://www.inspiration.com | englisch | Demo | Schnelle Flowcharts, intuitiv zu bedienen, gut für kreatives Brainstorming. |
| iGrafx Business und Professional http://www.igrafx.de | deutsch | Demo | Hochprofessionelle Flowcharts, Einarbeitung erforderlich, exaktes Arbeiten, viele Funktionen. |

## 4.2　Feinkonzept

Im Feinkonzept werden die Inhalte aus dem Grobkonzept (siehe Abschn. 4.1.1) geordnet und in Lektionen, Lerneinheiten und Lernschritte eingeteilt. Die Zuordnung erfolgt nach den Schwerpunkten, wie sie im Briefing kommuniziert wurden und nach inhaltlichen Zusammenhängen.

> **Tipp!**
> Grundregel für das Lernen am Bildschirm: *Ein Gedanke pro Lernseite*!

Beim Aufbau der Lektionsstrukturen gibt das Richtziel die Orientierung vor (siehe Abschn. 3.2.3). Alle Lektionen und Lerneinheiten sollten konsistent strukturiert sein, das heißt, Advance Organizer, Lernschritte und Aufgaben erscheinen immer in derselben Reihenfolge. Dies entlastet den Lernenden davon, sich mit der Orientierung auseinanderzusetzen und erlaubt ihm, sich ungestört dem Wissenserwerb zu widmen.

### 4.2.1 Inhalte des Feinkonzepts

Das Feinkonzept führt alles auf, was später auf den Lernseiten erscheinen soll, ergänzt um Lernziele und Strukturen:
- Titel der eLearning-Anwendung,
- Feinlernziele,
- Zuordnung der Lerninhalte zu den Lernzielen,
- Auswahl von Medien und Interaktionen zu den Lernzielen,
- Aufteilung in Lektionen, Lerneinheiten und Lernschritte,
- Art der Lerneinheit, zum Beispiel: Eingangstest, Inhaltsphasen, Simulations-phase (beispielsweise von Verkaufsgesprächen), Interaktionsphase (Aufgaben), Abschlusstest,
- Art der Lernseiten, zum Beispiel: Advance Organizer, Inhaltsseiten, Zusammenfassungen, Aufgaben, Glossar,
- Links zu hinterlegten Dokumenten, Seiten im Intra- oder Internet sowie das
- Mengengerüst mit der vollständigen Zahl der Bildschirmseiten.

> **Tipp!**
> Checkliste „Feinkonzept", siehe Kap. 9 und *http://www.drehbuchtext.de.*

Das Feinkonzept kann mit unterschiedlichen Methoden umgesetzt werden: Mit einem Flowchart, wie in Abb. 4.17 dargestellt, lässt sich eine übersichtliche Zuordnung und Hierarchisierung der Lerninhalte darstellen, so wie es bei der Navigation schon beschrieben wurde.

Allerdings wird ein Flowchart schnell unübersichtlich, denn ein Feinkonzept soll unter anderem Lernziele, Inhalte, Medien und Anmerkungen aufführen. Aus diesem Grund ist eher zu einer schlichten Tabelle im Querformat zu raten, wie es das Beispiel in Abb. 4.18 zeigt.

### 4.2.2 Feinlernziele entwickeln und formulieren

Feinlernziele beschreiben einzelne Lerninhalte näher und beziehen sich auf ein bis drei Lernseiten innerhalb der eLearning-Anwendung. Die Formulierungsrichtlinien und Kategorien für Feinlernziele entsprechen jenen für Richt- und Groblernziele.

Für die Entwicklung von Lernzielen müssen zunächst die drei Kategorien des Wissenserwerbs unterschieden werden: *kognitiver, affektiver* und *psychomotorischer* Bereich. Lernziele im kognitiven Bereich folgen einer weiteren Ordnung, der *Taxonomie* (Bloom 1976). Tabelle 4.6 erklärt die einzelnen Taxonomie-Ebenen und ordnet passende Verben für die Lernzielformulierung zu.

Die Taxonomie ist eine wichtige Hilfestellung für das Formulieren von Lernzielen, denn sie können auf diese Weise noch einmal durchdacht und mit einem treffenden Verb ausformuliert werden. Außerdem führen Lernziele, die einer

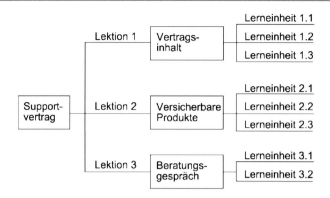

**Abb. 4.17** Feinkonzept als Flowchart, erstellt mit iGrafx Professional

| Nr. | Lernziel | Inhalt | Seitentyp | Seiten | Anmerkung / Medien |
|---|---|---|---|---|---|
| | „Die Außendienstmitarbeiter erzielen mit dem neuen Tarif eine Umsatzsteigerung von 20%" (Richtziel) | Motivation: Nutzen für Verkäufer und Kunde | Intro | 1 | Fotopräsentation mit Musik und motivierendem Sprechertext |
| 1 | | Lernziele Lektion 1<br>Menü mit Lerneinheiten | Advance Organizer | 1 | Fotocollage mit Themenbezug als Leiste am oberen Bildschirmrand; Lernzieltexte sukzessive mit Sprecherkommentaren einblenden |
| 1.1 | „Die Außendienstmitarbeiter verstehen, dass der neue Tarif als wichtige Altersvorsorge ihrer Kunden zu erklären ist." (Groblernziel) | 3 Säulen der Altersvorsorge | | 1 | Grafik mit drei Säulen, Sprechertext, kein Bildschirmtext, nur sukzessives Einblenden der Grafikbeschriftung |
| 1.1.1 | „Der Berater kann dem Kunden die gesetzlichen Grundlagen des neuen Tarifs erklären." (Feinziel) | Rentenbezugsdauer | Inhalt | 1 | Zeitstrahl-Diagramm, Sprecher- und Bildschirmtext |
| 1.1.2 | | Renteneintrittsalter | Inhalt | 1 | Alterspyramide, Sprechertexte begleitend zu sukzessivem Bildschirmaufbau, Bildschirmtext |
| 1.1.3 | | Staatliche Förderung | Inhalt | 4 | Tabellen, Sprecher- und Bildschirmtexte |
| 1.1.4 | | Zusammenfassung | Zus.fass. | 1 | Foto von aktiven Rentnern, Aufzählung |
| | | | Aufgaben | 2 | Übung mit Schieberegler zum Renteneintrittsalter<br><br>Multiple Choice zur staatlichen Förderung |

**Abb. 4.18** Feinkonzept als Tabelle, erstellt mit Microsoft Word

Taxonomie zugeordnet wurden, zu einer eindeutigen Aufgabenstellung, die das erforderliche Wissen lernzielgerecht prüft. Lernziele werden bei der Formulierung operationalisiert, indem sie:
- genau das Endverhalten beschreiben,
- die Bedingungen angeben, unter denen das Endverhalten abgeprüft wird und
- den Maßstab vorgeben für das Erreichen des gewünschten Endverhaltens.

Für die Formulierung von Feinlernzielen gilt grundsätzlich das Gleiche wie für das Schreiben von Groblernzielen: wenige abstrakte Substantive, wenige Adjektive, viele Verben und damit aktive Formulierungen, kurze Sätze, Fremdwörter und Fachbegriffe erklären sowie Füllwörter vermeiden. Das Verb sollte aussagekräftig

**Tab. 4.6**  Taxonomie kognitiver Lernziele

| Taxonomiestufe | Erläuterung | Verben |
|---|---|---|
| 1. Kenntnisse | Erinnern bekannter Informationen, Reproduktion gelernten Wissens, methodisches und abstraktes Wissen. | (Auf)schreiben, aufzählen, auswählen, bestätigen, darstellen, definieren, erkennen, etikettieren, messen, nennen, reproduzieren, unterstreichen, verzeichnen, zeigen, zurückrufen. |
| 2. Verständnis | Verarbeiten neuer Informationen; Einordnen in einen neuen Kontext, Umformen, Übersetzen, Interpretieren. | Bebildern, begründen, beschreiben, deuten, diskutieren, erklären, erläutern, formulieren, hinweisen, identifizieren, interpretieren, klassifizieren, nennen, rechtfertigen, repräsentieren, richten, sinngemäß wiedergeben, kommentieren, übersetzen, verdeutlichen, vergleichen, wählen. |
| 3. Anwendung | Verwenden von Regeln und Prinzipien in definierten Situationen = Übertragen des Gelernten. | Ausfüllen, auswählen, abschätzen, ausführen, beantworten, bejahen, berechnen, berichtigen, brauchen, einordnen, einschätzen, entwickeln, erklären, errechnen, errichten, erstellen, finden, herausschreiben, schätzen, verneinen, vorführen, vorhersagen, wählen, zeigen, zuordnen. |
| 4. Analyse | Zergliedern eines Sachverhalts, von Elementen, Beziehungen, Ordnungen. | Ableiten, analysieren, aufdecken, auflösen, beschließen, beschreiben (richtig und vollständig), differenzieren, entnehmen, gegenüberstellen, gliedern, identifizieren, kritisieren, nachweisen, rechtfertigen, trennen, untersuchen, vergleichen, wählen, zergliedern, zerlegen, zuordnen. |
| 5. Synthese | Zusammenfügen von Elementen zu einem (neuen) Ganzen, einem System. | Anordnen, aufbauen, aufstellen, berichten, beschließen, besprechen, einrichten, erörtern, formulieren, kombinieren, konstruieren, planen, sich verbinden, verallgemeinern, wählen, zusammenfassen. |
| 6. Bewertung | Fällen von Urteilen, ob bestimmte Kriterien erfüllt sind (Kriterien der Logik und solche der Tatsachen). | Angreifen, auswählen, auswerten, bestimmen, beurteilen, bewerten, erkennen, identifizieren, kritisieren, messen, prüfen, richten, Schlüsse unterstützen, vermeiden, verteidigen gegen, wählen, ziehen. |

sein und immer am Ende des Satzes stehen. Mehr zur Formulierung von Groblernzielen finden Sie in Abschn. 4.1.1.4.

**Beispiel für ein Feinlernziel der Taxonomiestufe 1**

„Der Lernende kann die Unterschiede zwischen den Garantieverträgen für Personal-Computer und jenen für Netbooks im Detail aufzählen."

Dieses Lernziel ist mit einer *Multiple-Choice-Aufgabe* überprüfbar, indem mehrere richtige und mehrere falsche Antworten zu den Inhalten des Garantievertrags vorgegeben werden; der Lernende ist aufgefordert, die richtigen Lösungen anzuklicken. Mehr zu den verschiedenen Aufgabentypen finden Sie in Abschn. 5.4.1.

## 4.3    Pflichtenheft

Das Pflichtenheft ist die Anleitung dafür, wie ein eLearning-Projekt erfolgreich abzuschließen ist. Allerdings wird es oft versäumt, ein Pflichtenheft aufzusetzen, weil gerade die Zeit dafür fehlt oder weil es zu teuer erscheint. Das ist kurzfristig gedacht, denn ein Pflichtenheft dient nicht nur der gerade anstehenden Produktion, vielmehr ist es der Grundstein für weitere Entwicklungen von eLearning und ähnlichen Projekten der Informationstechnologie im Hause, wie zum Beispiel die Erstellung einer Website. In großen Abläufen Routine zu bekommen – dafür stellt das Pflichtenheft, quasi als *Checkliste*, ein mächtiges Werkzeug dar. Der internationale Management-Berater Fredmund Malik bringt es auf den Punkt: „Der internationale Flugverkehr wäre längst zusammengebrochen, wenn es keine Checklisten gäbe. Sie helfen, das, was an einem Ablauf routinisierbar ist, auch wirksam zu routinisieren." (Malik 2006) Indem das Projektteam einmalig Zeit und Kosten investiert, um ein Pflichtenheft zu erarbeiten, spart es Folgekosten für weitere Konzeptionen und vor allem auch für Korrekturen
Zwei mögliche Ausgangslagen sind denkbar:
- Der Kunde hat schon ein Pflichtenheft, in dem unter anderem das Corporate Design bzw. die Corporate Identity festgeschrieben sind.
- Der Kunde kann noch kein Pflichtenheft vorweisen; in diesem Fall wird es auf Basis des Grobkonzepts erstellt.

Ein neu zu erstellendes Pflichtenheft schafft folglich die Rahmenbedingungen für zukünftige Produktionen. Aus dem Grobkonzept fließen hierfür die Kriterien ein, die auf weitere Projekte übertragbar sind. Spezifikationen, wie Lernziele, Zielgruppen, Lerninhalte, Leitfigur etc., entfallen.

### 4.3.1    Elemente eines allgemeingültigen Pflichtenhefts

- Genaue Bezeichnung und Anschrift des Unternehmens,
- Branche, Produktgruppe, Dienstleistungsangebot,
- Unternehmensgröße und -struktur (Zahl der Niederlassungen, Wachstumsraten),
- technische Ausstattung der PC-Arbeitsplätze, Server und Laptops,
- bisheriger Einsatz von eLearning- und IT-Anwendungen,
- Benennung des Administrators / der PC-Betreuung sowie
- Design-Richtlinien, evtl. als angehängter Style Guide.

Ein für die aktuelle Produktion gültiges Pflichtenheft integriert die Grobkonzeption. Dadurch wird es zum verbindlichen Produktionsvertrag.

## 4.3.2   Elemente eines Pflichtenhefts als Produktionsvertrag

- Genaue Bezeichnung und Anschrift der Multimedia-Agentur,
- Nennung aller Projektverantwortlichen,
- allgemeingültiges Pflichtenheft,
- Grobkonzept,
- Honorare, Preise und Budget,
- Zahlungsmodalitäten,
- Zeitplan und Termine,
- Regelungen für den Fall von Terminverzögerungen und Kostensteigerungen,
- Beschreibung der Art der Datenlieferung,
- Gewährleistungsbedingungen (zum Beispiel sechs Monate auf technische Mängel),
- Rechte von Auftragnehmer und Auftraggeber sowie
- Bedingungen einer möglichen Vertragsauflösung.

## Literaturhinweise

Baumgartner, Peter et al. (2002) Auswahl von Lernplattformen. Innsbruck: Studien-Verlag.

Bloom, Benjamin et al. (1976) Taxonomie von Lernzielen im kognitiven Bereich. Weinheim: Beltz Verlag, 5. Auflage.

Fries, Christian (2010) Grundlagen der Mediengestaltung. München: Hanser Verlag, 4. Auflage.

Kerres, Michael (2001) Multimediale und telemediale Lernumgebungen. Konzeption und Entwicklung. München: Oldenbourg Verlag, 2. Auflage.

Malik, Fredmund (2006) Führen, Leisten, Leben: Wirksames Management für eine neue Zeit. Frankfurt: Campus Verlag.

Niegemann, Helmut et al. (2008) Kompendium multimediales Lernen. Heidelberg: Springer-Verlag.

# Wie sieht ein gutes eLearning-Drehbuch aus?

**Zusammenfassung**

Kapitel 5 steigt tief in die Praxis des Drehbuchschreibens ein. Alle Elemente, die ein Drehbuch abbilden muss, werden detailliert erläutert und praxisbezogen mit zahlreichen Beispielen vorgestellt. Hinzu kommt die Vermittlung von Hintergrundwissen, etwa aus den Bereichen Lernpsychologie und Multimedia-Didaktik, um möglichst lern- und wahrnehmungsfreundliche Bildschirmseiten entwickeln zu können. Umfassend erörtert werden zudem die Vorgehensweise beim Drehbuchschreiben für Lernvideos und die Auswahl des geeigneten Autorenwerkzeugs für die Erstellung eines eLearning-Drehbuchs.

Ein gutes eLearning-Drehbuch bildet alle Inhaltselemente einer multimedialen Anwendung vollständig ab und beschreibt deren Abläufe und Zusammenspiel. Es liefert damit die Aufgabenbeschreibungen für die Projektmitarbeiter. Es muss so detailliert sein, dass jeder Beteiligte genau weiß, was er wie zu tun hat:

- Medienentwicklern (Screendesigner, Grafiker, Softwareentwickler, Tontechniker, Videoproduzenten) und Projektleitern der Multimedia-Agentur dient das Drehbuch als Produktionsplan.
- Der Auftraggeber kann sich mit einem sorgfältig erarbeiteten Drehbuch ein stimmiges Bild vom entstehenden Lernprogramm machen.

**Tipp!**
Im Drehbuch sind Änderungen jederzeit möglich. Bei späteren Autorenkorrekturen können jedoch weitere Kosten anfallen.

Ein gutes eLearning-Drehbuch …
- … folgt den Lernzielen.
- … ist zielgruppengerecht.
- … bildet ein einheitliches Ganzes hinsichtlich Bildgestaltung und Tonality.
- … ist fachlich korrekt.

Für alle Elemente eines Drehbuchs gilt: Es zählt nicht, ob sie besonders witzig, kreativ, geistreich oder schön sind, sondern ob sie den vorher definierten Lernzielen

D. Stoecker, *eLearning – Konzept und Drehbuch*,
DOI 10.1007/978-3-642-17206-9_5, © Springer-Verlag Berlin Heidelberg 2013

folgen und der Zielgruppe gerecht werden. Die wichtigste Komponente in der Mensch-Computer-Kommunikation ist die *Handlung*; sie ist auch die Richtschnur, nach der Bildschirmseiten zu gestalten sind. Die Herausforderung bei der Entwicklung von Lernprogrammen ist, dass Umgebungen, Schnittstellen und Objekte leichter vorstellbar und abzubilden sind als eine Kommunikationsqualität, die grundsätzlich unsichtbar ist. Und so gerät der Medienautor in eine Lage, wie sie auch der Verband Deutscher Drehbuchautoren e. V. frei nach Bert Brecht beschreibt: „Denn die einen sind am Schreibtisch und die anderen sind im Licht. Doch man sieht nur die im Lichte ... die am Schreibtisch sieht man nicht." Ein Medienautor, dem das bewusst ist, widersteht dem Drang nach Anerkennung, für die er gerne mal die Prinzipien für gutes Drehbuchschreiben über Bord werfen würde und baut stattdessen ein solides Fundament für die anstehende Produktion. Er kann sich lobend auf die Schulter klopfen, wenn zum fertigen Lernprogramm keine Klagen kommen, die Bildungsziele erreicht wurden und die Anwender gerne damit arbeiten. Dieses Feedback erhalten Medienautoren in den seltensten Fällen. Die Arbeit ist für sie abgeschlossen, sobald das Drehbuch abgenommen wurde und die Produktion beginnt. Der Medienautor ist gut beraten, wenn er sich eine Rückmeldung einholt und das Feedback in zukünftige Drehbuchentwicklungen einfließen lässt.

> **Tipp!**
> Checkliste „Drehbuchabnahme", siehe Kap. 9 und *http://www.drehbuchtext.de*.

## 5.1   Welche Bestandteile hat ein Drehbuch?

In den vorhergehenden Kapiteln wurde ausführlich beschrieben, wie die Navigation im Rahmen eines Grobkonzepts erstellt wird. Sie ist Bestandteil des Drehbuchs und wird – sobald das Grobkonzept abgenommen wurde – den eigentlichen Drehbuchseiten vorangestellt. Das heißt, der gesamte Aufbau des Bildschirms mit allen verfügbaren Steuerelementen steht fest, noch bevor die erste Drehbuchseite geschrieben wird (siehe Abschn. 4.1.1.6). Das Layout gestaltet normalerweise der Screendesigner, weshalb es nicht Bestandteil der Drehbuchentwicklung ist. Jedoch kann und soll der Medienautor mit seinem Know-how über die Lernpsychologie und vor allem über die Multimedia-Didaktik Einfluss auf die wahrnehmungsfreundliche Gestaltung der Bildschirmseiten nehmen (siehe Abschn. 5.7 und 5.8). Ins Drehbuch gehört die umfassende Beschreibung aller Elemente, die später multimedial auf dem Bildschirm erscheinen sollen. Der Medienautor legt dazu im Drehbuch die Detailinhalte und den Medieneinsatz pro Seite fest (siehe Abb. 5.1).

## Drehbuch für eLearning-Programm „Verkäuferausbildung"

| Projekt | WBT „Verlängerte Garantie bei Netbooks" |
|---|---|
| Drehbuch | Bedingungen Netbook-Garantievertrag |
| Modul | Grundwissen |
| Version | 1.2 |
| Datum | 19.06.2012 |
| Autor | Daniela Stoecker |

History

| Version | Wann | Von wem | Was |
|---|---|---|---|
| 1.0 | 11.06.12 | DS | Drehbuch erste Fassung |
| 1.1 | 15.06.11 | EK | Fachliche Durchsicht |
| 1.2 | 19.06.11 | DS | Änderungen von EK einpflegen |

Inhaltsverzeichnis dieses Drehbuchkapitels

Berechtigte Netbook-Garantievertrag ....................................................................... 2
Gründe für einen verlängerten Netbook-Garantievertrag ........................................... 4
Ausstellen eines Netbook-Garantievertrages ............................................................. 8
Kündigung des Netbook-Garantievertrages durch den Anbieter ................................ 9
Kündigung des Netbook-Garantievertrages durch den Kunden ................................ 10

**Abb. 5.1** Beispiel-Deckblatt für ein Drehbuchkapitel

### 5.1.1   Elemente und Medien eines Drehbuchs

- Projektbezeichnung.
- Modulbezeichnung.
- Version.
- Datum.
- Autor.
- History: Wer hat wann am Drehbuch gearbeitet, welche Versionsnummer wurde erstellt und was wurde geändert (siehe Abschn. 6.4.)? Das Beispiel einer History sehen Sie in Abb. 5.1.
- Inhaltsverzeichnis: Wenn ein Drehbuch in mehreren Dokumenten abgespeichert wird, ist eine Seitenübersicht wichtig, wie sie in Abb. 5.1 gezeigt wird.
- Metadaten: Stichwörter für den Schlagwortkatalog angeben (vor allem für XML-basierte eLearning-Anwendungen interessant).
- Zeitangabe: Wie lange braucht der Lernende zum Durcharbeiten der einzelnen Lernseiten und damit der Lektion?
- Bildschirmtexte: vollständig ausformulieren und angeben, zu welchem anderen Bildschirmelement (zum Beispiel Grafik) diese ablaufen/erscheinen sollen; außerdem beschreiben, wie und wo der Text am Bildschirm steht (zum Beispiel Schrift fett oder mager, Position rechts, links, unten oder oben).

- Grafik: ausführliche Beschreibung des Bildinhalts und angeben, zu welchem anderen Bildschirmelement (zum Beispiel Bildschirmtext) die Grafik wie (sukzessive oder auf einmal einblenden) ablaufen bzw. erscheinen soll; außerdem beschreiben, wo sie am Bildschirm steht (rechts, links, unten, mittig oder oben). Wenn möglich ein Scribble dazu erstellen und in das Textdokument einbinden; bei nicht selbst erstellten Grafiken immer die Quelle mit angeben.
- Foto: ausführliche Beschreibung des Bildinhalts und angeben, zu welchem anderen Bildschirmelement (zum Beispiel Sprechertext) das Foto wie (sukzessive oder auf einmal einblenden) erscheinen soll; außerdem angeben, wo es am Bildschirm steht (rechts, links, unten, mittig oder oben). Wenn möglich, das Foto verkleinert in das Textdokument einbinden; bei nicht selbst erstellten Fotos immer die Quelle mit angeben.
- Sprechertext: vollständig ausformulieren und angeben, zu welchem anderen Bildschirmelement (zum Beispiel Bildschirmtext) dieser ablaufen soll und ob evtl. eine besondere Aussprache erwünscht ist (siehe Abschn. 5.2.2).
- Geräusche und Sounds: Beschreibung der Art und des Erscheinungszeitpunkts.
- Effekte und Animationen: Beschreibung der Art und des Erscheinungszeitpunkts und angeben, wie der Effekt oder die Animation ablaufen soll.
- Video: genaue Bezeichnung des Videos; angeben, wann es anlaufen und wie lange es dauern soll; für ein eLearning-Video wird ein eigenes Videodrehbuch erstellt (siehe Abschn. 5.5).
- Aufgaben, Interaktionen: ausführliche Beschreibung des Aufgabentyps (zum Beispiel Multiple-Choice, siehe Abschn. 5.2.4 und 5.4.) und des Ablaufs der Aufgaben; außerdem angeben, wie viele Versuche möglich sind und welches Lernziel damit erfragt wird.
- Anweisungen für die Softwareentwickler: angeben, wenn ein außergewöhnlicher Bildschirmaufbau stattfindet.
- Story: In manchen Fällen wird ein Lernprogramm in einen Erzählrahmen eingebettet, dann kommt eine Kurzbeschreibung der Story an den Anfang des Drehbuchs.

**Tipp!**
**Eine Drehbuchseite entspricht einer Bildschirmseite.**

Neben der vollständigen Angabe aller Medien beschreibt der Medienautor das Zusammenspiel der einzelnen Elemente im Bildschirm- und Programmablauf. Drehbücher für eLearning können mit den unterschiedlichsten Werkzeugen erstellt werden (siehe Abschn. 5.6). Im Drehbuch sind Änderungen jederzeit möglich. Bei späteren Autorenkorrekturen können jedoch weitere Kosten anfallen (siehe Abschn. 3.3.6 und 3.4.1).

## 5.2    Texten für eLearning

Die Kernregel für alle Arten von eLearning-Texten lautet:

> Eine Aussage pro Bildschirmseite.

Wenn Bildschirmtext, grafische Elemente und Audiotext einer Lernseite nur *einem* Gedanken folgen, legen Sie damit den Grundstein für eine klare Inhaltsvermittlung.

> „Wer's nicht einfach und klar sagen kann, der soll schweigen und weiterarbeiten, bis er's klar sagen kann." Sir Carl Raimund Popper, Philosoph.

Der Bildschirmtext unterscheidet sich eindeutig von den Sprechertexten (siehe Abschn. 5.2.2). Er konzentriert sich auf das Thema, vermittelt Fakten und ist sachlich. Emotionen, Fragen, Ergänzungen und Jugendjargon werden hingegen den Sprechertexten zugeordnet. Bildschirmtexte können mit den Sprechertexten korrespondieren oder unabhängig davon stehen. Besteht ein Zusammenspiel, so ist darauf zu achten, dass die Aufmerksamkeit des Lernenden auf eine Informationseinheit gelenkt wird (siehe Abschn. 5.7.1)

Moderne Lernprogramme folgen meist einer Netz- oder Baumstruktur. Für den Medienautor bedeutet dies ein Umdenken dahingehend, dass es keine „vorhergehende" und auch keine „folgende" Seite im Sinne eines Lehrbuchs gibt. Formulierungen der Art: „Wie das vorige Kapitel zeigte …" oder „Auf der folgenden Seite …" erübrigen sich damit, sowohl für den Bildschirm- als auch für den Sprechertext. Stattdessen wird mit eindeutiger Kapitelangabe auf das entsprechende Thema verwiesen.

> **Literaturtipp!**
> Verständlichkeit und eingängiges Deutsch anhand von 50 einfachen Regeln für Autoren und Leser beschreibt *Wolf Schneider* in: „Deutsch fürs Leben", Rowohlt.

Back und Beuttler (2006, S. 215) haben in Anlehnung an Schneider (2004) neun Faustregeln für Verständlichkeit aufgestellt. Sie gelten gleichermaßen für Bildschirm- wie auch für Sprechertexte, für die Beschreibung von Visualisierungen und das Formulieren von Aufgaben:
- Weg mit den Adjektiven.
- Her mit den Verben.
- Verben können durchaus allein stehen, zum Beispiel „anwenden" statt „zur Anwendung bringen".

- Handelnde nennen, Passivstrukturen vermeiden; auch Verben wie „erfolgen" und „durchführen" fördern das Passiv.
- Auf abstrakte Substantive verzichten, zum Beispiel solche, die auf „-ung" enden.
- Fremdwörter erklären oder weglassen.
- Hauptthemen in Hauptsätze.
- Schachtelsätze möglichst beiseite lassen.
- Zahlenhaufen in Tabellen ordnen.
- Begriffe mit klarer Botschaft zu wiederholen ist verständlicher, als sie durch „gefällige" Synonyme zu variieren.

**Literaturtipp!**
Back und Beuttler setzen den Schwerpunkt im „Handbuch Briefing" auf Methoden der reibungslosen Zusammenarbeit zwischen Auftraggeber und Dienstleister, Schäffer-Poeschel.

### 5.2.1   Erstellen von Bildschirmtexten

Der Autor eines Romans bedient sich einer anderen Ausdrucksweise als der eines Fachbuchs. Der Schreibstil eines Werbetextes unterscheidet sich von dem einer Unternehmensbroschüre. Und Texten für eLearning hebt sich grundlegend ab von der Darstellungsart in einem Lehrbuch. Entscheidend für den Schreibstil des jeweiligen Textes ist die Lesart: Ein Roman lädt zum Schmökern ein, der Werbetext will Aufmerksamkeit erregen, die Unternehmensbroschüre einen guten Eindruck machen und ein Fachbuch oder eine Lernanwendung will Wissen weitergeben. Entsprechend unterschiedlich sind die jeweiligen Texte sprachlich zu gestalten.

**Literaturtipp!**
Standardwerk für die bildliche Gestaltung von Lernmaterial: *Steffen-Peter Ballstaedt*: „Visualisieren", UTB.

In den letzten Jahren gab es viele Veröffentlichungen zum Schreiben guter Online-Texte im Web. Doch sollte der Medienautor nicht der Versuchung erliegen, hier Anleihen zu nehmen. Online-Texte unterscheiden sich genauso von Texten in Lernanwendungen, wie sich zum Beispiel Lexikoneinträge von Schulbuchkapiteln unterscheiden. Zudem gilt zu bedenken, dass der Lernende am Computer schlechteren Lesebedingungen ausgesetzt ist als ein Lernender mit Lehrbuch: Texte am Bildschirm werden zwischen 20 und 30 Prozent langsamer gelesen als auf Papier (Ballstaedt, 1997). Verantwortlich dafür sind die mangelnde Auflösung am Monitor, die niedere Wiederholfrequenz, die Leuchtdichte der Texte, die Unterschiede im Kontrastumfang, die ständige wechselnde Anpassung des Auges vom Bildschirm an die Umgebung und die elektrostatische Aufladung (Hasebrook, 1998). Deshalb müssen Bildschirmtexte auf eine Art und Weise verfasst werden, welche die Lesebedingungen am Monitor verbessert. Sie sollten sinnvoll strukturiert, in verständlicher Sprache verfasst und nicht zuletzt lernzielorientiert sein.

### 5.2.1.1 Struktur von Bildschirmtexten
Jede Art des Bildschirmtextes hat eine eigene Form:
* Inhaltstexte bestehen aus ausformulierten, vollständigen Sätzen.
* Zusammenfassungen erscheinen als Aufzählungen.
* Aufgaben beinhalten Fragesätze, Lösungssätze und Feedbackkommentare.
* Boxentexte setzen sich zusammen aus kurzen Sätzen für die Zusatzinformation oder fungieren als Glossareintrag.

Für eine bessere Lesbarkeit sollte der Bildschirmtext inhaltlich sinnvoll gegliedert werden. Zum Beispiel nach den *LATCH*-Kategorien von Richard Saul Wurman (1996):
* *L*ocation – besondere Platzierung einer Information auf dem Bildschirm
* *A*lphabet – alphabetische Gliederung
* *T*ime – zeitliche Gliederung
* *C*ategory – Gliederung in Kategorien
* *H*ierarchy – hierarchische Gliederung

Die Gliederung spiegelt sich außerdem in der Optik wider, indem:
* treffende Überschriften gewählt werden,
* maximal drei bis sieben Textblöcke mit einer Hauptüberschrift verknüpft werden und
* ein Textblock aus drei bis maximal sieben Sätzen besteht.

Ballstaedt empfiehlt, jede neue Bildschirmzeile mit einem syntaktischen Einschnitt beginnen zu lassen, das heißt zusammengehörige Wortgruppen nicht auseinanderzureißen; einschränkend ist hier anzumerken, dass moderne Lernprogramme in aller Regel für verschiedene Browser und Bildschirmauflösungen produziert werden, wodurch sich die Laufbreite der Bildschirmtexte individuell verschieben kann. Damit kann vom Autor innerhalb eines Fließtextes kein syntaktisch motivierter Zeilenumbruch vorgegeben werden.

### 5.2.1.2 Überschriften
Für Lernprogramme eignen sich zwei Überschriftentypen:
1. auf das Kernthema des abzubildenden Textblocks bezogene Überschrift, zum Beispiel „Kündigungsfristen des Garantievertrags",
2. eine Frage, die eine problemorientierte Situation einleitet, zum Beispiel „Woran erkenne ich einen potenziellen Kunden für den Abschluss eines Garantievertrags?"

Innerhalb der Textblöcke können Akzente gesetzt werden durch fett oder farbig gedruckte Wörter und Kursivschrift. Doch diese bleiben nur dann Akzente, wenn sparsam damit umgegangen wird. Für farbig gedruckte Wörter gilt: Innerhalb eines Lernprogramms eine einheitliche Farbe der Hervorhebung verwenden.

**Tipp!**
Das Geschriebene laut vorlesen: Lautes Lesen enthüllt einen holprigen Satzbau!

### 5.2.1.3 Verständlichkeit

Damit es der Lernende am Bildschirm leicht hat, muss es sich der Autor schwer machen: „Plagt euch, Schreiber!", fordert daher Schneider in „Deutsch fürs Leben" (Schneider 2002).

**Literaturtipp!**
Die Kunst des Schreibens erlernen mit praktischen Tipps und Übungen in *Doris Märtin*: „Erfolgreich texten!", Bramann.

In Tab. 5.1 stehen die wichtigsten Kriterien der Verständlichkeit mit Hinweisen für ihre praktische Umsetzung, wie sie auch Schneider in seinem Buch empfiehlt.

**Tipp!**
Microsoft Word prüft die Lesbarkeit eines Textes automatisch: In *Überprüfen -> Rechtschreibung und Grammatik -> Optionen* ein Häkchen vor Lesbarkeitsstatistik setzen; nach der Prüfung von Rechtschreibung und Grammatik erscheint ein Fenster, das die Lesbarkeit des Textes anzeigt.

Auf einen Nenner gebracht, folgen Bildschirmtexte den vier Regeln, die Langer, Schulz von Thun und Tausch für die Verständlichkeit von Texten aufgestellt haben:
1. *Einfachheit* – klare und eindeutige Wörter finden.
2. *Gliederung/Ordnung/Struktur* – den Text klar und übersichtlich gliedern.
3. *Kürze/Prägnanz* – knapp formulieren und die Aussage auf den Punkt bringen.
4. *Anregende Zusätze* – belebende Elemente einbringen, die zum Weiterlesen motivieren.

**Literaturtipp!**
Lehrbuch mit vielen praktischen Übungen: *Inghard Langer, Friedemann Schulz von Thun und Reinhard Tausch*: „Sich verständlich ausdrücken", Reinhardt.

**Tab. 5.1** Kriterien der Verständlichkeit

| Kriterien der Verständlichkeit | Hintergrund |
|---|---|
| Verben nach vorn | Im Deutschen steht das Verb oft erst im letzten Teil des Satzes, zum Beispiel: |
| | „Der Garantievertrag mit allen seinen Bedingungen gehört zur Ausbildung." |
| | Wandert das Verb nach vorne, so erfasst der Lernende schneller, um was es wirklich geht: |
| | „Der Garantievertrag gehört mit allen seinen Bedingungen zur Ausbildung." |
| Satzklammern auflösen | Weit verbreitet ist im Deutschen das Bilden von Satzklammern, das heißt, teilbare Verben werden auseinandergezogen, indem eine große Anzahl von Wörtern dazwischengeschoben wird, zum Beispiel: |
| | „Der Garantievertrag schließt sich mit seinen Bedingungen den in der Ausbildung zum Elektronikfachverkäufer gelernten Fachinhalten an." |
| | 12 Wörter stehen hier zwischen den beiden Verbteilen „an" und „schließen". Dadurch muss sich der Lernende lange merken, wie der erste Satzteil lautet, bis er am Ende des Satzes ankommt. Besser schreibt man: |
| | "Der Garantievertrag mit seinen Bedingungen schließt sich den Fachinhalten an, die in der Ausbildung zum Elektronikfachverkäufer gelernt wurden." |
| | Schneider (2002) hat dazu das Gesetz der 12 Silben aufgestellt: Zwischen den Hälften eines geteilten Verbs stehen maximal 12 Silben also sechs Wörter. |
| Kurze Sätze bilden | Da das Lesen am Bildschirm mehr Mühe macht als auf Papier, ermüden Lernende schnell; dem wirken kurze prägnante Sätze entgegen. Beispiel: |
| | „Es gibt zwei verschiedene Grundarten von Garantieverträgen, die unterschiedliche Produktgruppen bedienen, indem sie sich in ihren Bedingungen an der jeweiligen Produktlebensdauer orientieren." |
| | Diesen Satz gilt es, in kurze, einfache Sätze aufzuteilen: |
| | 1. „Es gibt zwei Arten von Garantieverträgen." |
| | 2. „Jede Art bedient eine bestimmte Produktgruppe." |
| | 3. „Die Bedingungen orientieren sich an der jeweiligen Produktlebensdauer." |
| | Der Leseverständlichkeit am Bildschirm werden folgende Satzformen gerecht: **Definitionen, Merksätze, Aufzählungen** und **kurze Aussagesätze.** |
| Präpositionen sparsam verwenden | Viele Präpositionen fördern den Nominalstil, wie folgendes Beispiel zeigt: |
| | „Der Antrag zu einem Supportvertrag ist über den Abteilungsleiter an die Buchhaltung für die Prüfung auf Richtigkeit weiterzuleiten." |
| | Präpositionen entfallen, wenn der Satz umgestellt wird: |
| | „Der Abteilungsleiter leitet den Antrag eines Garantievertrags an die Buchhaltung weiter; die Buchhaltung prüft, ob der Antrag richtig ausgefüllt wurde." |
| | Der Satz bekommt durch das Umstellen einen aktiven Charakter. |

**Tab. 5.1** (Fortsetzung)

| Kriterien der Verständlichkeit | Hintergrund |
|---|---|
| Adjektive streichen | Adjektive rauben der Sprache die Klarheit; daher sind sie für ein Lernprogramm wenig geeignet. Beispiel:<br><br>„Sie lernen, **gezielte** Beratungsgespräche zu führen."<br><br>„Ihr Kunde ist mit der Bedienung des PC **schwer** überfordert."<br><br>„Sie können den Garantievertrag **individuell** anpassen."<br><br>Diese Adjektive können gestrichen werden, ohne dass sich der Inhalt verfälscht, denn:<br><br>Ein „Beratungsgespräch" ist immer gezielt, da es dem Kunden eine Empfehlung gibt.<br><br>Das Verb „überfordern" drückt für sich allein schon die Schwere der Situation aus; es braucht nicht verstärkt zu werden.<br><br>Ein Vertrag, der „angepasst" werden kann, ist demnach auf den Einzelnen abgestimmt, also individuell. |
| Aktiv schreiben, Passiv vermeiden | Aktives Schreiben nennt den Handelnden; damit treibt es die Handlungsorientierung eines Lernprogramms voran. Beispiel:<br><br>„Die Kunden werden durch den Supportvertrag gegen PC-Ausfälle abgesichert."<br><br>Ganz einfach lässt sich dieser Satz aktiv schreiben:<br><br>„Der Supportvertrag sichert die Kunden gegen PC-Ausfälle ab." |
| Zahlen in Ziffern auf den Bildschirm | Gerade in Lernprogrammen kommen Zahlen häufig vor und sollten lernfreundlich eingesetzt werden:<br><br>Ein Text mit vielen Zahlen ist als Tabelle übersichtlicher als in Form von Fließtext.<br><br>Zahlen gehören als Ziffern in Bildschirmtexte, da sie so vom Auge viel schneller erfasst werden.<br><br>Grundsätzlich gilt: Zahlen, die auch sonst als Ziffern stehen (Briefmarken, Typbezeichnungen, Geldbeträge), kommen als Ziffern in Bildschirmtexte, auch wenn sie kleiner als „13" sind (alte Regel: bis zur Zahl „12" schreibt man Zahlen in Buchstaben). |
| Fachbegriffe | Fachbegriffe, die im Lernprogramm auftauchen, sollten bei ihrer ersten Nennung erklärt werden. Wenn die Fachsprache dem Lernenden bekannt sein sollte, genügt ein Verweis aufs Glossar. |
| Verweise als Hyperlinks umsetzen | Lernprogramme folgen in aller Regel einer Netz- oder Baumstruktur. Ein Verweis auf vorangehende oder nachfolgende Seiten und oben oder unten stehende Texte erübrigt sich damit. Der Verweis erfolgt auf andere Art, nämlich durch eine konkrete Kapitelangabe oder durch das Setzen eines Hyperlinks auf ein Wort im Satz. Wichtig ist, ein treffendes Wort für das Ziel des Hyperlinks auszuwählen. Nicht gut gewählt ist der Hyperlink in diesem Satz:<br><br>„Die Bedingungen des Supportvertrags können Sie sich als <u>PDF-Datei</u> herunterladen."<br><br>Das Ziel des Hyperlinks sind ja die „Bedingungen", daher sieht ein eindeutiger Hyperlink wie folgt aus:<br><br>„Die <u>Bedingungen des Supportvertrags</u> können Sie sich als PDF-Datei herunterladen." |

## 5.2.2    Formulieren von Sprechertexten

Beim Hören vollbringt der Lernende eine größere kognitive Leistung als beim
Lesen: Anders als mit einer Augenbewegung kann er mit dem Gehör nicht „mal
schnell" nach hinten oder vorne springen. Hinzu kommt die Flüchtigkeit des
gesprochenen Worts. Zwar ist die Lernleistung direkt nach dem Hören höher als
durch reines Lesen, jedoch wandern gehörte Inhalte nur dann ins Langzeitgedächtnis, wenn sie mit entsprechenden Bildschirmtexten oder visueller Umsetzung kombiniert werden. Was bedeutet dies für das Formulieren von Sprechertexten? Allem
voran ist darauf zu achten, dass Bildschirmtext, Visualisierung und Sprechertext
inhaltlich miteinander korrespondieren und keine sogenannte „Text-Bild-Schere"
entsteht.

> **Tipp!**
> In manchen Lernprogrammen sind Lernseiten miteinander verbunden. Ach-
> ten Sie darauf, dass die Sprecher-Überleitungen zur nächsten Seite passen.

### 5.2.2.1 Zusammenspiel mit Bildschirmtexten

- Parallel zum Sprechertext erscheint die Kernaussage als Bildschirmtext.
- Aufzählungen kommen nur dann in den Sprechertext, wenn sie parallel dazu auf
  dem Bildschirm erscheinen.

### 5.2.2.2 Regeln für die Formulierung

- Sprechertexte sollten konsistent sein, das heißt, wichtige Begrifflichkeiten
  werden immer gleich ausgesprochen und stimmen mit den im Bildschirmtext
  genannten Begriffen überein.
- Während des Sprechertextes sollten einmal gewählte Begrifflichkeiten konsequent beibehalten werden, das heißt, diese nicht durch Synonyme abwechseln.
- Sprechertexte arbeiten mit Wiederholungen, denn der Lernende kann nicht so
  leicht vor- und zurückspringen.
- Konkret vor abstrakt, zum Beispiel: „Für jeden verkauften Supportvertrag
  erhalten Sie eine Provision", statt abstrakt: „Mit jedem Supportvertrag, den Sie
  mit einem Kunden abgewickelt haben, erhöhen Sie Ihre monatlichen Bezüge."
- Möglichst keine Werte, Zahlen oder aktuelle Fakten in den Sprechertext einbinden, da Audio-Aktualisierungen zeit- und kostenaufwendig sind.
- Die Kriterien für die Verständlichkeit von Bildschirmtexten (siehe Abschn. 5.2.1.3)
  gelten auch für Sprechertexte: kurze Sätze mit weniger als 12 Wörtern, übersichtliche Satzkonstruktionen, klare Satzbezüge und Verb und Hauptaussage immer an
  den Satzanfang stellen.
- Fremdwörter sind zu vermeiden. Ausnahme: Sie sind Lerninhalt und werden im
  Sprechertext explizit erklärt.
- Jeder Satz sollte höchstens eine neue Information beinhalten.

- Audiotexte haben eine langsame Sprechgeschwindigkeit mit wenig Text und vielen Pausen.
- Sprechertexte sind in möglichst kleinen Sequenzen zu schreiben, damit sie leichter aktualisierbar sind.

**Tipp!**
Gerade bei der Formulierung von Sprechertexten ist die richtige Interpunktion entscheidend; nur dann kann der Sprecher beim Vertonen die beabsichtigte Intonation treffen.

### 5.2.2.3 Tonality

- Auf den Umgangston im Unternehmen bzw. in der Zielgruppe achten und die Sprechertexte entsprechend anpassen.
- Dialoge müssen flüssig klingen; dazu sollten sie laut durchgespielt werden, bevor sie zur Vertonung kommen.

**Tipp!**
Hören Sie Radio! Am besten einen Kanal einschalten, auf dem viel gesprochen wird: Radiohören schult das Sprachgefühl für gute Sprechertexte.

### 5.2.2.4 Regieanweisungen

- Sprecheranweisungen für emotionale Färbungen bzw. Tonlagen müssen exakt sein, das heißt, der Medienautor entscheidet sich für eine Färbung, zum Beispiel: *(spricht gequält-fröhlich)* „..." – diese Angabe ist unentschieden und für den Sprecher schwierig umzusetzen; wenn die Tonlage variiert werden soll, schreibt man besser: *(spricht ersten Satzteil gequält, endet fröhlich)*, dann ist die Zuordnung eindeutig.
- Betonte Stellen unterstreichen oder fett setzen, denn Klammern innerhalb des Textes stören den Lesefluss.
- Bestimmte Sprechweisen, Betonungen, Aussprache erscheinen in Klammern vor dem ganzen Take.
- Zahlen im Drehbuch immer als Ziffern schreiben, das erleichtert den Sprechern das Lesen.
- Sprechweise von Abkürzungen oder Fachbegriffen angeben, zum Beispiel: *(WBT bitte buchstabieren)* „*WBT ist eine moderne Form des Lernens.*"
- Wenn etwas ausgesprochen werden soll, ist es das Beste, es gleich so ins Drehbuch zu schreiben, zum Beispiel: "Web Based Training ist eine moderne Form des Lernens."

- Eine grammatikalisch falsche Wendung, die aber beispielsweise einen witzigen Kommentar der Leitfigur wiedergibt, muss als richtig gekennzeichnet werden, zum Beispiel: *(Text sprechen wie in der Werbung) „Da werden Sie geholfen!"*

**Tipp!**
Bei der Auswahl der Sprecher nicht *zu* markante Stimmen nehmen: Dies erschwert spätere Aktualisierungen, zum Beispiel wenn ein bestimmter Sprecher nicht mehr verfügbar ist.

### 5.2.2.5 Leitfigur

Eine Leit- oder Sympathiefigur spricht die Gefühlsebene an und motiviert:
- Die Sprechertexte können humorvoll sein und frecher als der sonstige Sprachstil.
- Es ist darauf zu achten, dass Sprechertexte von Leitfiguren nicht altklug wirken.
- Sprechertexte geben Tipps und Hinweise und lenken die Aufmerksamkeit auf wichtige Sachverhalte.
- Die Leitfigur kann emotionale Färbungen wiedergeben und dadurch einen wichtigen Beitrag zur Motivation des Lernenden am Computer beitragen.

## 5.2.3  Beschreiben von Bildern

„Ein Bild sagt mehr als tausend Worte. Kurzum, der Medienautor sollte Bildvorlagen liefern: Kopien, Scribbles, Stilvorlagen usw. Egal, was es ist – Hauptsache, es ist ein Bild!" Christian Ertl, bildersprache München.

Wie beschreibe ich Bilder so, dass sie dem Medienentwickler verständlich sind? Zu Bildern, die in Drehbüchern für eLearning auftauchen können, zählen Grafiken und Fotos. Hinweise zu Videoszenen und Animationen können ebenfalls bei den Bildbeschreibungen auftauchen. Grundsätzlich gilt: so wenig Worte wie möglich. Die deutlichste Bildbeschreibung sind Bilder selbst, das heißt, der Medienautor sollte geübt darin sein, Scribbles zu zeichnen. Außerdem sollte er die wichtigsten Fachbegriffe aus der Foto- und Filmwelt beherrschen, um eindeutige Beschreibungen für Fotoaufnahmen und Videodrehs zu liefern.

### 5.2.3.1  Wie funktioniert ein Scribble?

Ein Scribble ist eine Skizze, die eine Szene oder einen Gegenstand grob darstellt. In der Werbung ist ein Scribble die Vorstufe zum Layout oder zur Reinzeichnung. Es sollte so genau sein, dass sich der Grafiker oder Fotograf die dargestellte Szene gut bildlich vorstellen und in seinem Medium umsetzen kann. Es sollte aber auch nicht zu professionell sein, denn das kostet den Autor nur unnötig viel Zeit für Detailarbeit; außerdem ist es schon vorgekommen, dass ein Medienautor seine sorgfältig ausgearbeiteten Scribbles 1:1 in der Beta-Version wiederfindet, was nicht unbedingt seine Absicht war.

**Literaturtipp!**
Einblicke in die beiden Gehirnhälften und Anleitungen zum bildhaften Sehen und Zeichnen bietet das Arbeits- und Übungsbuch von *Betty Edwards*: „Das neue Garantiert zeichnen lernen", Rowohlt.

Nun bekommt es mancher Medienautor möglicherweise mit der Angst zu tun, weil er zwar gewandt schreiben kann, aber im Zeichenunterricht kein Picasso war. Diese Angst ist unbegründet: Scribbeln ist mit etwas Übung leicht zu erlernen. Der Vorteil für den Autor ist, dass er seine visuelle Vorstellungskraft stärkt und sich seine Wortgewandtheit für die wichtigen Themen aufspart, wie das Schreiben von Bildschirm- und Sprechertexten.

### 5.2.3.2 Grundregeln für gute Scribbles
* Einfach und übersichtlich skizzieren, das heißt, keine Überfrachtung mit Symbolen.
* Es genügt, Menschen als Strichfiguren darzustellen.
* Auf das Wesentliche reduziert: Wie beim Texten auch, ist das Scribble nicht dann fertig, wenn nichts mehr hinzugefügt werden kann, sondern dann, wenn nichts mehr wegzulassen ist.
* Für das Scribbeln von Videosequenzen kann man sich zunutze machen, dass das Gehirn vermeintliche Leerstellen zwischen einzelnen Bildern einer Folge überbrückt; nur die entscheidenden Momente, die die Geschichte vorantreiben, sind zu skizzieren.

**Tipp!**
Besuchen Sie als Medienautor die Redaktion eines Schulbuchverlags und schauen Sie dem Lehrwerksredakteur über die Schulter: Das Erstellen verständlicher Scribbles gehört zu seinem täglichen Handwerkszeug.

### 5.2.3.3 Werkzeuge für gute Scribbles
* Papierscribbles: Bleistift und Papier, Farben für Grafiken und Bilder, die sich sukzessive aufbauen, Scanner.
* Digitale Scribbles: Bildbearbeitungsprogramm, Zeichentableau, Digitalkamera.

### 5.2.3.4 Umsetzung von Scribbles
Zunächst gilt es, die Situation zu analysieren. Zum Beispiel soll in folgendes Thema eingeführt werden: „Der Verkäufer stellt dem Kunden einen Netbook-Garantievertrag vor." Die wesentlichen Elemente sind: *Verkäufer, Kunde, Vertrag* und die müssen ins Bild. Außerdem ist es bedeutsam abzubilden, dass eine Beziehung

zwischen den drei Elementen besteht. Abb. 5.2 stellt diese Beziehung in einem einfachen Scribble dar. Die Reduktion auf das Wichtigste führt dazu, dass nicht einmal die Beine der Beteiligten sichtbar sind. Mit einfachen Strichen lassen sich Menschen und Handlungen darstellen.

> **Literaturtipp!**
> Scribbeln lernen anhand von Techniken und Beispielen von Flipcharts aus dem Seminarraum mit einem Buch, das zum sofortigen Loslegen animiert: *Elke Meyer & Stefanie Widmann*: „Flipchart ART", Publicis.

Oft genügt ein einziges Scribble, um eine Bilderfolge aufzuzeichnen. Durch (farbige) Regiehinweise wird auf dem Scribble die Abfolge vorgegeben, die letztlich das Gesamtbild formen wird. In Abb. 5.3 sind die Regieanweisungen für die Reihenfolge der Einblendungen als schraffierte Nummern wiedergegeben.

Scribbles können auch als Vorlage für Diagramme dienen; die Farbe ist hier nicht bindend, sondern zeigt nur die unterschiedlichen Bezüge an. Die differenzierende Farbgebung ist in Abb. 5.4 schraffiert angedeutet.

Einige Aufgabentypen basieren auf einer grafischen Vorlage, zum Beispiel Drag-and-Drop-Übungen. In Abb. 5.5 sollen beispielsweise die Elemente aus dem Bild gezogen werden, die nicht versichert sind. Die zugrunde liegende Grafik setzt sich aus lauter einzelnen Elementen mit den Kennziffern S1 bis S8 zusammen. Die schraffierten Elemente (S2, S5, S7) sind die richtigen Lösungen und damit vom Lernenden aus dem Bild zu ziehen.

Im Prinzip beschränkt sich die wörtliche Bildbeschreibung im Drehbuch auf folgende Angaben:
- Position des Bildelements innerhalb der Lernseite.
- Erscheinungszeitpunkt im Ablauf der Bildseite.
- Dauer, zum Beispiel eines Videos.
- Für Fotoshootings ist es hilfreich, den Bildideen bzw. Scribbles Gedankensätze der Protagonisten beizufügen, die die Emotionen wiedergeben.

### 5.2.3.5 Begriffe der Foto- und Filmwelt
Um Foto- und Filmaufnahmen kurz und prägnant zu beschreiben, ist es hilfreich, die wichtigsten Fachbegriffe der Fotografie und des Films zu kennen. Tabelle 5.2 gibt einen Überblick.

### 5.2.4 Formulieren und Beschreiben von Aufgaben

Aufgabentexte setzen sich zusammen aus den Angaben zur Aufgabe, den Lösungssätzen und -zahlen sowie dem Feedback, nachdem die Aufgabe bearbeitet wurde. Aufgaben fragen ab, ob durch die Bearbeitung der Lernseiten die zuvor gesetzten Lernziele auch erreicht wurden. Dabei sollte die Fragestellung nicht zu schwer sein,

**Abb. 5.2**  Scribble Themeneinführung

**Abb. 5.3**  Scribble Bildfolge

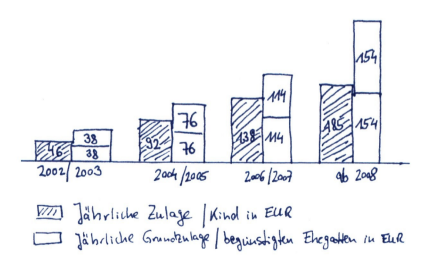

**Abb. 5.4**  Scribble Säulendiagramm

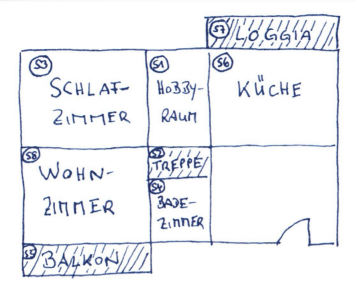

**Abb. 5.5** Scribble einer Drag-and-Drop-Aufgabe

sonst ist der Lernende frustriert und verliert die Motivation. Doch zu leicht sollte die Aufgabe auch nicht sein, da sich der Lernende in diesem Fall nicht ernst genommen fühlt und das Weiterlernen wenig interessant findet. Die Kunst des Medienautors besteht folglich darin, Aufgaben

- lernzielorientiert aufzubauen,
- dem Schwierigkeitsgrad entsprechend anzupassen und
- zielgruppengerecht zu formulieren.

**Beispiel**
Bei einer Multiple-Choice-Aufgabe sind mehrere Lösungsmöglichkeiten vorgegeben. Die Fragestellungen dazu könnten lauten:

- *Angemessen*: „Welche Kündigungsfrist hat ein Garantievertrag für Netbooks?"
- *Zu leicht*: „Welche Kündigungsfrist hat der 1-Jahres-Garantievertrag für Netbooks?" – Die Kündigungsfrist ist in „1-Jahres-Garantievertrag" schon genannt.
- *Zu schwer*: „Welche Kündigungsfrist hat ein Garantievertrag der Produktgruppe 1A?" – Die Fragestellung setzt einen weiteren Wissensinhalt voraus, nämlich die Kenntnis der „Produktgruppe 1A".

**Tab. 5.2** Fachbegriffe Foto und Film

| Fachbegriff | Erläuterung |
|---|---|
| Aufblende (fade in) | Die stufenlose Aufhellung eines Bilds von völliger Dunkelheit bis zum gewählten Belichtungsgrad. Als Gegenstück zur Abblende wird sie vorwiegend zum Auftakt einer Sequenz eingesetzt. |
| Abblende (fade out) | Das Bild verschwindet im Dunkeln. |
| Überblendung (cross-fade) | Ein Bild wird abgeblendet, während ein neues Bild gleichzeitig aufge-blendet wird. |
| Einzelaufnahme / Einstellung (single shot) | Ein Darsteller wird allein gezeigt, meist in der Halbtotalen bis zu Halbnah- oder Nahaufnahmen. |
| Detailaufnahme (extreme close-up) | Die Kamera ist auf einen Ausschnitt eines Gegenstands oder einer Person gerichtet. Die geringe Entfernung macht es beispielsweise möglich, kleinste mimische Reaktionen auf dem Gesicht einer Person abzulesen (Stirnrunzeln, Zwinkern oder Ähnliches). |
| Totale (long shot) | Die Totale gibt einen Überblick der gesamten Situation. Der Bildausschnitt ist etwas näher als bei der Weitaufnahme; meist sind Personen das Motiv. |
| Halbtotale (medium long shot) | Zeigt Personen von Kopf bis Fuß, entspricht der fotografischen Gruppenaufnahme. |
| Halbnahaufnahme (full shot) | Zeigt einen Menschen vom Kopf bis zur Hüfte. |
| Nahaufnahme (medium close-up) | Der Mensch wird vom Kopf bis zum Oberkörper gezeigt. Bei dieser Einstellungsgröße kann man die Gestik und Mimik einer Person am besten erkennen; gut geeignet für Gesprächsszenen. |
| Großaufnahme (close-up) | Das Gesicht und meist die Schulter einer Person werden gezeigt; im Vordergrund steht die Mimik. |
| Weitaufnahme (very long shot) | Die Weitaufnahme zeigt Landschaften, Meer, Sonnenauf- und -untergänge sowie Gebäude; Menschen erscheinen vernachlässigbar klein. |
| Zweierschuss (two-shot) | Aufnahme von zwei Personen, meist im Dialog. |
| Vogelperspektive (top-shot) | Blickwinkel von oben, das heißt aus der „Vogelperspektive" betrachtet. |
| Schwenk (pan right/left; tilt up/ down) | Die Kamera wird auf gleicher Ebene auf dem Stativ nach rechts oder links gedreht. Bei jedem Schwenk verändert sich der Ausschnitt, den die Kamera zeigt. |
| Zoom | Durch die Veränderung der Brennweite des Objektivs (Zoomen) wird ein Gegenstand größer bzw. kleiner dargestellt, ohne die Kamera zu bewegen. |

Die Feedbacktexte melden dem Lernenden, ob er eine Aufgabe richtig oder falsch gelöst hat. Meist gibt der Sprecher ein kommentierendes Feedback, das heißt, er differenziert, ob die Aufgabe nur zum Teil richtig gelöst wurde, weist auf Fehler hin und empfiehlt Wiederholungskapitel:

- *Differenziertes Feedback*: „Das ist fast richtig. Beachten Sie die Zielgruppe und versuchen Sie es noch einmal."
- *Feedback mit Wiederholungsempfehlung*: „Uuups! Da ging der zweite Versuch auch daneben. Mein Tipp: Wiederholen Sie das Kapitel mit den Vertragsbedingungen."

Mit in die Aufgabenbeschreibung gehören die Angaben, wie viele Versuche der Lernende für die Aufgabe hat und welche der vorgeschlagenen Lösungen richtig ist. Spricht eine Leitfigur das Feedback, so gibt das Drehbuch vor, wann sie auf dem Bildschirm erscheint, wann sie abtaucht und wann sie sich *wie* bewegt. Mehr zu Aufgabentypen und Feedback, siehe Abschn. 5.4.

## 5.3 Visualisierungstypen

Der Medienautor wählt das Bildmedium aus, das den Lerninhalt am besten wiedergibt. Bilder können unterschiedliche Funktionen übernehmen:
- Informationen übermitteln, unabhängig von der Sprache.
- Zusammenhänge darstellen.
- Abläufe veranschaulichen.
- Komplizierte Systeme, zum Beispiel einen Motor, übersichtlich wiedergeben.
- Große Datenmengen vermitteln.
- Vergleiche anstellen.
- Handlungsanleitungen geben.
- Beispiele zeigen.
- Die Einprägsamkeit von Lerninhalten erhöhen.
- Ästhetischen Ansprüchen genügen.

Für alle diese Funktionen stehen verschiedene Visualisierungstypen bereit, welche die nun folgenden Kapitel vorstellen.

### 5.3.1 Grafik

Eine der gängigsten Visualisierungsmöglichkeiten sind Grafiken. Es gibt sie in verschiedenster Ausprägungstiefe, von der rein schematischen Ablaufgrafik, wie sie Abb. 5.6 darstellt, bis hin zur Visualisierung komplizierter Verarbeitungsprozesse, wie es das Beispiel in Abb. 5.7 zeigt.

**Tipp!**
Achten Sie bei der Entwicklung und Auswahl von Visualisierungstypen immer auf die Machbarkeit. Sprechen Sie sich im Zweifelsfall mit dem Medienentwickler ab.

**Abb. 5.6**  Ablaufgrafik

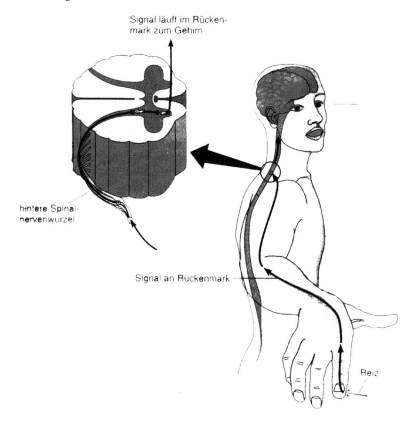

**Abb. 5.7**  Verarbeitungsprozess, Quelle: Goldstein, Bruce (1997) Wahrnehmungspsychologie, Heidelberg: Spektrum Verlag, S. 434

### 5.3.1.1 Weitere Grafiktypen

- Diagramme (Fluss-, Struktur-, Kreis-, Balken-, Säulen-, Linien-, Streu-, Punkt-, Flächen-, Ring-, Netzdiagramme usw.),
- Tabellen,
- Mind-Maps oder
- Illustrationen.

Die Scribbles des Autors setzt der Grafiker per Hand um und scannt sie ein. Oder er bearbeitet digitale Vorlagen am Computer (mit einem Zeichentableau), entweder als Vektor- oder als Bitmapgrafik.

### 5.3.1.2 Vektorgrafik

In Vektorgrafiken wird die Beziehung zwischen Linien und Füllungselementen definiert, das heißt, Linien und Eckpunkte bilden eine Fläche, die mit Farbe gefüllt werden kann. Vorteile dieser Grafikart sind kleine Datenmengen und beliebiges Verkleinern oder Vergrößern (= Skalierbarkeit) ohne Qualitätsverlust. Programme, die im Vektorformat arbeiten, sind zum Beispiel Adobe Illustrator oder Adobe Free-Hand.

### 5.3.1.3 Bitmapgrafik

Bitmapgrafiken sind pixelorientiert, das heißt, jeder Punkt (= Pixel) wird für sich definiert. Die Auflösung setzt der Grafiker für eine bestimmte Bildgröße vor dem Zeichnen fest. Sie lautet zum Beispiel: 72 dpi (= **d**ots **p**er **i**nch), das entspricht 72 Bildpunkten auf einem Inch (1 Inch = 25,4 mm). Wird das Bild vergrößert, vermehrt sich die Datenmenge entsprechend. Im Bitmap-Format arbeitet zum Beispiel das Programm Adobe Photoshop. Vorteile dieser Software sind, dass sie fotorealistische Darstellungen mit Weichzeichnungseffekten und Ähnlichem ermöglicht und Fotos bearbeiten kann.

Damit der Lernende grafische Visualisierungen gut verarbeiten kann, ist es hilfreich, ihn dabei anzuleiten, indem man:

- den Lernenden auffordert, Detailinformationen in einem Bild zu finden,
- die Bildbetrachtung zeitlich beschränkt und dies ankündigt,
- dem Bild Pull-down-Menüs mit Zielvorgaben und Erklärungen beifügt und
- den Lernenden anweist, sich mit dem Bild zu beschäftigen.

Eine gute Lernseite baut die Grafik sukzessive parallel zum Sprechertext auf; dadurch nähert sich der Lernende Schritt für Schritt dem Lerninhalt.

> **Tipp!**
> Checkliste „Bildgestaltung", siehe Kap. 9 und *http://www.drehbuchtext.de*.

## 5.3.2 Foto

### 5.3.2.1 Einsatzgebiete für Fotos

Fotos sind eine gute Wahl, wenn beim Auftraggeber schon ein Bildarchiv vorhanden ist, zum Beispiel von Werbekampagnen. Damit lässt sich eine Visualisierung kostengünstig umsetzen. Erste Wahl sind Fotos für das Bebildern von Dialogen, denn am Beispiel „echter" Menschen kann der Lernende die Gesprächsführung am besten nachvollziehen.

### 5.3.2.2 Umsetzungsbeispiele für Fotos in einer eLearning-Anwendung

- Fotocollage, das heißt aus mehreren Fotos eine Bildreihe am oberen oder unteren Bildschirmrand kreieren.

- Am linken Bildschirmrand eine Fotocollage einblenden, die aus vier Elementen ein Quadrat bildet.
- Fotos transparent als Hintergrund für eine Grafik verwenden, zum Beispiel Euro-Scheine, auf denen sich eine Tabelle mit Umsatzzahlen aufbaut.
- Fotos können als Kreise dargestellt werden, die über Pfeile wie ein Ablaufdiagramm miteinander verbunden sind, zum Beispiel um die verschiedenen Kundentypen darzustellen.
- Aussagekräftige Fotos bilden einen Advance Organizer: Beim Klick auf ein Foto verlinkt das Programm mit der jeweiligen Lernseite.
- Fotos können als Orientierungsmarken eingesetzt werden, indem sie zum Beispiel zunächst den Advance Organizer bilden und anschließend innerhalb des gewählten Kapitels als Miniatur auf jeder Lernseite erscheinen; der Lernende weiß dann immer, wo er sich gerade befindet.
- Fotos bauen sich sukzessive im linken Bildschirmfeld auf, während sich parallel dazu rechts eine Aufzählung einblendet.
- Fotos schwarz-weiß einblenden und bei einem Klick darauf farbig werden lassen, während parallel dazu Sprecher- und/oder Bildschirmtext abläuft.
- Fotos mit Gesichtern, die sich verändern, zum Beispiel ein trauriges Gesicht, das sich mit Einblenden weiterer Bildschirmtexte und Audios in ein fröhliches Gesicht umwandelt.
- Transparentes Foto, das erst mit dem Einblenden von Bildschirm- und Sprechertexten sukzessive vollfarbig wird.
- Fotos in Puzzleform sukzessive zusammensetzen, während die Lernseite abläuft.
- Zeitstrahl mit kleinformatigen Fotos, die zum Beispiel den Werdegang eines Auszubildenden bis zum Meister darstellen.

### 5.3.2.3 Kommunikationsbeispiele für Fotos

Fotos können vielerlei Bedeutung transportieren; oft genügt ein Ausschnitt, der den Betrachter auf das Ganze schließen lässt:

- Pflegebedürftigkeit: Medizin, die mit dem Löffel gereicht wird.
- Behinderung: Hand am Rollstuhlreifen.
- Ruhestand genießen: Älteres Ehepaar läuft am Strand.
- Ruhestand in Einsamkeit: Gesicht eines alten Menschen hinter einem Fenster.
- Vergangenheit: im Schwarz-Weiß-Stil, wahlweise mit Gelbstich.
- Unfall: kaputter Kotflügel.
- Gerichtsverhandlung: Richterhammer.
- Entscheidung: Gleise mit Weiche.
- Ziel erreichen: über mehrere Lernseiten hinweg eine Fotostrecke zeigen, die die Bewegung hin zum Ziel zeigt, zum Beispiel einen Bergsteiger, der am Ende das Gipfelkreuz setzt.
- Ausbildung: Schulranzen am Rücken eines Kindes.

### 5.3.3 Animationen

#### 5.3.3.1 Einsatzgebiete für Animationen

- *Visualisierung* komplexer Sachverhalte, Konstruktionen, Raumdimensionen, Bewegungen, Vorgänge oder Handlungen, denen ein Realfilm nicht gerecht werden kann, zum Beispiel die Simulation einer komplizierten Operation.
- *Unterhaltung* und *tutorielle Begleitung* durch eine Leitfigur bieten eine Identifikationsfläche für den Lernenden.
- *Lenken der Aufmerksamkeit* auf einer Lernseite, indem zum Beispiel Blendübergänge eingesetzt werden, Wörter aufblinken, sich ein Bild oder eine Linie ein- oder ausblendet und Diagramme animiert anwachsen.
- *Spannung* erzeugen.

---

**Tipp!**
Leitfiguren müssen nicht unbedingt animiert werden; oft erfüllen auch illustrierte Figuren in verschiedenen Positionen oder Fotovarianten ihren Zweck.

---

Animationen sollten generell sparsam eingesetzt werden und niemals Lerneinheiten unterbrechen oder den Programmablauf stören. Sie sollten auch deshalb sparsam eingesetzt werden, weil ihre Produktion teuer ist. Ähnliche Effekte wie Animationen können mit wechselnden Bildfolgen erreicht werden, zum Beispiel indem ein Foto erst ein- und dann wieder ausgeblendet wird oder sich eine Grafik aus einzelnen Elementen sukzessive aufbaut.

Das Auswahlkriterium für eine Animation ist immer: Das Lernziel kann mit keiner anderen Visualisierung als der Animation erreicht werden. Außerdem ist zu bedenken, dass ein 2D- oder 3D-Animationsfilm nur in einem kleinen Fenster auf dem Bildschirm abläuft.

### 5.3.4 Lernvideos

#### 5.3.4.1 Einsatzgebiete für Lernvideos

- Visualisierung *komplexer Sachverhalte* und Vorgänge.
- Ein Lernvideo eignet sich gut für das *Verhaltenstraining und die Schulung von Wertebewusstsein*, da es authentische Situationen anschaulich und detailgetreu transportiert und dem Betrachter damit die Möglichkeit bietet, sein Wissen über Beobachtung zu erweitern. Zum Beispiel beobachtet der zukünftige Kundenberater einer Bank erst einmal, wie er subtile Kaufsignale bei einem Kunden identifizieren kann, bevor er sich in der Realität beweisen muss.
- *Spannung* erzeugen.
- *Blended Learning* unterstützen, zum Beispiel indem der Tutor über ein eingespieltes Video auf der Lernplattform mit den Lernenden kommuniziert oder indem er per Video Lerninhalte auf eine persönliche Art und Weise erklärt.
- Unterstützung des *situierten Lernens* und des *Perspektivenwechsels*.

## 5.3.4.2 Vorteile von Lernvideos

Ein Lernvideo erlaubt Handlungselemente, auf die es besonders ankommt, hervorzuheben, zum Beispiel durch Zoom und Fokussierung. In der Postproduktion sind weitere Techniken möglich, mit denen sich die Aufmerksamkeit steuern lässt, beispielsweise Zoom, Zeitlupe, Standbilder, Markierungen, Wiederholungen oder Audiohinweise wie Geräusche oder ein gesprochener Kommentar (= Voice-over), der das zu Betonende erklärt.

Lernvideos sollten, genau wie Animationen, weder den Programmablauf stören noch die Lerneinheiten unterbrechen.

> „Für das Thema Rentenversicherung haben wir Sequenzen aus unserem erfolgreichen Fernseh-Werbespot eingesetzt. Damit haben wir eine gute Identifikationsmöglichkeit für unsere lernenden Mitarbeiter geschaffen und sie gleichzeitig hoch motiviert." Timo Rettig, Projektleitung eLearning, Versicherungskammer Bayer

## 5.3.4.3 Produktionsmöglichkeiten für Lernvideos

Lernvideos lassen sich dank moderner Technik heute bereits mit einfachen Digitalkameras erstellen. Eine Szene aus dem Büroalltag kann gefilmt und auf den PC geladen werden, ohne großen Aufwand zu betreiben, wenn man schnelles und einfaches eLearning produzieren will. Die Filme lassen sich mit einer einfachen Schnittsoftware bearbeiten und in eine Lernplattform einspielen. Dabei muss beachtet werden, dass das Ausgabeformat der Schnittsoftware mit den Anforderungen der Lernplattform kompatibel ist.

Eine weitere Möglichkeit, schnelle Schulungen per Video zu erstellen, ist das Abfilmen von Screenshots oder Präsentationen, zum Beispiel mit Microsoft Power-Point. Für den Apple Macintosh empfiehlt sich etwa die Software Camtasia, für den klassischen Computer zum Beispiel die Software Captivate von Adobe. Beide Werkzeuge sind intuitiv erlernbar und erlauben es dem Anwender, mit wenigen Arbeitsschritten ein Lernvideo aus Bildschirmseiten zu erstellen. Das fertige Lernvideo kann nun auf ein iPhone, ein Online-Videoportal oder auf die betriebseigene Lernplattform hochgeladen werden. Diese Produktionsweise wird im Fachjargon auch „Rapid eLearning" genannt.

Nicht selten existieren im Unternehmen bereits Lern- oder Werbevideos, die sich für eine eLearning-Anwendung digitalisieren und entsprechend anpassen lassen.

## 5.3.4.4 Technisches zum Lernvideo

• Ein Video sollte nur dort verwendet werden, wo man von einer ausreichenden Bildschirmauflösung und einem flüssigen Ablauf des Videos ausgehen kann; sobald nur eine mindere Abspielqualität möglich ist, ist auf ein Video generell zu verzichten.
• Aufgrund der hohen Datenmenge von Video, können diese in manchen Anwendungen nicht gut abgespielt werden, beispielsweise in einem Online-Training, das auf eine solide Datenübertragung via Internet angewiesen ist. Deswegen sind die technischen Voraussetzungen der Lernenden gründlich auf Video-Kompatibilität hin zu prüfen.

- Videos haben immer eine Zeitangabe, die zeigt, wie lange das Video dauert und wie viel davon bereits abgespielt wurde, zum Beispiel, indem ein Balken mit Schieberegler am unteren Rand des Videofensters erscheint.
- Videos sollten dem Lernenden folgende Möglichkeiten bieten: Pause, Wiederholung kleinerer Sequenzen und Schnelldurchlauf, indem man mit dem Schieberegler vorfährt.
- Ideal ist es, wenn bei Mouseover über den Schieberegler ein Pop-up-Fenster anzeigt, in welche Videoszene der Lernende bei einem Klick auf den Schieberegler einsteigen würde.
- Videos sollten modular aufgebaut sein, damit der Lernende individuell in Szenen einsteigen kann.
- Komplexe Bilder, vor allem solche mit Neuigkeitswert, benötigen ausreichend Betrachtungszeit; man geht dabei je Einstellung von mindestens fünf Sekunden aus.
- Wichtige Inhalte sollten wiederholt bzw. als Standbild oder in Zeitlupe (slow motion) gezeigt werden.
- Groß- und Nahaufnahmen folgen kurzen Einstellungszeiten.
- Aufnahmen in der Totale oder im Weitwinkel folgen längeren Einstellungszeiten (im eLearning-Video eher selten).
- Wird ein Video als filmähnlicher Vor- oder Abspann (Intro oder Outro) eingesetzt, muss man es optional abschalten oder überspringen können.

## 5.4    Aufgaben

Aufgaben haben die Funktion zu überprüfen, ob die im Feinkonzept definierten Lernziele vom Lernenden erreicht wurden. In der Regel werden Aufgaben zum einen am Ende einer Lerneinheit gestellt und zum anderen als großer Aufgabenblock am Ende des gesamten Lernprogramms. Zum Teil dienen Aufgaben auch dazu, den Lernenden einzustufen, bevor er mit dem Lernprogramm überhaupt anfangen kann; man spricht in diesem Fall von einem Einstiegstest. Für die Art der Aufgabenstellung stehen zahlreiche Varianten zur Verfügung. Die Auswahl des Aufgabentyps richtet sich zum einen nach dem zu prüfenden Lerninhalt und zum anderen danach, welche Techniken zum Wissenserwerb eingesetzt werden. Tauchen in einem Lernprogramm Simulationen auf, so ist es ratsam, diese auch als Aufgabentyp einzusetzen. Welche Aufgabe auch immer gestellt wird: Ohne Feedback geht es nicht! Das ist ein Lernprogramm seinem „Schüler" schuldig.

**Tipp!**
Geben Sie im Menü die Bearbeitungsdauer für die Aufgaben oder Aufgabenblöcke an; das hilft dem Lernenden „dran" zu bleiben.

## 5.4.1  Aufgabentypen

Die Arten von Aufgabentypen sind zahlreich. Jedoch sind alle auf ein paar wenige Grundtypen zurückzuführen, die nachfolgend mit Ausprägungsbeispielen aufgeführt werden. Die Sammlung erhebt keinen Anspruch auf Vollständigkeit; sie soll vielmehr Anregung sein und Impulse für weitere kreative Aufgabenvarianten geben.

### 5.4.1.1 Auswahlaufgaben

Auswahlaufgaben präsentieren mehrere Lösungsmöglichkeiten, von denen der Lernende die richtige(n) anklicken soll. Auswahlmöglichkeiten können als Sätze, Zahlen, Fotos oder andere Elemente vorliegen. Sie alle folgen diesen drei Mustern:

- *Single-Choice*: Einfachauswahl aus mehreren Alternativen; hierzu zählen auch „Ja/Nein-Aufgaben" bzw. „Richtig/Falsch-Aufgaben". Dem Lernenden wird eine Frage gestellt und als Lösungsmöglichkeit steht nur „Ja" oder „Nein" zur Auswahl bzw. „Richtig" oder „Falsch". Ja/Nein-Aufgaben werden nicht oft eingesetzt, da sie zu 50 Prozent erraten werden können. Abbildung 5.8 liefert das Beispiel einer Single-Choice-Aufgabe.
- *Multiple-Choice*: Mehrfachauswahl aus mehreren Alternativen.
- *Cross-Choice*: Mehrfachauswahl aus mehreren parallel aufgeführten Alternativen; im Beispiel klickt der Lernende die jeweils richtigen Zuordnungen an – etwa durch einen Klick in das Kästchen zu „Garantievertrag Netbook" und „Kündigungsfrist 3 Monate". Tabelle 5.3 liefert das Beispiel für die Beschreibung einer Cross-Choice-Aufgabe im eLearning-Drehbuch.

### 5.4.1.2 Drag-and-Drop-Aufgaben

„Drag-and-Drop" kommt aus dem Englischen und heißt übersetzt so viel wie „ziehen und fallen lassen"; häufig findet man dafür auch die Bezeichnung: „Pick-and-Place" oder kurz „PNP". Für den Transfer des Gelernten leisten Drag-and-Drop-Aufgaben mehr als Auswahlaufgaben, da der Lernende die Zusammenhänge nochmals genau durchdenken muss. Auch hierzu gibt es zahlreiche Varianten:

- *Eine Reihenfolge bilden*: Mehrere Begriffe, Fotos, Boxen oder Ähnliches sind durcheinander angeordnet und sollen in die richtige Reihenfolge gebracht werden, indem man auf ein Element klickt und es an die richtige Stelle zieht. Abb. 5.9 gibt ein Beispiel dazu, wie eine Aufgabe zum Bilden einer Reihenfolge aussehen kann.
- *Einen Lückentext ausfüllen*: Eine Begriffsliste erscheint zum Lückentext und der Lernende muss die richtigen Begriff an die jeweils passende Stelle im Lückentext ziehen.
- *Zuordnungsaufgaben*: Der Lernende ordnet bestimmte Bilder, Elemente oder Textpassagen den entsprechenden Bildern, Elementen oder Texten zu, wie es das Beispiel in Abb. 5.10 zeigt.
- *Nach Gehör platzieren*: Der Lernende hört ein Wort und zieht aus einer Reihe vorgegebener Wörter das richtige in einen vorgegebenen Platzhalter im Lückentext. Diese Variante eignet sich vor allem für den Fremdsprachenerwerb.
- *Schieberegler*: Der Lernende klickt auf einen Schieberegler und zieht ihn an die richtige Stelle, zum Beispiel auf einer Skala oder einem Zahlenstrahl.

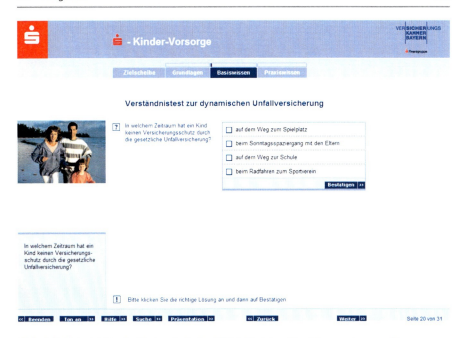

**Abb. 5.8**  Beispiel Single-Choice-Aufgabe, VIP-S-Training, Versicherungskammer Bayern

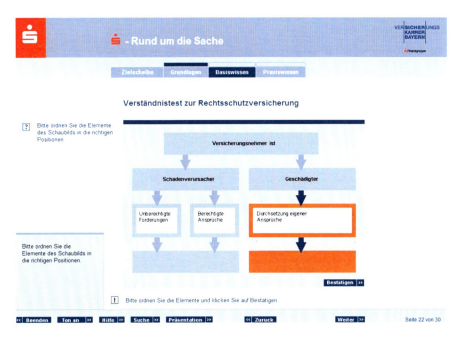

**Abb. 5.9**  Beispiel Drag-and-Drop-Aufgabe „richtige Positionierung", VIP-S-Training, Versicherungskammer Bayern

**Tab. 5.3** Beispiel Beschreibung einer Cross-Choice-Aufgabe im eLearning-Drehbuch

|  | Garantievertrag Netbook | Garantievertrag Mobiltelefon |
|---|---|---|
| Kündigungsfrist 6 Monate |  | X |
| Kündigungsfrist 3 Monate | X |  |

**Abb. 5.10** Beispiel Drag-and-Drop -Aufgabe „richtige Zuordnung", VIP-S-Training, Versicherungskammer Bayern

### 5.4.1.3 Markierungsaufgaben

Markierungsaufgaben bieten dem Lernenden bestimmte Elemente innerhalb einer Übung an. Der Lernende soll hieraus die richtigen Elemente per Mausklick identifizieren, zum Beispiel indem er:

- Pfeile an- oder wegklickt,
- Punkte auf einem Zeitstrahl oder einer Skala an- oder wegklickt oder
- Bilder, Textboxen oder andere Elemente an- oder wegklickt.

Zum Beispiel könnte der Lernende alle Teile eines Computers anklicken, die im Rahmen eines Garantievertrags kostenlos erstattet werden.

### 5.4.1.4 Aufgaben mit freier Eingabe

Bei Aufgaben mit freier Eingabe ist ein leeres Feld vorgesehen, in das der Lernende eigenständig, also ohne Vorgaben, seine Lösung eintippt. Diese Aufgabe kann gut

umgesetzt werden, wenn der Lösungsspielraum relativ klein ist, das heißt, wenn
vom gesuchten Lösungswort möglichst wenige richtige Schreibweisen möglich
sind. Denn das System muss jeden eingegebenen Begriff daraufhin analysieren, ob
er zur Lösung passen könnte. Deshalb sollten freie Texteingaben mit langen Sätzen
oder gar Absätzen nur in tutoriellen Lernsystemen angeboten werden. Dort landen
sie als Einsendeaufgabe direkt beim Tutor, der sie korrigiert und an den Lernenden
zurückschickt. Abbildung 5.11 zeigt eine Aufgabe mit freier Eingabe.

**Beispiele für freie Eingaben**
- Zahlen und Ziffern,
- Buchstaben,
- zur Frage passende Lösungswörter in einem Lückentext sowie
- gehörte Wörter in einem Lückentext.

### 5.4.1.5 Spielaufgaben
Aufgaben, die sich an klassischen Gesellschaftsspielen orientieren, erfreuen sich
großer Beliebtheit. Es ist empfehlenswert, ein Lernprogramm mit der einen oder
anderen Spielaufgabe aufzulockern und die Motivation der Lernenden dadurch auf-
rechtzuerhalten. Eine kleine Auswahl von Spielaufgaben:
- Memory,
- Kreuzworträtsel,
- „Galgen"-Spiel und
- Bilderrätsel.

Ein sehr schönes Kreuzworträtsel-Spiel zum Thema „Operetten" findet man auf
der Webseite der Mörbisch-Seefestspiele in Österreich. Abbildung 5.12 zeigt, wie
es funktioniert: Der Spieler klickt in ein Kästchen und oben erscheint die entsprechende Frage, zum Beispiel zum „Vogelhändler". Die Antwort ist „Mozart" und
wird direkt ins Rätselfeld eingegeben (*http://www.seefestspiele-moerbisch.at*).

### 5.4.1.6 Hör- und Sprechaufgaben
Gerade für den Fremdsprachenerwerb eignen sich Hör- und Sprechaufgaben sehr
gut. Der Lernende hört einen Sprechertext und spricht diesen dann in sein Mikrofon
nach. Das Lernprogramm wertet aus, ob er die Aussprache richtig getroffen hat.
Alle vorgestellten Aufgabentypen können so kombiniert werden, dass statt der Fragestellung am Bildschirm ein Sprecher die Frage in der zu erwerbenden Fremdsprache vorgibt und der Lernende wie gewohnt die Aufgabe am Bildschirm löst.

### 5.4.1.7 Simulationen
Simulationen bilden reale Welten, Geräte, Abläufe oder Ähnliches nach. Der
Lernende ist zum Beispiel aufgefordert, eine zuvor im Lernprogramm beobachtete
Handlungsweise in einer Simulationsübung selbst nachzuvollziehen. Dadurch
kommen Simulationen dem entdeckenden Lernen sehr entgegen und erlauben
darüber hinaus die Vermittlung äußerst komplexer Wissensinhalte. Ein Beispiel ist
die virtuelle Knieoperation von Edheads (*http://www.edheads.org/activities/knee/
swf/index.htm*). Der Lernende ist aufgefordert, selbst den Patienten vorzubereiten

**Abb. 5.11** Beispiel „freie Eingabe von Zahlen", VIP-S-Training, Versicherungskammer Bayern

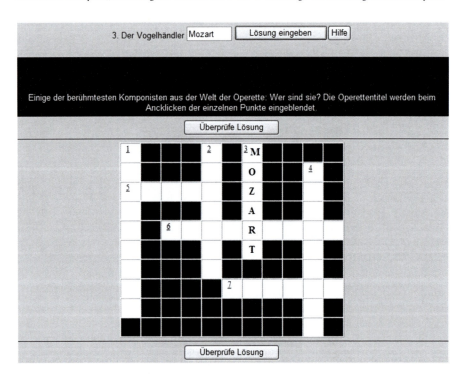

**Abb. 5.12** Beispiel Kreuzworträtsel, Quelle: http://www.seefestspiele-moerbisch.at/
unterhaltsames/elearning/spiele/kreuzwort/cross1.htm

**Abb. 5.13** Beispiel „Simulation einer virtuellen Knieoperation", ©Edheads.org

und das Operationsbesteck zu führen, bis das kranke Kniegelenk durch ein gesundes ausgetauscht ist, wie es in Abb. 5.13 zu sehen ist. Und das alles per Mausklick.

### 5.4.1.8 Aufgaben in virtuellen Realitäten

Virtuelle Realitäten (VR) werden per Computer erzeugt, via Bild, Ton, Bewegung (Schütteln, Beschleunigungssimulation etc.) und – in Rauminstallationen – auch Geruch. Es gibt verschiedene Möglichkeiten, in VR einzutreten: mit einer Brille, die über kleine Bildschirme für jedes Auge verfügt, über (Rück-)Projektionen und in Räumen mit 3- bis 6-seitiger Stereoprojektion; als Eingabegeräte dienen: 3D- oder 6D-Maus, Joystick, Trackball, Datenhandschuh oder andere haptische Geräte. VR werden vor allem für das Erlernen komplizierter Handlungen oder auch für die Produktentwicklung eingesetzt, wie zum Beispiel:

- Bedienung großer Maschinen (Flugsimulator, Erntemaschinen),
- Crash-Simulationen (Produktentwicklung Automobilindustrie) oder
- Operationen am lebenden Körper (Medizin).

Das Besondere an der VR ist, dass der Lernende über die Eingabegeräte direkt in diese Welt eingreifen und sie verändern kann; dadurch lernt er fast wie am „lebenden" Objekt.

## 5.4.2  Feedback

Aufgaben dienen dazu, dem Lernenden eine Rückmeldung über seinen Lernfortschritt zu geben und ihm eine individuelle Steuerung seines Lernwegs zu
ermöglichen; unterstützt werden die Aufgaben dabei durch adäquates Feedback.
Durch Lob und (Punkt-)Gewinne wird das richtige Lösen von Aufgaben verstärkt.
Ein Fehler zieht konstruktives Feedback nach sich, das zugleich Korrekturmöglich-
keiten anbietet. Gut gewähltes und umgesetztes Feedback ist einer der wichtigsten
Motivationsfaktoren im Lernprogramm.

> **Tipp!**
> Audio-Feedback, wie zum Beispiel Geräusche oder Sprechertexte, sollte
> generell abschaltbar sein, um verschiedenen Anwendungsbedingungen
> gerecht zu werden.

### 5.4.2.1  Formen von Feedback
- Sprecher, zum Beispiel die Leitfigur,
- Sounds, zum Beispiel ein Krachgeräusch bei Fehlern und ein helles Glöckchen
  bei richtig gelösten Aufgaben und
- Bildschirmtexte.

### 5.4.2.2  Einsatzgebiete für Feedback
- Vollständig richtig gelöste Aufgabe,
- zum Teil richtig gelöste Aufgabe,
- vollständig falsch gelöste Aufgabe,
- unvollständig gelöste Aufgabe,
- gar nicht gelöste Aufgabe,
- nach jeder Eingabe oder
- nach einer Folge von Eingaben.

> **Tipp!**
> Feedback darf frech und witzig sein. Niemals jedoch sollte es negativ oder
> abwertend klingen.

### 5.4.2.3  Ziele von Feedback
- Motivation des Lernenden: „Gut gemacht! Das mit der Vertragsdauer haben Sie
  echt gecheckt!"
- Wiederholungsempfehlung zu Lernseiten geben: „Das war schon mal ganz gut.
  Zur Vertiefung sollten Sie sich noch mal das Kapitel mit den Kündigungsfristen
  anschauen. Geht auch ganz schnell."

- Mit den entsprechenden Lernseiten verlinken.
- Wiederholung der Aufgabe empfehlen: „Das können Sie, da bin ich mir sicher. Wiederholen Sie doch einfach die Aufgabe und zeigen Sie's mir!"
- Auf Fehler hinweisen: „Sie haben die Verträge richtig zugeordnet, doch die Kündigungsfristen passen noch nicht ganz. Versuchen Sie es noch einmal."
- Einen Lösungshinweis geben: „Wird ja schon. Denken Sie im nächsten Versuch an die verschiedenen Produktgruppen. Dann haben Sie den Ball im Tor!"
- Musterlösung der Aufgabe zeigen.
- Auf die Anzahl der Versuche eingehen: „Spitzenklasse! Beim zweiten Versuch ist Ihnen doch noch eingefallen, welche der Bauteile garantieberechtigt sind!"

> **Tipp!**
> Checkliste „Feedback", siehe Kap. 9 und *http://www.drehbuchtext.de*.

## 5.5    Drehbuchschreiben für Lernvideos

Soll eine eLearning-Anwendung durch ein Lernvideo ergänzt werden, so ist ein eigenes Videodrehbuch zu schreiben, dem ein Exposé vorangeht. Als Arbeitswerkzeug dient eine gängige Software für Textverarbeitung. Das Videodrehbuch setzt sich aus einer Aneinanderreihung der Szenen zusammen. Eine neue Szene beginnt mit dem ersten Sprechernamen oder der Beschreibung des neuen Settings / der neuen Location in Großbuchstaben. Ein Drehbuch umfasst in etwa so viele Seiten, wie das Video Minuten hat.

> **Tipp!**
> Faustregel: 1 Seite Videodrehbuch = 1 Minute Spielzeit.

### 5.5.1    Exposé für ein Lernvideo

- Beschreibung des *Settings*, also des Orts, an dem das Video gedreht wird (zum Beispiel Bankfiliale und genaue Adresse),
- Beschreibung der *Location*s, das heißt der Szenenschauplätze (zum Beispiel Schalter, Kasse, Beratungszimmer),
- Namen der im Lernvideo vorkommenden Personen,
- kurze Charakteristik der im Lernvideo vorkommenden Personen,
- äußere Beschreibung der im Lernvideo vorkommenden Personen sowie
- sekundengenaue Zeitangabe der Dauer des Lernvideos.

## 5.5.2 Dialoge schreiben für ein Lernvideo

Ausformulierte Dialoge der Personen sind der wichtigste Part des Videodrehbuchs, denn sie vermitteln Fakten und Informationen, machen die Figuren lebendig, natürlich und spontan und stellen Beziehungen zwischen den Figuren her. Die Dialoge sollten weder gestelzt noch unbeholfen klingen. Dieser Anspruch fordert den Medienautor durchaus heraus, denn ein Dialog für Filmmedien ist tatsächlich immer künstlich. Am Ende sollte ein Gespräch entstehen, das Wohlklang und Authentizität in sich vereint. Und das kann man üben. Zum Beispiel indem man sich kürzlich geführte Gespräche mit Kollegen ins Gedächtnis ruft und in ihrer „Mündlichkeit" aufschreibt. Wenn der Kollege damit einverstanden ist, kann man das Gespräch auch aufzeichnen und dann abschreiben, um so ein Gefühl für mündliche Sprache zu bekommen. Im Fachjargon heißt das Mitschneiden und Niederschreiben auch „transkribieren". Dialoge sollten immer vollständig ausformuliert und möglichst kurz sein, um die Aufmerksamkeit des Betrachters aufrechtzuerhalten. Zu Beginn des Dialogschreibens genügt es, für maximal zwei Personen zu schreiben. Eine dritte Person in die Gesprächsrunde einzubringen eignet sich nur für geübte, routinierte Dialogschreiber. Den besten Gegencheck dafür, ob ein Dialog gelungen ist, bietet das laute Vorlesen des Dialogs mit einem Kollegen. Zum Dialogschreiben gehört auch, besondere Anweisungen für die Schauspieler anzugeben, wie zum Beispiel „flüstert", „ärgert sich", „wird laut" oder „ist erfreut". Als Faustregel für den Zeitaufwand gilt: 1 Stunde Schreibzeit pro ½ Seite Dialog, sprich ½ Minute Film. Mehr zum Erstellen von gesprochenen Texten finden Sie in Abschn. 5.2.2. Einen Beispieldialog aus einem Videodrehbuch zeigt Abb. 5.14.

## 5.6 Mit welchen Werkzeugen erstellt man ein Drehbuch?

Der Medienautor benötigt für die Drehbucherstellung ein Werkzeug, das ihm die Softwareentwicklung spart und gleichzeitig als Schnittstelle zur technischen Umsetzung in multimediale Inhalte dient. Für diesen Zweck wurden in den vergangenen Jahren sogenannte Autorenwerkzeuge („Autorentools") entwickelt, deren Bedienung mal mehr und mal weniger anspruchsvoll ist. Inzwischen ist der Markt an Autorenwerkzeugen so unübersichtlich geworden, dass eine Entscheidung für das richtige Werkzeug eine echte Herausforderung darstellt. Zumal in letzter Zeit „eierlegende Wollmilchsäue", also eLearning-Alleskönner, um Anwender werben. Jedoch sollte man kritisch bleiben gegenüber Anbietern, die von ihrem Autorenwerkzeug versprechen, dass es „teamfähig" sei und „die didaktische Qualität sichert". Noch ist Teamfähigkeit eine menschliche Eigenschaft und die Didaktik als Kunst des Lehrens steht in engem Bezug zum Lerninhalt, der für jede eLearning-Anwendung aufs Neue erstellt wird. Gerade der unternehmens- oder berufsspezifische Wissenserwerb verliert in einem standardisierten didaktischen Format an Qualität.

| Drehbuch | Film „10. IGEL Conference 2006" |
|---|---|
| Auftraggeber | **Ludwig-Maximilians-Universität München**<br>Professur für Interkulturelle Hermeneutik, Department für Kommunikation und Sprachen, Prof. Willie van Peer, Ludwigstr. 27 / I., D- 80539 München<br><br>**IGEL - Internationale Gesellschaft für Empirische Literaturwissenschaft**<br>Präsident: Willie van Peer, Ludwig-Maximilians-Universität Mch., Schatzmeister: Nel van Dijk; Faculty of History and Studies of the Arts, Erasmus University, P.O. Box 1738, NL- 3000 DR Rotterdam |
| Produktion / Regie / Drehbuch | **drehbuchtext.de,** Daniela Stoecker M. A., Weide 20a, D-96047 Bamberg |
| Kamera / Ton | Patrick Ranz, Klenzestr. 8, D-80469 München |
| Datum / Version | 14. März 2006 / V02 |
| **Timeline/ Location/ Anmerkung** | **Intro** |
| Minute 00:00-00:30<br><br>PRIEN / FÄHRE ZUR FRAUENINSEL<br><br>AUSSEN / VORMITTAG | AUFBLENDE / MORGENSTIMMUNG AM CHIEMSEE<br><br>MUSIK II einspielen<br><br>TOTALE: Man sieht den Ablegesteg in Prien mit Fähre, Menschen betreten die Fähre<br><br>HALBNAH: Abfahrtstafel in Prien mit Chiemseebild und Fahrtzeiten<br><br>TOTALE: Fahrgäste auf der Fähre, unterhalten sich lebhaft / Fähre / Ablegen des Schiffes / Abfahrtssteg<br><br>SCHNITT<br><br>HALBTOTALE: Kielwasser<br><br>SCHNITT<br><br>TOTALE: 2 Passagiere auf Fähre<br><br>HALBNAH: Passagier 1, spricht Passagier 2 an: "Excuse me, may I ask you something?"<br><br>HALBNAH: Passagier 2: "Of course, you're welcome"<br><br>NAH: Passagier 1: "You're not going to the IGEL-Congress on Fraueninsel, do you?"<br><br>NAH: Passagier 2: "But - Yes, I do." |

**Abb. 5.14** Drehbuch für ein Lernvideo: Beispielseite

**Tipp!**
Bei der Auswahl eines Autorenwerkzeugs sollte ein Medienautor darauf achten, wie groß das Feld ist, in das er seine Texte schreiben soll. Bei zu kleinen Schreibfeldern geht rasch die Übersichtlichkeit verloren.

Ein Werkzeug ist kein Mensch und kann daher auch nicht „aktiv in den Produktionsprozess mit einbeziehen"; eher ist es doch so, dass der Mensch das Werkzeug für die Produktion benutzt. Zu denken gibt auch der neueste Trend, mit ausgereiften Autorenwerkzeugen Drehbücher überflüssig machen zu wollen. Die Frage ist, welches Ergebnis man am Ende haben will. Für einen sehenswerten, mitreißenden Kinofilm ist noch immer ein Drehbuch die beste Voraussetzung, trotz der hoch entwickelten Technik in der Filmindustrie und trotz der Schwemme von multifunktionalen Digitalkameras auf dem Markt, mit denen jeder Heimanwender seinen eigenen Film drehen kann. Das Geheimnis ist: Die Geschichte in einem Film muss funktionieren. Übertragen aufs eLearning bedeutet dies: Die Didaktik muss funktionieren, damit das Lernziel erreicht wird. Für den Medienautor heißt das: Er muss wachsam bleiben. Der Trend lässt sich nicht aufhalten und schon gar nicht umkehren. In Zukunft wird der Medienautor zwei mögliche Kundengruppen haben:

- Unternehmen mit begrenztem Budget, die auf Autorenwerkzeuge mit zwar anpassbaren, aber dennoch vorkonfigurierten eLearning-Kursen zurückgreifen; hier entwickelt der Medienautor das Konzept und steht den Fachautoren des Auftraggebers mit seinem mediendidaktischen und lernpsychologischen Knowhow beratend zur Seite.
- Unternehmen mit einem Budget, das eine lernziel- und lernzielgruppengerechte eLearning-Produktion erlaubt; hier entwickelt der Medienautor wie bislang auch Konzeption und Drehbuch, während in der Regel eine Multimedia-Agentur die technische Umsetzung übernimmt.

Die Menge der auf dem Markt erhältlichen Autorenwerkzeuge vollständig abzubilden würde den hier zur Verfügung stehenden Rahmen sprengen. Deswegen erfolgt an dieser Stelle eine Einordnung von Beispielen in Kategorien, ergänzt um eine Beschreibung, wie das jeweilige Werkzeug aus Autorensicht einzuschätzen ist.

**Tipp!**
Gängige Autorenwerkzeuge mit Kurzbeschreibung listet der eLearning-Weblog von *Tim Schlotfeldt*:
*http://www.tschlotfeldt.de/elearning-wiki/Autoren-tool*.

## 5.6.1   Exkurs XML

Gängige Autorenwerkzeuge werden zunehmend dem XML-Format gerecht. XML steht für „Extensible Markup Language" und bezeichnet ein universelles Datenformat, das den Datenaustausch zwischen verschiedenartigen Systemen über das Internet ermöglicht. Kurz gesagt ermöglicht XML die Trennung von Seiteninhalt, Layout und Navigation, indem es:

- Texte mit Auszeichnungen versieht (= Generic Markup). Dies ist vergleichbar mit der Veränderung des Schriftbilds durch Formatvorlagen, indem zum Beispiel in MS Word Überschriften eine bestimmte Punktgröße aufweisen und fett gedruckt werden.
- Dokumenttypen definiert. Auch hier ist die Funktion vergleichbar mit der Software Microsoft Word, bei der zum Beispiel der Dokumenttyp „Geschäftsbrief" oder „Fachbuch" definiert ist und damit jeweils eine Vorlage für verschiedene Inhalte bietet.
- beliebigen Daten ein Datenaustauschformat zuweist. Beispielsweise können dadurch die Daten einer Überweisung zwischen verschiedenen Banken ausgetauscht werden, indem überprüft wird, ob alle erforderlichen XML-Elemente, wie Konto-Nummer, Bankleitzahl und Betrag, vorhanden sind.

Der Vorteil von XML-basierten Inhaltsseiten ist ihre Modularität. Dadurch müssen sie nur einmal produziert werden und sind dennoch in verschiedenen Formaten ausgabefähig, zum Beispiel als PDF-Datei, als Word-Dokument oder als Folienpräsentation. Zudem ist es möglich, die nach XML definierten Inhalte an verschiedenen Stellen im Lernprogramm einzuspielen. Dadurch wird der Aufwand bei Aktualisierungen und Änderungen erheblich reduziert und deren Umsetzung beschleunigt.

## 5.6.2   Textverarbeitung

Interessanterweise ist trotz aller Angebote an ausgereiften Autorensystemen am Markt immer noch die klassische Textverarbeitung das am meisten verwendete Autorenwerkzeug. Der Vorteil für den Medienautor liegt auf der Hand: Einfach und übersichtlich kann er seine Drehbuchseiten gestalten und Abbildungen oder Scribbles direkt ins Dokument einbinden. Und seitens der Multimedia-Agenturen hat es den Vorteil, dass der Autor einen Teil der Softwareentwicklung übernimmt, denn oft erhält er speziell konfigurierte Word-Formatvorlagen, die sich direkt als XML-Datei einlesen lassen (siehe Abschn. 5.6.1). Üblich ist eine Tabellenform mit Indizes für Bildschirm- oder Sprechertexte und die weiteren Bildschirmelemente. Anschaulich gibt Abb. 5.15 diese Tabellenform wieder.

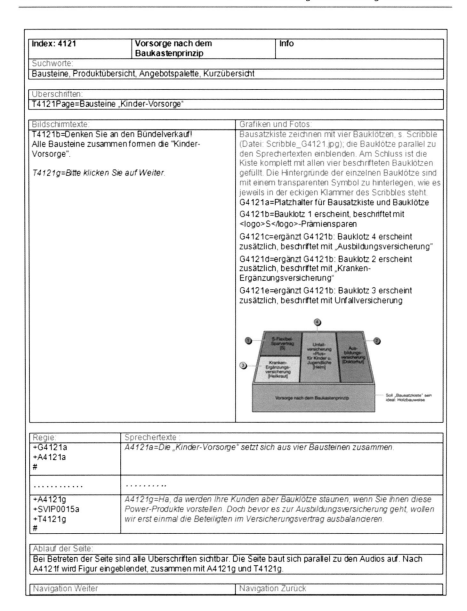

**Abb. 5.15** Beispiel Drehbuchseite in Microsoft Word mit Indizierung via Makros, nach Vorlage der M.I.T e-Solutions GmbH

Eine einfache Drehbuchvorlage als Tabelle in einer Dokumentenseite von Microsoft Word stellt Abb. 5.16 dar. Beim Schreiben von Drehbüchern in Word geht der Medienautor in der Regel nicht auf die Position einzelner Elemente am Bildschirm ein, da deren Anordnung im Layout durch den Screendesigner bereits im Vorfeld festgesetzt wurde.

<Bildschirm-Nr.> Bildschirm-Name

| Headline | [Überschrift hier eingeben] | |
|---|---|---|
| Bilder | [Dateinamen der Bilder hier eingeben] | |
| Links/Buttons | [Hyperlinks und Buttons hier eingeben] | |
| Text | [Bildschirmtext hier eingeben] | |
| Audio | [Sprechertext und Sounds hier eingeben] | |
| Animatio- nen/Sonstiges | [Kommentare, Regieanweisungen, Animationen hier eingeben] | |

**Abb. 5.16** Vorlage für eine Drehbuchseite als Tabelle in Microsoft Word

### 5.6.3   Datenbank

Drehbücher können auch in Datenbanken geschrieben werden, wie zum Beispiel im Datenbankmanagementsystem FileMaker des gleichnamigen Herstellers. Die Vorteile sind ein einfacher Datenimport und Datenexport sowie die übersicht-liche Anordnung der Bildschirmseiten. Alle für das Drehbuch erforderlichen Informationen sind an zentraler Stelle organisiert. Allerdings benötigt FileMaker eine gewisse Einarbeitungszeit.

### 5.6.4   Autorenwerkzeuge

Autorenwerkzeuge sind in der Regel hochwertige Programme, die es ermöglichen, eine komplette Lernanwendung zu erstellen, ohne einen Softwareentwickler hin-zuzuziehen. Jedoch benötigt man für alle in Tab. 5.4 vorgestellten Autorenwerk-zeuge eine gewisse Einarbeitungszeit und grundlegende Kenntnisse in der Software-entwicklung. Der Produktionsalltag für eLearning zeigt jedoch, dass die wenigsten Autoren gut genug mit den Autorenwerkzeugen umgehen können, um eine hoch-wertige Anwendung zu erstellen. Idealerweise sollte das auch nicht erforderlich sein, denn für die technische Produktion sind die Softwareentwickler zuständig. Und der Autor kann sich auf Konzeption und Drehbucherstellung konzentrieren.

**Tab. 5.4**   Übersicht Autorenwerkzeuge

| Autorenwerkzeug | Eigenschaft |
| --- | --- |
| Adobe Director (http://www.adobe.com/de) | Mit Director lassen sich viele didaktische Modelle umsetzen, allerdings muss alles programmiert werden; die Ergebnisse reichen vom Video- und Zeichentrickfilm bis hin zum Einbinden von 3D-Filmen und interaktiven Lernspielen. Director hat den Vorteil, dass die damit erstellten Dateien sowohl für Macintosh- als auch für Windows-Computer kompatibel sind. Mit Director erstellte 3D-Welten lassen über einen Webbrowser mithilfe des Plug-ins „Shockwave-Player" ganz einfach abspielen. Für einen Medienautor bedeutet die Arbeit in Director jedoch, dass er die aufwendige, objektorientierte Programmiersprache „Lingo" erlernen muss. |
| Adobe Dreamweaver (http://www.adobe.com/de) | Dreamweaver eignet sich vor allem für das Erstellen von Webseiten, lässt sich jedoch mit dem Zusatzmodul „CourseBuilder" auch für das Entwickeln von Lernanwendungen sehr gut einsetzen. Zudem sorgt eine Erweiterung für SCORM-Kompatibilität zum Einbinden der fertigen Lernseiten in eine Lernplattform. Der Einarbeitungsaufwand ist mittelgroß; vorteilhaft sind Kenntnisse in der Programmiersprache HTML. Die Benutzerführung für den CourseBuilder ist auf Englisch, für Dreamweaver selbst ist sie auf Deutsch. |
| Adobe Authorware (http://www.adobe.com/de) | Authorware ist ein klassisches Autorenwerkzeug zur Entwicklung von Lernprogrammen. Es stehen zahlreiche Vorlagen für Aufgabentypen, Feedback und Lernseiten bereit. SCORM-Kompatibilität ist gegeben. Simulationen und Lernspiele lassen sich nicht entwickeln. Die fertigen Lerninhalte benötigen zum Abspielen das Plug-in „Authorware Web Player". Ein paar Einschränkungen weist das Werkzeug auf: Trotz der Vorlagen ist der Einarbeitungsaufwand hoch, die Dateien können schnell sehr groß werden, was beim Abspielen im Web lange Ladezeiten verursacht, und die Benutzersprache ist Englisch. |
| Adobe Flash (http://www.adobe.com/de) | Flash empfiehlt sich vor allem für das Entwickeln und Darstellen von Interaktivität, Videos und bewegten Bildern in Echtzeit. Flash kann zudem Text- und Grafikdateien anderer Programme gut integrieren. Für einfache Seiten und Interaktionen ist die Einarbeitungszeit gering; soll jedoch ein Lernprogramm erstellt werden, muss die Entwicklersprache „ActionScript" beherrscht werden, um Aufgabenauswertungen und Feedback richtig zu programmieren. Die fertigen Flash-Sequenzen benötigen zum Abspielen das im Web gängige Plug-in „FlashPlayer". Der besondere Vorteil von Flash ist seine weite Verbreitung im World Wide Web. |
| Adobe Captivate (http://www.adobe.com/de) | Mit Adobe Captivate können aus PowerPoint-Präsentationen eLearning-Anwendungen erstellt werden. Hierfür hält das Autorenwerkzeug diverse Funktionselemente bereit, die der Präsentation beigefügt werden können, um einen interaktiven Lernablauf zu gestalten. Auch Audio- und Videoinhalte können eingebunden werden. Captivate bietet SCORM- und AICC-Kompatibilität, sodass sich der fertige Lernkurs auf eine Lernplattform aufspielen lässt. |

**Tab. 5.4** (Fortsetzung)

| Autorenwerkzeug | Eigenschaft |
| --- | --- |
| TurboDemo von balesio (http://www.balesio.com) | Einfache, schnelle eLearning-Kurse zu erstellen ist das Ziel von TurboDemo. Das Werkzeug dient dazu, Screenshots von Softwareanwendungen aufzunehmen und die dazugehörenden Mausbewegungen quasi abzufilmen. Zahlreiche Funktionen erlauben eine Bündelung der Screenshots als Lernanwendung. SCORM-Kompatibilität erlaubt das Aufspielen auf eine Lernplattform. |
| Mediator von MatchWare (http://www.matchware.com) | MatchWare ist ein Multimedia-Autorenwerkzeug, dessen großer Vorteil in der nahezu intuitiven Aneignung der Funktionen besteht. Die Lerninhalte lassen sich per „Drag-and-Drop" erstellen, das heißt, der Medienautor benötigt keine Kenntnisse in der Softwareentwicklung. Die fertigen Lernseiten werden ausgegeben als CD-ROM-Präsentationen, dynamische HTML-Seiten oder Flash-Filme; SCORM-Kompatibilität für das Aufspielen auf eine Lernplattform ist gegeben. Die einfache Bedienung und der niedrige Preis gehen allerdings mit ein-geschränkter Funktionsvielfalt im Vergleich zu den anderen Autorenwerkzeugen einher. |
| Toolbook von SumTotalSystems (http://www.sumtotalsystems.com) | Toolbook ist ein Mitbewerber zu Adobe Authorware. Es basiert auf der Programmiersprache „OpenScript" und stellt viele Standardtypen und Vorlagen bereit, erlaubt aber keine Entwicklung von Lernspielen und Simulationen. Anders als in Authorware können Medien direkt in Toolbook erstellt werden, zum Beispiel Grafiken oder Animationen. Die mit Toolbook erstellten Lerninhalte sind SCORM-kompatibel. Die Einarbeitungszeit ist gering, wenn man auf die Vorlagen und Standardtypen zurückgreift; sie ist hoch, wenn man Lernseiten individuell gestaltet (Kenntnisse in der Softwareentwicklung erforderlich). Die Benutzersprache ist Englisch. |
| WBTplus der M.I.T e-Solutions GmbH (http://www.mit.de ) | M.I.T liefert WBTs mit dem Zusatzwerkzeug WBTplus aus, das es dem Kunden ermöglicht, seine eLearning-Anwendung auch ohne Programmierkenntnisse selbstständig zu aktualisieren und zu ändern. Auf einfache Weise lassen sich neue Zahlen, Statistiken oder Farbelemente einpflegen. Die Formatvorlagen für WBTplus basieren auf dem für die eLearning-Produktion abgesegneten Grundlayout. Effizientes Arbeiten erlauben zum einen die Änderungshistorie, die anzeigt, wer am Modul gear-beitet hat, und zum anderen die Todo's, die man an Kollegen vergeben kann und die im Bearbeitungsfenster erscheinen. Die Struktur des Lernprogramms lässt sich übersichtlich ändern durch Verschieben, Einfügen und Löschen von Seiten im Inhaltsverzeichnis. Alle Änderungen werden automatisch für das gesamte Programm übernommen. Abbildung 5.17 zeigt einen Beispielscreen zur Überarbeitung von Text im Lernprogramm. |

**Abb. 5.17** Beispiel „Text-Editor von WBTplus" der M.I.T e-Solutions GmbH

## 5.7    Lernpsychologie

Der Medienautor sollte mit lernpsychologischen Zusammenhängen vertraut sein,
wenn er Lernprogramme entwickeln will, die einen nachhaltigen Wissenserwerb
fördern. Tabelle 5.5 listet die drei grundsätzlichen lerntheoretischen Modelle für
multimediale Lernprogramme mit ihren Kernelementen auf.

Bemerkenswert ist, dass etwa zur gleichen Zeit, als der *Konstruktivismus* das
*instruktionale Lernen* ablöste, sich das multimediale Lernen als neues Medium
neben den klassischen Formen des Wissenserwerbs durchzusetzen begann. Wie ein
Zahnrad greifen konstruktivistische Lerntheorien und moderne Lernprogramme
ineinander, deren *Hypertext-Struktur* den Lernenden dazu ermuntert, sich eigene
Lernwege zu konstruieren. In der Praxis zeigt sich häufig eine Synthese von kogni-
tivistischem und konstruktivistischem Lernansatz, indem von der Selbststeuerung
des Lernenden ausgegangen wird und gleichzeitig passende Medien für den Wissenserwerb bereitgestellt werden. Zum Beispiel kann der Lernende mit einem Tutor
Kontakt aufnehmen, falls er beim konstruktivistischen Wissenserwerb ins Stocken
gerät.

**Tab. 5.5** Übersicht lerntheoretischer Modelle

| Lerntheoretisches Modell | Kernelemente |
|---|---|
| Instruktionales Lernen (anleiten, unterweisen) | Passives, rezipierendes Lernen, kann auch Reiz-Reaktions-Lernen sein; vor allem in den Anfängen der Computerlernprogramme arbeitete man nach sogenannten „Drill-and-Practice"-Methoden („Programmierte Unterweisung"), was aber schnell zu Ermüdungserscheinungen führte; am Ende hat der Lernende zwar gelernt, aber nicht unbedingt verstanden (vgl. Vokabelpauken im Gegensatz zum Verständnis der Wortbildung einer Fremdsprache). |
| Kognitivistisches Lernen (wahrnehmen, denken, erkennen) | Informationsorientiertes Lernen, bei dem Lerninhalte selbstständig verarbeitet werden und nicht durch „Richtig/Falsch"-Meldungen konditioniert werden. Die Auswahl der Lernumgebung bzw. der Lehrmedien richtet sich nach den individuellen Wahrnehmungs-, Verstehens- und Verarbeitungsmustern der Zielgruppe. |
| Konstruktivistisches Lernen (erbauen, errichten) | Aktives, selbst gesteuertes Lernen im problemorientierten, situativen Kontext, oft als sozialer Prozess; das Wissen wird nicht wie beim kognitionspsychologischen Ansatz transportiert, sondern der Lernende konstruiert seinen Wissenserwerb selbst; hinzu kommt der Anspruch, neues Wissen in multiplen Kontexten und unter vielfältigen Perspektiven zu erwerben und anzuwenden. |

**Tipp!**

Weitere Informationen zu den wichtigsten Lerntheorien können Sie auf der Website von *Daniel Rey* nachlesen, die sich mit Themen rund um eLearning beschäftigt: *http://www.elearning-psychologie.de*.

## 5.7.1 Wahrnehmung und Aufmerksamkeit am Bildschirm

Auf detaillierte Wahrnehmungs- und Aufmerksamkeitsprozesse des menschlichen Gehirns kann im Rahmen dieses Buchs nicht eingegangen werden. Jedoch beschreibt das nun folgende Kapitel kurz die wichtigsten Erkenntnisse der Wahrnehmungspsychologie, die ein Medienautor braucht, um ein Lernprogramm so zu gestalten und zu konzipieren, dass es den Seh-, Lese- und Denkgewohnheiten des Lernenden gerecht wird.

### 5.7.1.1 Sehen

Für die menschliche Wahrnehmung ist in erster Linie das Gehirn verantwortlich. Vereinfacht betrachtet besteht es aus zwei Hälften: Die linke Hälfte ist verantwortlich für den Spracherwerb, das logische und analytische Denken sowie für das Speichern von Wörtern und Zahlen. Die rechte Gehirnhälfte ist hingegen zuständig

**Abb. 5.18** Wahrnehmungen der
rechten und der linken Gehirnhälfte

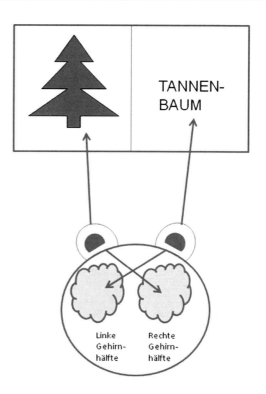

für bildhaftes Denken, für das Erfassen von Zusammenhängen und für das Erleben
von Farben, Gefühlen, Formen und Rhythmen.

Interessanterweise wird das, was das Auge links sieht, in die rechte Gehirnhälfte
übertragen, also seitenverkehrt, wie es Abb. 5.18 anschaulich wiedergibt. Für die
praktische Umsetzung im Lernprogramm heißt das: Wenn eine Abbildung links am
Bildschirm steht, wird sie direkt in der richtigen Gehirnhälfte wahrgenommen.

> **Tipp!**
> Setzen Sie *Visualisierungen auf die linke Bildschirmseite* und *Texte auf die
> rechte Bildschirmseite*, dann kommen Sie der menschlichen Wahrnehmung
> auf kürzestem Weg entgegen.

### 5.7.1.2  Richtlinien für die Präsentation der Elemente am Bildschirm

Die Wahrnehmungszeiten beim Sehen unterscheiden sich, zum Beispiel ist die
Zeit, bis eine geometrische Figur erkannt wird, dann kürzer, wenn sie räumlich
dargestellt ist. Entsprechend gilt für das Erkennen eines Textes, dass bei linearer
statt räumlicher Darstellung weniger Zeit benötigt wird. Für den Medienautor

bedeutet dies, geometrische Lerninhalte möglichst dreidimensional darzustellen; auf räumliche Spielereien mit Textbausteinen sollte dagegen verzichtet werden.

### 5.7.1.3 Hören

Hören erfordert eine konstante Konzentration, auch weil der Lernende das Tempo der Informationsaufnahme nicht selbst bestimmen kann. Generell zeigen alle Sinnesorgane nach einer längeren Beanspruchung Gewöhnung und Ermüdung, wodurch die Aufmerksamkeit abfällt. Diesen Ermüdungserscheinungen kann man vorbeugen, indem man Lerninhalte abwechselnd auditiv und visuell darstellt. Lernende verarbeiten Gehörtes leichter, wenn gleichzeitig geschriebener Text dazu am Bildschirm erscheint; sie können sich dann mehr entspannen, da die Flüchtigkeit des gesprochenen Worts nicht mehr vorherrschend ist. In Studien zu diesem Thema erzielten Studenten bei gleichzeitig ablaufenden Sprecher- und Bildschirmtexten bessere Werte als Studenten, die dieselben Texte nur hörten. Weitere Studien zeigen, dass gehörte Information besser im Langzeitgedächtnis gespeichert wird. Umso wichtiger ist es, auf die lernpsychologisch korrekte Aufbereitung von Hörtexten zu achten: Sprechertexte, die für den weiteren Verlauf wichtige Lerninhalte transportieren, sollten daher im Drehbuch immer mit Bildschirmtexten ergänzt werden. Außerdem sollte es dem Lernenden möglich sein, Audios beliebig oft zu wiederholen.

> **Tipp!**
> Präsentieren Sie Bilder mit **Hörtexten**! Denn sobald ein Sinneskanal mit der gleichen Information doppelt angesprochen wird, kann es zu Störungen kommen, zum Beispiel wenn ein Bild von Bildschirmtext begleitet wird – beides spricht das Sehen an.

### 5.7.1.4 Tasten

Lernen über den Tastsinn wird bislang nicht als eLearning umgesetzt. Hierbei transportiert das Rückenmark über die Haut aufgenommene Empfindungen als Informationen ins Gehirn, wo sie eine Wahrnehmung auslösen. Ein ganz einfaches Beispiel für das schmerzhafte Lernen über Tasten: Ein Kind, das sich einmal die Finger an einer heißen Herdplatte verbrannt hat, achtet in Zukunft darauf, ob der Herd schon erkaltet ist, bevor es ihn anfasst (siehe Abb. 5.7). Virtuelle Lernwelten arbeiten bereits mit dem simulierten Ergreifen von Dingen, das einem wirklichen Berühren nahekommen soll. Für diese Art zu lernen besteht jedoch noch reichlich Forschungs- und Entwicklungsbedarf.

## 5.7.2    Wie motiviere ich zu eLearning?

Der Lernende, der vor einer eLearning-Anwendung sitzt, ist einer besonderen Situation ausgesetzt: Er ist aufgefordert, sich selbst zum Lernen zu motivieren; die im Frontalunterricht übliche externe Aufforderung entfällt völlig. Wie kann also die Motivation des Lernenden geschaffen, erhöht und erhalten werden? Die Antwort ist: durch intrinsische Überzeugung. Das heißt, dass der Lernende aus sich heraus dem Wissenserwerb am Computer folgen will, statt sich von außen anleiten zu lassen. Verschiedene Methoden unterstützen die Entwicklung intrinsischer Motivation für das Bearbeiten einer eLearning-Anwendung:

- Eine klare Zieldefinition zu Beginn des Lernprogramms, zum Beispiel, indem der Lernende aufgefordert wird, sein persönliches Ziel in dieser Lernstunde in sein „Notizfeld" zu schreiben.
- Die ständige Rückmeldung, also das Feedback über den Lernfortschritt in Bezug auf die vom Programm definierten Lernziele. Darüber hinaus sollte die Rückmeldung den Lernenden auffordern, die bisherige Leistung mit dem eingangs definierten persönlichen Ziel zu vergleichen.
- Einbettung des Wissenserwerbs in eine Lerngeschichte oder einen Lernroman, der einen engen Bezug zum Wissenserwerb hat. Beispiel: Die Lerngeschichte für die Beraterausbildung im Elektronikfachhandel handelt von einer Familie. In jeder neuen Problemsituation kommt ein anderes Familienmitglied in den Fachhandel, um eine ganz bestimmte Kundengruppe zu repräsentieren.
- Dramatische Handlungen mit der Möglichkeit, etwas zu entdecken, überrascht zu werden oder das Gegenteil von dem zu erfahren, was erwartet wurde. Hier bieten sich zahlreiche Umsetzungsszenarien an, wie etwa Simulationen, Rollenspiele, Spannungselemente, Cartoons oder einfach nur humorvolle Darstellungen. Beispiel: In einer dramatischen Handlung kommt ein abgerissen aussehender Jugendlicher in ein feines Möbelgeschäft und möchte sich die Designer-Sofas anschauen. Am Ende stellt sich heraus, dass er viel Geld zur Verfügung hat und eine ganze Einrichtung kauft. Die Lernaufgabe ist, bei Kunden nicht übers Äußere auf das Kaufverhalten zu schließen und die Qualität der Beratung nicht davon abhängig zu machen.
- Dem Lernenden Anreizsysteme bieten. Dies kann zum Beispiel ein Zertifikat am Ende des Kurses sein, das er sich ausdrucken kann; möglicherweise dient das Zertifikat sogar als Berechtigung zu einer Teilnahme an einem weiterführenden Seminar oder an einer begehrten Betriebsexkursion.
- Wettbewerbe veranstalten, zum Beispiel indem alle Lernenden per Punktevergabe in eine Top-5-Liste eingeordnet werden.
- Die eLearning-Anwendung mit einer neuen Technik ausstatten. Das ruft meist Begeisterung hervor, zum Beispiel in einer virtuellen Realität zu lernen, zu der man erst mit Brille und Datenhandschuh Zutritt erlangt. Einschränkend ist anzumerken, dass neue Techniken ihren Reiz wieder verlieren, sobald sie alltäglich geworden sind.

**Literaturtipp!**
Rund ums motivierende Online-Lernen: *Hartmut Häfele und Kornelia Maier-Häfele:* „101 e-Learning Seminarmethoden, Methoden und Strategien für die Online- und Blended-Learning Seminarpraxis", managerSeminare.

### 5.7.3 Lerntechniken am Computerarbeitsplatz

Die richtigen Lerntechniken unterstützen den nachhaltigen Wissenserwerb via eLearning. Empfehlenswerte Techniken sind:
- Ein Lernziel setzen.
- Das eigene Vorwissen zu dem Thema bewusst machen.
- Sich klar machen, welche Fragen einen zu den Lerninhalten immer wieder beschäftigen.
- Überlegen, wie das hierbei erworbene Wissen anschließend in der Praxis umgesetzt werden soll.
- Bei Exkursionen ins Internet mit Rotstift auf einem Zettel das genaue Ziel der Websafari aufschreiben (verhindert ein Verzetteln).
  Die Ergebnisse sollten aufgeschrieben werden, wahlweise handschriftlich oder – wenn vorhanden – in ein eigenes Notizfeld im Lernprogramm. Im Laufe der Zeit kann der Lernende seine Lernfortschritte kontrollieren und die Lernziele entsprechend anpassen.

#### 5.7.3.1 Weitere Tipps und Tricks zum Lernen am Computer
- Lernende, die das eLearning schon durchgearbeitet haben, nach ihren Erfahrungen fragen und sich Empfehlungen für Schwerpunkte einholen.
- Lerngruppen mit Kollegen bilden, die das gleiche Lernprogramm bearbeiten; evtl. gemeinsame Pausenzeiten vereinbaren, denn dort wird dann ganz nebenbei über das eben Gelernte geplaudert und dieses dadurch gefestigt.
- Prüfen, ob die Zeitangaben im Lernprogramm für die Dauer einzelner Lerneinheiten mit dem eigenen Zeitaufwand für das Lernen übereinstimmen; evtl. Abweichungen in der weiteren Lernzeitplanung berücksichtigen.
- Feste Lernzeiten reservieren.
- Höchstens zwei Stunden am Tag am Computer lernen.
- Wenn möglich an einem Computer lernen, auf dem ausschließlich das Lernprogramm geladen ist; dies reduziert mögliche Ablenkungen durch E-Mail-Abfragen, schnelle Suchaktionen im Internet, Terminplanungen im Kalender usw.
- Die Kollegen informieren, dass man lernt und nicht gestört werden will, auch nicht durch das Telefon. Anfangs ist das gewöhnungsbedürftig, aber feste Lernzeiten werden bald zur Routine.

- Regelmäßig Pausen einlegen: Nach spätestens einer Stunde sollten 10 Minuten für Umhergehen, Frischlufttanken oder Kaffeetrinken reserviert werden. Dadurch kann sich das bislang erworbene Wissen besser setzen.
- Innere Störungen abschalten, indem vor der Lernsitzung ausreichend gegessen und getrunken wird bzw. die Getränke am Arbeitsplatz bereitstehen. Dann braucht man nicht zu unterbrechen.
- Den Schreibtisch aufräumen, denn Stapel ziehen die Aufmerksamkeit auf sich („Das ist heute besonders wichtig, das muss ich noch erledigen" usw.).

## 5.8    Wie bereite ich multimediale Elemente didaktisch sinnvoll auf?

Alle didaktischen Überlegungen sind zunächst in Einklang mit der Corporate Identity des Kunden zu bringen, so wie sie im Pflichtenheft festgelegt ist (siehe Abschn. 4.3). Diesen Überlegungen schließt sich die Anforderung an, dass der Bildschirm die Kommunikationsfläche ist, über die der Lernende mit dem Programm in Kontakt tritt. Der Bildschirm sollte daher intuitiv erfassbar sein und positive Aufmerksamkeit wecken. Auf den Punkt gebracht müssen Bildschirmelemente *selbsterklärend* sein und *den Erwartungen der Lernenden entsprechen*. Man kann den ersten Blick auf einen Bildschirm vergleichen mit dem ersten Betreten eines Seminarraums:
- Herrscht eine gute Lernatmosphäre?
- Sind alle Werkzeuge vorhanden, die der Lernende für den Unterricht benötigt?
- Macht es Freude, in dieses „Klassenzimmer" zu gehen?

Schließlich sollte bei der Aufbereitung multimedialer Elemente noch bedacht werden, dass die größte Behaltensleistung des Gelernten dann erzielt wird, wenn im Verlauf des Lernprogramms alle Sinne gleichzeitig angesprochen werden und der Lernende zudem ausreichend Möglichkeiten zu interaktiven Handlungen hat (zum Beispiel Aufgaben lösen oder in Simulationsräumen agieren).

### 5.8.1    Gestaltung und Anordnung von Bildschirmelementen

Die Gestaltung und Anordnung von Bildschirmelementen hat vorrangig die Aufgabe, den wahrnehmungs- und lernpsychologischen Kriterien gerecht zu werden. Als grundsätzliche Regel gilt die Definition aus Abschn. 5.7.1: Bilder nach links, Texte nach rechts auf den Bildschirm. Die einmal beschlossene Raumaufteilung und Anordnung der einzelnen Bildschirmelemente, also das Screendesign, sollte konsistent während des ganzen Lernprogramms beibehalten werden. Dadurch wird eine kognitive Überlastung des Lernenden vermieden, denn er muss sich nicht jedes Mal neu orientieren und kann seine Aufmerksamkeit ungestört den Lerninhalten widmen (siehe Abschn. 4.1.1.8).

### 5.8.1.1 Gestaltung von Bildschirmtext

Aufgrund der viel höheren Auflösung gedruckter Buchstaben gegenüber den Buchstaben auf einem Bildschirm lesen sich Bildschirmtexte bis zu 30 Prozent langsamer als Texte auf dem Papier. Deshalb ist auf die lesefreundliche Gestaltung von Bildschirmtexten ein besonderes Augenmerk zu richten (siehe Abschn. 5.2):

- Gliederung in inhaltlich sinnvolle Absätze.
- Ein Absatz besteht aus drei bis maximal sieben Sätzen.
- Eine Zeile sollte nicht mehr als zehn Wörter beinhalten.
- Die empfohlene Schriftgröße beträgt mindestens 12 Punkt, auch wenn dies in der Praxis selten anzutreffen ist.
- Der Zeilenabstand sollte bei einer 12-Punkt-Schrift 1½- bis 2-zeilig sein.
- Am Bildschirm ist eine serifenlose Schrift, wie zum Beispiel Arial, am besten lesbar.
- Die Schriften sollten keine Schatten oder Konturen aufweisen.
- Ein einheitlicher Schrifttyp ist im Lernprogramm konsistent beizubehalten.
- Hyperlinks sollten eine andere Farbe erhalten, sobald sie einmal angeklickt wurden; dazu zählen beispielsweise auch Begriffe im Inhaltsverzeichnis, die mit einem bestimmten Kapitel verlinkt sind.
- Bei Mouseover über Hyperlinks sollte ein kleines Pop-up-Fenster aufblenden, das anzeigt, wohin der Link führt.

### 5.8.1.2 Gestaltung von Bildern

Auf die Gestaltung von Bildern als Grafik, Foto, Animation oder Video wurde ausführlich in Abschn. 5.3 eingegangen. Grundsätzlich hängt die Lernwirksamkeit eines Bilds vom Betrachter ab. Ein Fortgeschrittener mag eine Illustration als auflockernd empfinden; für einen Anfänger trägt sie entscheidend zum Verständnis bei. Das Bildverständnis lässt sich durch eine gezielte Bildgestaltung erhöhen, zum Beispiel indem man den Betrachter auffordert, bestimmte Detailinformationen im Bild zu finden. Nicht das Bild allein bestimmt den Lernprozess, sondern auch die Intensität der Beschäftigung damit. Laut Weidenmann (1994) können Bilder verschiedene Lehrfunktionen übernehmen. Der Medienautor hat die Aufgabe, seine Visualisierungsvorschläge diesen Funktionen anzupassen. Eine Übersicht zu Lehrfunktionen und den dazugehörenden Gestaltungsmöglichkeiten gibt Tab. 5.6.

Bei der Gestaltung von Visualisierungen gilt es außerdem, die Zielgruppe zu beachten. Meyer & Widmann ordnen in ihrem Buch Flipchart ART (2011) folgenden Adressatengruppen spezifische Visualisierungselemente zu:

- ErzieherInnen und Handwerker: Konkretes, Handhabbares, Spielerisches und Buntes.
- Betriebswirte, Techniker und Ingenieure: Zahlen und Entwicklungen mit Modellen und Grafiken, Ablaufdiagrammen und Tabellen.
- Führungskräfte: schneller Überblick als Visual, das der neuesten Technik folgen sollte.
- Männer generell: sachliche Bilder.
- Frauen generell: Farben, Formen, Ausgefallenes.

**Tab. 5.6** Übersicht zu Lehrfunktionen von Bildern

| Funktion | Ziel | |
|---|---|---|
| Abbild | Visualisieren der Lerninhalte, die der Bildschirm- oder Sprechertext beschreibt. | Dialogtext im Audio, Gesprächsszene als Bild. |
| Organisation | Eine Übersicht zu den Lerninhalten geben. | Flussdiagramm, Advance Organizer. |
| Interpretation | Die Verständlichkeit des Lernstoffs erhöhen. | Erläuterung, dass der Garantievertrag je nach Produktgruppe unterschiedlich gestaltet ist; Bild dazu: Ein Azubi steht gegenüber einem Kunden, der gerade ein Netbook kauft. Er hat zwei Garantieverträge in der Hand und schaut verzweifelt auf die beiden Papiere. Damit ist die Problemsituation dargestellt: Welchen Garantievertrag muss er für das Netbook ausfüllen? |
| Verwandlung | Originelle Neuschöpfungen von Bildern liefern, die als Eselsbrücken zum Erinnern von Begriffen oder Aussagen dienen. | Eine Versicherung bietet ein Produktbündel an, um eine Familie rundum zu versichern. Zum Audiotext erscheint ein großer Baum und für jedes Produkt ein Ast; dieses Bild ist eine Eselsbrücke zum „Familienstammbaum". |

### 5.8.1.3  Farbgebung von Bildern

Die Farbgebung für die Bildschirmseiten einer eLearning-Anwendung sollte die Corporate Identity (siehe Abschn. 4.3) des Auftraggebers berücksichtigen und generell zurückhaltend sein, damit die Farbe nicht vom Inhalt ablenkt. Dies hat zudem den Vorteil, dass intensive Farbgebung gezielt eingesetzt werden kann, um die Aufmerksamkeit des Lernenden auf einen bestimmten Reiz zu richten. Farbe kann auch gut als Orientierungselement eingesetzt werden, indem man zum Beispiel gleiche Vorgänge durch gleiche Farben kenntlich macht. Insgesamt sollte sich die Farbverteilung auf fünf bis sieben verschiedene Farben mit eindeutigem Sinngehalt beschränken.

### 5.8.1.4  Gestaltung von Piktogrammen

Als spezifische Art von Abbildern in multimedialen Anwendungen sind die Piktogramme hervorzuheben, die in der Regel auf den Buttons (auch „Icons" genannt) zur Navigation durch das Lernprogramm anzutreffen sind. Piktogramme können, ohne auf die Sprache zurückgreifen zu müssen, Inhalte auf einen Blick vermitteln oder eine Handlung auslösen, ganz ähnlich den allgemein bekannten Verkehrszeichen. Um ein Piktogramm zu erfassen, sollte keine Augenbewegung nötig sein.

### 5.8.1.5  Eigenschaften von Piktogrammen

- Selbsterklärend,
- klar und einfach,
- hoher Wiedererkennungswert,
- eindeutig,
- deutliches Abheben vom Hintergrund sowie
- innerhalb einer Anwendung Ähnlichkeit von Stil und Ausführung.

In dieser Form sind Piktogramme dann quasi ein „Schnellschuss ins Gehirn" (Ballstaedt, 1997). Piktogramme sind für eLearning-Anwendungen insofern sehr interessant, da sie in ihrer Zeichenhaftigkeit unabhängig von der Muttersprache allgemein verständlich sind. Ein gutes Beispiel für die globale Verständlichkeit von Piktogrammen liefern die Steuerungsbefehle in den Windows-Anwendungen: Das Häuschen für die Funktion „Home" im Internet Explorer von Microsoft kennt inzwischen jedes Kind.

> **Tipp!**
> Checkliste „Bildgestaltung", siehe Kap. 9 und *http://www.drehbuchtext.de*.

### 5.8.1.6  Gestaltung von Audios

Zu Audios zählen Sprechertexte, Sounds, Musik und Geräusche. Grundsätzlich gilt: Alle Audios müssen optional abschaltbar sein; nicht jeder Lernende hat einen eigenen Raum zur Bearbeitung des Lernprogramms zur Verfügung und könnte daher durch das laute Abspielen von Audios seine Kollegen stören.

### 5.8.1.7  Sprechertexte

Sprechertexte in einem interaktiven Lehrmedium sind so zu gestalten, dass sie eine für die Verarbeitung unterstützende Funktion erfüllen. Dazu gehört, dass sie in mittlerer Geschwindigkeit ablaufen und mit ausgeprägter Intonation gesprochen werden. Der Lernende sollte sich jederzeit Notizen machen können, zum Beispiel indem er über einen entsprechenden Button Zugang zu einer eigenen Notizdatei erhält. Er sollte darüber hinaus den Ablauf des Hörtextes selbst steuern können, durch beliebiges Anhalten, Wiederholen sowie Vor- und Rücklauf. Die Selbststeuerung des Hörvorgangs ist auch deshalb notwendig, weil beim ersten Hören nicht alles Empfangene verarbeitet und damit aufgenommen werden kann.

### 5.8.1.8  Sounds

Sounds oder Töne können für Feedback eingesetzt werden, wenn Sprecherfeedbacks aus Kostengründen entfallen. Die Sounds sind mit Sorgfalt auszuwählen: Sie sollten den Lernenden nicht nerven und sich gut darin unterscheiden, ob sie positives oder negatives Feedback geben.

### 5.8.1.9  Geräusche

Um das Lernen an der Realität zu fördern, eignet sich der Einsatz von Geräuschen. Beispielsweise können bei der Simulation der Bedienerführung einer großen Maschine die Geräusche eingespielt werden, die tatsächlich während der Bedienung zu hören sind.

### 5.8.1.10 Musik

Musik kann in einer eLearning-Anwendung einen sinnvollen Wiedererkennungseffekt haben, zum Beispiel indem eine kurze Sequenz eingespielt wird, sobald die Zusammenfassung erscheint oder wenn der Lernende bereits eine Stunde am Computer sitzt und eine Pause machen sollte. Musik ist außerdem ein wirksames Instrument, um eine Identifikationsfläche für den Lernenden zu schaffen, wenn sich zum Beispiel die aus der Werbung bekannte Melodie des eigenen Unternehmens in der eLearning-Anwendung wiederfindet.

## Literaturhinweise

Back, Louis & Stefan Beuttler (2006) Handbuch Briefing. Stuttgart: Schäffer-Poeschel, 2. Auflage.

Baumgartner, Peter et al. (2002) Auswahl von Lernplattformen. Innsbruck: StudienVerlag.

Ballstaedt, Steffen-Peter (2012) Visualisieren. Konstanz: UVK Verlagsgesellschaft mbH.

Ballstaedt, Steffen-Peter (1997) Wissensvermittlung. Weinheim: Beltz Verlag.

Bloom, Benjamin et al. (1976) Taxonomie von Lernzielen im kognitiven Bereich. Weinheim: Beltz Verlag, 5. Auflage.

Edwards, Betty (2007) Das neue Garantiert zeichnen lernen. Reinbek: Rowohlt Taschenbuch Verlag.

Häfele, Hartmut & Kornelia Maier-Häfele (2010) 101 e-Learning Seminarmethoden: Methoden und Strategien für die Online- und Blended-Learning Seminarpraxis. Bonn: managerSeminare.

Hasebrook, Joachim (1998) Multimedia-Psychologie. Heidelberg: Spektrum Akademischer Verlag.

Langer, Inghard, Friedemann Schulz von Thun & Reinhard Tausch (2011) Sich verständlich ausdrücken. München: Reinhardt Verlag, 9. Auflage.

Märtin, Doris (2010) Erfolgreich texten! Frankfurt a. M.: Bramann Verlag.

Meyer, Elke & Stefanie Widmann (2011) Flipchart ART, Erlangen: Publicis, 3. Auflage.

Rey, Günter Daniel (2009) E-Learning. Wien: Hans Huber Verlag.

Back, Louis & Stefan Beuttler (2006) Handbuch Briefing. Stuttgart: Schäffer-Poeschel Verlag.

Schneider, Wolf (2002) Deutsch fürs Leben – Was die Schule zu lehren vergaß. Reinbek: Rowohlt Taschenbuch Verlag.

Weidenmann, Bernd (1994) Wissenserwerb mit Bildern. Bern: Huber Verlag.

Wurman, Richard Saul (1996) Information Architects. Berkeley, CA/USA: Gingko Press.

**Zusammenfassung**

Kapitel 6 beschäftigt sich mit der Organisation des Arbeitsalltags eines Medienautors. Themen wie Zeitmanagement, Archivierung, Versionspflege der Korrekturen und Quellenangaben betreffen sowohl den Medienautor als auch den Leiter eines eLearning-Projekts. Speziell an den selbstständigen Medien-autor richten sich die Informationen zur sinnvollenVertragsgestaltung und wirt-schaftlichen Honorarkalkulation.

Drehbücher für eLearning zu erstellen bedeutet, sich für einen längeren Zeitraum einem Projekt mit vielen Facetten zu widmen. Außerhalb der Konferenzzeiten im Projektteam ist der Medienautor auf sich selbst gestellt. Die Konferenzen nehmen dabei nur einen minimalen Teil der insgesamt erforderlichen Zeit in Anspruch. Für den verbleibenden großen Rest an Projektzeit benötigt der Medienautor ein straffes Selbstmanagement, wenn er am Ende ein qualitativ hochwertiges Drehbuch ablie-fern möchte.

Die Mehrzahl der Medienautoren arbeitet freiberuflich. Dadurch ergibt sich neben der projektbezogenen Organisation auch noch die Herausforderung, die Selbstständigkeit zu managen. In den wenigsten Fällen ist ein freiberuflich arbeiten-der Medienautor in betriebswirtschaftlicher Hinsicht darauf vorbereitet. Dennoch kommt er nicht umhin, sich mit der Thematik zu befassen. Genau für diese Fälle hat das Bundesministerium für Wirtschaft und Technologie (BMWi) ein Informati-ons- und Lernprogramm mit mehreren Modulen entwickelt: Es führt Einsteiger von der Entscheidung für die Selbstständigkeit über die Finanz- und Unternehmens-planung bis hin zur rechtlichen Unternehmensgründung. Neben den Lerninhalten stehen zahlreiche Informationen und Adressen bereit sowie Checklisten, die man sich ausdrucken kann. Abbildung 6.1 zeigt die Startseite des Lernprogramms mit der Gesamtübersicht zum Inhalt der einzelnen Module.

D. Stoecker, *eLearning – Konzept und Drehbuch*,
DOI 10.1007/978-3-642-17206-9_6, © Springer-Verlag Berlin Heidelberg 2013

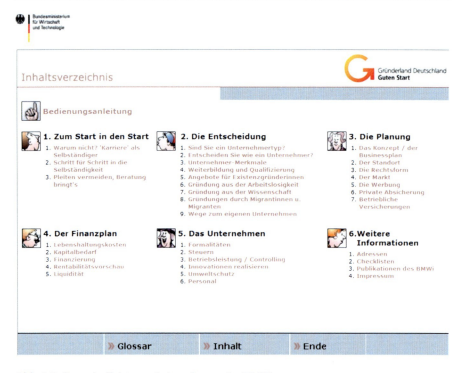

**Abb. 6.1** Startseite Existenzgründungsberater des BMWi

---

**Tipp!**
Das Lernprogramm „Existenzgründungsberater" des BMWi steht kostenlos
bereit unter: *http://www.existenzgruender.de/gruendungswerkstattonline_
training/ pc-lernprogramm.*

---

## 6.1    Gestaltung von Angebot und Vertrag

Der Weg zum Angebot beginnt mit dem Anruf des Projektleiters einer Multimedia-
Agentur, der die Mitarbeit an einem eLearning-Projekt anbietet. Dieses Gespräch ist
der erste Schritt zum Angebot: Der Medienautor sollte eine Checkliste bereithalten,
um folgende Informationen zu erfragen:

• Welche Anzahl von Lernstunden ist vorgesehen?
• Gibt es schon ein Mengengerüst?
• Wenn es ein Mengengerüst gibt, wie viele Bildschirmseiten werden je Lern-
  stunde veranschlagt?

- Sollen die Bildschirmseiten reine Informationsseiten sein, also relativ statisch?
- Sollen die Bildschirmseiten interaktiv sein, sodass sie den Lernenden zum aktiven Wissenserwerb anregen?
- Wie viele Aufgaben sind je Lernstunde vorgesehen?
- Sollen die Aufgaben differenziertes Feedback beinhalten?
- Wie soll die Visualisierung aussehen (Grafik, Fotos, Animation, Illustration, Lernvideo)?
- Sind Lernziele und -inhalte schon vorgegeben?
- Wie viele Tage werden für das Briefing veranschlagt?
- Wie viele Tage werden für die Drehbuchabnahme veranschlagt?
- Wer übernimmt die Reisekosten?
- Wie ist der Aufwand einzuschätzen? (Was will der Auftraggeber zahlen? Soll die Lernanwendung eher kostensparend oder aufwendig produziert werden?)
- Gibt es schon konzeptionelle Vorgaben oder Ansätze?
- Wie wurde bisher gelernt? Gibt es schon ein Lehrbuch, ein Lehrheft, einen Lehrfilm oder eine eLearning-Anwendung zum Thema?
- Welcher Basaltext ist vorhanden? Wird alles geliefert oder muss selbst recherchiert werden (Inhalte, Bilder)?
- Wird das Lernprogramm vertont?
- Ist seitens des Medienautors Spezialwissen erforderlich? (Wenn ja, dann ist ein höheres Honorar dafür zu veranschlagen.)
- Zeitlicher Rahmen – kann man von einem üblichen Arbeitstag (siehe Abschn. 6.1.1) ausgehen oder ist mit einem hektischen Zehnstundentag und Wochenendeinsätzen zu rechnen? (Für Letzteres ist ein höheres Honorar zu veranschlagen.)

Das Ergebnis des Erstgesprächs fließt in das Angebot mit ein. Meist erhält der Medienautor darüber hinaus Unterlagen zum Projekt, die ihm eine noch genauere Aufwandseinschätzung ermöglichen. Das Angebot sollte detailliert aufgelistet werden, mit Honorarangaben für:

- Tagessätze: Briefing, Drehbuchabnahme (und Ausweisen des Einzelhonorars),
- interaktive Bildschirmseiten (und Ausweisen des Einzelpreises),
- statische Bildschirmseiten (und Ausweisen des Einzelpreises),
- Aufgaben mit Ja/Nein-Feedback (und Ausweisen des Einzelpreises),
- Aufgaben mit differenziertem Feedback (und Ausweisen des Einzelpreises),
- Reisekosten sowie
- Autorenkorrekturen (siehe Abschn. 3.4.1).

**Tipp!**
Checkliste „Informationsgespräch", siehe Kap. 9 und *http://www.drehbuch-text.de*.

## 6.1.1  Honorarkalkulation

Für die Kalkulation eines angemessenen Honorars stehen hilfreiche Broschüren und Informationen zur Verfügung:

- *iBusiness Honorarleitfaden*: erscheint regelmäßig im Hightext Verlag und enthält Honorare sowie Produktions- und Lizenzkosten für die Entwicklung interaktiver Anwendungen in deutschsprachigen Ländern. Die Werte ermitteln sich aus aktuellen Befragungen. 144 Seiten mit Tabellen und Charts, 39,80 Euro, ISBN: 978-3-939004-14-1.
- *Kopfarbeit kalkulieren und verkaufen* von Dorle Weyers: Broschüre, die Geistes- und Sozialwissenschaftlerinnen Strategien für erfolgreiches wirtschaftliches Arbeiten nahebringt. Die Zielgruppe sind Frauen, doch die praktischen Empfehlungen für Honorarberechnung, Kundenpflege, Wertsteigerung der eigenen Arbeit, Marketingmaßnahmen sowie kulturelles und politisches Handeln sind durchaus auch für Männer lesenswert. 70 Seiten, 5 Euro, ISBN: 3-936536-02-3.
- *Ratgeber Freie* von Goetz Buchholz: der Klassiker für alle, die freiberuflich in Kunst und Medien tätig sind. Der Online-Ratgeber deckt umfassend ab, was ein Medienautor wissen muss: Honorare und Verträge, Rechtsfragen, Finanzierungsmöglichkeiten, Kooperationen, Versicherungen usw. Die Inhalte sind ausführlich und leicht verständlich dargestellt, angereichert mit vielen Adressen sowie praktischen Tipps und Hinweisen. Da im Web verfügbar, sind die Inhalte stets auf dem neuesten Stand: *http://www.ratgeberfreie.de*.

Für die Kalkulation genügt es nicht, nur die reine Arbeitszeit zugrunde zu legen. Wer also einen bestimmten Tagessatz erzielen will (und muss, um kein Verlustgeschäft zu machen), sollte vermeiden, sich auf folgende Milchmädchenrechnung für zum Beispiel 60 Bildschirmseiten einzulassen: Angenommen, der Tagessatz beträgt 500 Euro. Der Medienautor rechnet 7,5 Stunden Arbeitszeit für diesen Tag, in denen er 10 Bildschirmseiten erstellen möchte (1 Bildschirmseite = durchschnittlich 45 Minuten Arbeitszeit). In seinem Angebot steht: *3000 Euro für 60 Bildschirmseiten* (er braucht 6 Tage à 500 Euro, an denen er je 10 Bildschirmseiten erstellt). Doch wie sieht die Realität im Arbeitsalltag aus? Das Telefon klingelt, der Rechner streikt, E-Mail-Anfragen müssen dringend beantwortet werden und Internetrecherchen zum neuen Thema fressen die Zeit. Am Abend hat der Autor gerade mal 5 Bildschirmseiten fertig, obwohl er 9 Stunden voll beschäftigt war. Schließlich benötigt er für die 60 Bildschirmseiten 12 Tage, wofür er 3000 Euro erhält; damit sinkt sein Tagessatz auf 250 Euro. Und zeitlich gerät er auch noch in Verzug. In die Kalkulation müssen demnach Pufferzeiten für folgende Tätigkeiten mit einfließen:

- Verwaltung,
- Abstimmung,
- Diskussion,
- Telefonate,
- Drucke,
- Korrekturlesen,
- Archivieren,
- Akquirieren,
- Informationen über aktuelle Entwicklungen einholen,

- Computerprobleme beheben und Ähnliches.

Die Kalkulation eines Tagessatzes sollte deshalb von maximal 5 Stunden reiner Arbeitszeit (= Schreibzeit und Konzeptionszeit) ausgehen und 3 Stunden Puffer lassen. Ein Medienautor kann im Schnitt 5 Stunden reine Schreibzeit am Tag bewältigen; spätestens dann lassen Konzentration, geistige Frische und Kreativität nach. Ein nützlicher Ratgeber für die Honorarkalkulation und weitere Fragen zur Wirtschaftlichkeit von Freiberuflern der Multimedia-Branche steht mit dem Online-Portal „mediafon – Ratgeber für Selbstständige" bereit (siehe *http://www.mediafon. net/ratgeber.php3*).

## 6.1.2 Vertragsgestaltung

Bei der Vertragsgestaltung sollte der Medienautor folgende Punkte genau vereinbaren:
- Wie viele Korrekturgänge sind im Honorar enthalten?
- Was ist unter den Korrekturgängen zu verstehen? (Zum Beispiel angeben, dass für Autorenkorrekturen zusätzliche Kosten anfallen, siehe Abschn. 3.4.1.)
- Wie sind die Reisekosten abzurechnen?
- In welcher Form soll die Arbeit an die Agentur geliefert werden (Print, digital oder beides)?

Die bei der Honorarkalkulation in Abschn. 6.1.1 genannten Parameter sollten im Vertrag wieder auftauchen, das gibt zum einen Sicherheit über die Vertragsinhalte und macht zum anderen deutlich, welche Einzelarbeiten sich hinter einem Pauschalstundenhonorar oder Pauschaltageshonorar verbergen.

---

**Beispiel für einen Vertragszusatz eines Medienautors**

„Das Honorar beinhaltet: Einarbeitung ins Projekt, Recherche, Erstellung des vollständigen Drehbuchs mit Bildschirm- und Audiotexten sowie Grafikvorschlägen, Qualitätssicherung, 2 Korrekturgänge seitens des Auftraggebers, elektronische und gedruckte Drehbuchauslieferung, sorgfältige Archivierung sowie Fahrt- und Portokosten."

---

**Tipp!**
Beratung zu Verträgen oder anderen Problemen im Alltag eines Freiberuflers bietet die Beratungsstelle *mediafon* der Vereinten Dienstleistungsgesellschaft Verdi, werktags von 10 bis 16 Uhr, unter Tel. 01805-75-4444 oder online unter *http://www.mediafon.net*.

### 6.1.3   Ein Probekapitel senden

**Tipp!**
Checkliste „Drehbuchabnahme", siehe Kap. 9 und *http://www.drehbuchtext. de*.

Bei jedem neuen Projekt sollte der Medienautor ein Probekapitel des Drehbuchs an die Multimedia-Agentur und idealerweise auch an den Auftraggeber senden. Die anderen Projektmitglieder können anhand dieser ersten Skriptseiten beurteilen, ob die Richtung stimmt hinsichtlich Lernzielen und Tonality, so wie sie im Grobkonzept festgelegt wurden (siehe Abschn. 4.1). Der Umfang eines Probekapitels beträgt ca. zehn Prozent der Gesamtseitenzahl. Bevor der Medienautor das Probekapitel in die Welt entlässt, sollte er sorgfältig prüfen, ob er alle im Briefing und im Grobkonzept vereinbarten Lerninhalte richtig umgesetzt hat.

## 6.2   Effektives Zeitmanagement im Projekt

Jeder Projektbeteiligte ist mitverantwortlich dafür, dass eine eLearning-Produktion im dafür vorgesehenen finanziellen und zeitlichen Rahmen bleibt; so auch der Medienautor. Neben dem Projektleiter hat er den größten Packen an Zeitmanagement zu bewältigen, da er gut planen muss, wie lange er für das Schreiben von zum Beispiel 100 Drehbuchseiten und für die dazugehörige Konzeption braucht. Für die Planung kann er die Angaben zugrunde legen, die in Abschn. 3.3.5 zur Dauer der Konzept- und Drehbuchentwicklung aufgeführt wurden. Er hat nun die Wahl zwischen einer Vorwärts- und einer Rückwärtsterminierung (siehe Abschn. 3.3.5). Empfehlenswert ist die Rückwärtsterminierung, bei der vom Enddatum ausgehend die verfügbare Zeit auf Wochen und Tage verteilt wird. Die Puffer, die für die Honorarkalkulation einzurechnen sind, haben auch hier ihre Gültigkeit (siehe Abschn. 6.1.1). Der Vorteil einer Rückwärtsterminierung: Der Autor sieht sofort, wenn die Zeit nicht ausreicht und kann einen neuen Endtermin mit Auftraggeber und Multimedia-Agentur vereinbaren; falls dies nicht möglich ist, kann alternativ ein Co-Autor hinzugezogen werden. Keinesfalls sollte der Autor bei zu knappem Zeitbudget sagen: „Irgendwie schaffe ich das schon." Besser sorgt er im Vorfeld für einen berechenbaren, stabilen Arbeitszeitrahmen.

Als Werkzeug für die Zeitplanung stehen klassische (Papier-)Zeitplaner zur Verfügung sowie elektronische Kalender, wie zum Beispiel Outlook von Microsoft. Der elektronische Kalender hat den Vorteil, dass man sich an Termine erinnern lassen kann und somit ein Wiedervorlage-System hat. Zudem lassen sich Termine verschiedenen Kategorien zuordnen und entsprechend farblich kennzeichnen. So hat man in der Monatsübersicht einen klaren Überblick, wann welche Projekte beginnen und wann sie enden.

Neben der Zeitplanung für das Gesamtprojekt sollten detaillierte Planungen für eine Woche und für jeden Tag vorgenommen werden. Dadurch sieht der Medienautor immer, ob er den Zeitrahmen noch einhalten kann. Bei Veränderungen sollte er seine Zeitplanung anpassen und auch den Projektleiter darüber informieren. Die richtige Tagesplanung ist im Zeitmanagement das wichtigste Instrument. Zum Beispiel gibt die in Abb. 6.2 vorgestellte Prioritätenliste vor, maximal 10 Tätigkeiten oder Aufgaben pro Tag in die Liste einzutragen. Danach werden für die jeweilige Wichtigkeit Stufen von „1" bis „10" vergeben, wobei „1" am wichtigsten ist. Im nächsten Durchgang ordnet man allen Tätigkeiten oder Aufgaben dem erwarteten monetären Gewinn zu, auch hier von „1" für den meisten Gewinn bis „10" für den geringsten Gewinn. Die Aufgaben werden dann entsprechend dem erwarteten Gewinn in Angriff genommen. Diese Vorgehensweise ist eine gute Methode, um Zeiten und Prioritäten richtig einschätzen zu lernen und einem betriebswirtschaftlichen Gedanken zu folgen. Ein Versuch lohnt sich!

Wie schon bei der Honorarkalkulation beschrieben, sollte ein Medienautor höchstens fünf volle Stunden reine Schreibzeit pro Tag einkalkulieren. Daneben braucht er Puffer für Administratives, Recherchen, Pausen und Gespräche oder auch für das Lesen von Fachorganen oder Tageszeitungen, um aktuell über die politische und wirtschaftliche Entwicklung informiert zu sein. Kontinuierlicher intellektueller Zugewinn ist nicht zu unterschätzen, denn eine Allgemeinbildung ist für das Schreiben von eLearning-Programmen sehr wichtig.

Noch ein paar Worte zur „Schreibblockade", die jeden Autor früher oder später befällt. Dies kann aus Gründen der Überlastung geschehen: Es stapeln sich so viele Projekte auf dem Schreibtisch, dass der Autor vor lauter Zeitdruck nicht mehr klar denken und schon gar nicht mehr kreativ arbeiten kann. Er lenkt sich ab und fängt an, seine Garage aufzuräumen, während die Uhr bis zum Abgabetermin gnadenlos weitertickt. Es kann aber auch sein, dass einfach seine Batterie leergelaufen ist und ihm nichts Kreatives mehr einfällt. Aus dieser Verstrickung kann man sich jedoch mit den richtigen Techniken lösen:

1. *Prioritäten setzen* mit der soeben vorgestellten To-do-Liste, geordnet nach Wichtigkeit und Gewinn.
2. *Konzentriert arbeiten*: Wenn die Prioritätenliste festgelegt ist, kommt es darauf an, Störungen von außen abzuschalten (Familienmitglieder, Kollegen darüber informieren) und die inneren Störungen („Ich müsste jetzt unbedingt ...") auf einem extra Blatt zu notieren und später abzuarbeiten; das Arbeiten nach der Prioritätenliste funktioniert nicht immer sofort, ist aber bei konsequenter Anwendung mit der Zeit elernbar.
3. *Optimale persönliche Arbeitszeiten* herausfinden und Tätigkeiten entsprechend anpassen:
4. Wann entscheide ich schneller – morgens oder abends?
5. Wann konzentriere ich mich am besten – vormittags oder nachmittags?
6. Wann kommen gewöhnlich die meisten Ablenkungen von außen auf mich zu?
7. *Rhythmus und Regelmäßigkeit* in den täglichen Abläufen finden, zum Beispiel morgens zu Arbeitsbeginn die Post prüfen, die Prioritätenliste schreiben, einen Kaffee holen und anfangen; immer zur selben Zeit in der Kaffee-Ecke auftauchen – dann wissen die Familienmitglieder oder Kollegen, wann man Neuigkeiten

**Abb. 6.2**
Formularvorlage für die
tägliche To-do-Liste,
geordnet nach Wichtigkeit
und Gewinn

| To-do-Liste | Datum: _____ | | |
|---|---|---|---|
| To-do | | Prio | Gewinn |
| 1. | | | |
| 2. | | | |
| 3. | | | |
| 4. | | | |
| 5. | | | |
| 6. | | | |
| 7. | | | |
| 8. | | | |
| 9. | | | |
| 10. | | | |

austauschen und Probleme diskutieren kann. Vorteil: Störungen während der
konzentrierten Arbeit entfallen.

8. *Kill your Darlings*: Bei Autoren beliebte Formatierungsarbeiten an Dokumenten
   sollten als Zeitfresser erkannt und mit Selbstdisziplin auf Zeiten verlegt werden,
   in denen man sich nicht mehr so gut konzentrieren kann.
9. *Belohnen und Motivieren* für das regelmäßige, an Prioritäten orientierte Arbeiten, zum Beispiel dass der Autor aufgrund der optimierten Abläufe einmal ein
   Wochenende wirklich frei hat und für dieses Wochenende sein persönliches Frei-
   zeit-Highlight plant.

Grundsätzlich geht jeder Mensch unterschiedlich an seine täglichen Aufgaben
heran. Im Buch „Arbeitsblockaden erfolgreich überwinden" von Claudia Guderian
(2008, mvg-Verlag) kann man seine persönliche Arbeitsstruktur ermitteln und lernt
entsprechende Strategien kennen, um Verzögerungen entgegenzuwirken.

# 6.3    Quellen und Archivierung

Die Angabe von Quellen und die Archivierung von Dateien und Korrespondenz sind wichtige Aufgaben, wenn ein Medienautor seine Arbeit zeitsparend und qualitätssichernd organisieren will.

## 6.3.1    Quellen angeben

„Wo haben Sie die Zahl her?", fragt der Kunde bei der Drehbuchabnahme. „Die habe ich aus dem Briefing, Moment mal, hier ….", entgegnet der Medienautor suchend und blätternd, um dann nachzusetzen: „Ich finde es gerade nicht, habe es aber ganz sicher bei den Unterlagen im Büro. Das kläre ich heute Abend und maile es Ihnen zu." Der Auftraggeber ist zufrieden und der Medienautor kann seinen für diesen Abend reservierten Tisch beim Italiener wieder stornieren. Solchen Situationen ist nur durch eine konsequente Quellenangabe beizukommen. Während des Schreibprozesses scheint dies überflüssig, da man doch alle Bücher parat hat, den Basaltext abgeheftet und einen Ordner mit den Links zum Projekt im Browser angelegt hat. Doch im Laufe des Drehbuchschreibens wird leicht vergessen, wo genau man in all den Texten, Links usw. eine bestimme Information gefunden hat. Die anschließende Sucherei ist zeitraubend und ärgerlich.

Deshalb sollten im Drehbuch-Dokument alle Quellen angegeben werden. Im Textverarbeitungsprogramm Microsoft Word kann man beispielsweise als Kommentar eingeben, welche Passage woher stammt. Diese Kommentare kann sich der Medienautor für die Drehbuchabnahme mit ausdrucken. Er sollte zwei Versionen des Dokuments anfertigen: ein Arbeitsskript mit Kommentaren für sich selbst und ein abnahmefertiges Skript für den Auftraggeber und die Agentur, aus dem er alle Kommentare wieder gelöscht hat. Der Medienautor attestiert sich selbst seine Professionalität, wenn er auf die eingangs gestellte Frage sofort eine klare Antwort geben kann.

## 6.3.2    Korrespondenz archivieren

Ähnlich wie bei den Quellen verhält es sich bei der Korrespondenz. In großen Projekten wird viel kommuniziert und wenn etwas nicht nach Plan läuft, wird schnell ein Sündenbock gesucht. Wohl dem, der seine Korrespondenz sorgfältig archiviert und sich nicht von der Flüchtigkeit der E-Mail-Kommunikation zu raschem Löschen verleiten lässt. Die gesamte Korrespondenz zu einem Projekt sollte in Papierform im Aktenordner ganz vorne als „Korrespondenz" abgelegt werden. Bewährt hat sich hierbei, die ausgedruckten E-Mail-Nachrichten streng chronologisch abzuheften. Dadurch gewinnt man schnell zusammenhängende Aussagen, was wann wie abgewickelt wurde. Alternativ können E-Mails auch im Projektordner auf der Festplatte gespeichert werden, indem man dort gut strukturierte Ordner und Unterordner bildet, wie in Abb. 6.3 gezeigt. Dazu sollte man die E-Mails als PDF-Datei abspeichern; dann sind sie nicht mehr veränderbar und haben somit dokumentarischen Charakter.

**Abb. 6.3** Beispiel einer Ordnerstruktur auf der Festplatte für die Archivierung der Projektkorrespondenz

**Tipp!**
Die Dateien auf der Festplatte sollten dieselben Bezeichnungen haben wie die Ablage in Aktenordnern.

### 6.3.3  Daten archivieren

Computer sind Geräte und daher anfällig für technische Defekte. Besonders Windows ist bekannt dafür, dass es gerade dann abstürzt, wenn man soeben die besten fünf Seiten seines Lebens geschrieben hat. Und im schlimmsten Fall kommt keine „Wiederherstellungsdatei" nach dem Neustart auf den Bildschirm. Für den Medienautor heißt das: sichern, sichern und nochmals sichern! Während des Schreibens ist es ein kurzer Griff auf *Strg+S* – und schon ist der soeben erstellte Text gespeichert. Jeden Abend müssen abschließend alle Daten gespeichert werden. Dazu eignen sich zwei externe Festplatten, auf die man die am Tag bearbeiteten Projektordner einfach hinüberziehen kann. Die Festplatte sollte mindestens 500 GB haben, da wegen der Bilder und Grafiken in eLearning-Drehbüchern große Datenmengen zusammenkommen können. Es empfiehlt sich, bei Büroschluss beide Speichermedien zu nutzen, also ein *doppeltes Backup* durchzuführen. Es kommt immer wieder vor, dass eine externe Festplatte durch einen Blitzeinschlag, durch Hitzeeinwirkung oder einfach nur durch Bewegung während der Betriebszeit zerstört wird. Nach Projektabschluss sollten die Dateien auf zwei getrennten Archiv-Festplatten gesichert werden, die nicht für laufende Projekte eingesetzt werden.

## 6.4   Wie behalte ich den Überblick bei Korrekturen und Versionen?

Drehbücher für eLearning sind änderungsanfällig. Manche Lerninhalte haben aktuellen Bezug und verlieren so in kurzer Zeit ihre Gültigkeit. Gerade Auftraggeber, die Neueinsteiger in Sachen eLearning sind, wissen häufig erst im Projektverlauf, was sie wirklich wollen. Das ist zwar verständlich, doch es führt zu zahlreichen Änderungen. Wie schon in Abschn. 5.1 beschrieben, dokumentiert vor allem die History auf einer Drehbuchseite, wer was wann am Drehbuch verändert hat und um welche Version es sich handelt.

### 6.4.1   Überblick wahren bei den Versionen

Um bei den verschiedenen Versionen den Überblick zu wahren, muss die Ablage konsequent nach Versionsnummern erfolgen, sowohl in der Ordnerstruktur der Festplatte als auch im Aktenordner. Die Versionsnummer erscheint nicht nur auf der Drehbuchseite selbst, auch die Datei wird unter dieser Nummer im dazugehörigen Ordner abgespeichert. Bei Aktenordnern stehen die Versionsnummer und das Datum gut lesbar auf dem Rücken, damit ein schneller Zugriff möglich ist.

### 6.4.2   Überblick bewahren bei den Korrekturen

Die Korrekturen müssen, genau wie die Quellen, sorgfältig angegeben werden. Das heißt für den Medienautor, dass er die Korrekturen, die in einer Drehbuchbesprechung anfallen, genau dokumentiert. Beim Einarbeiten sollte er alle erledigten Korrekturen farbig abhaken. Das ist deshalb so wichtig, weil er Wochen später möglicherweise auf die Korrekturfahnen stößt und nicht mehr weiß, ob diese Korrekturen schon ausgeführt wurden. Zu jeder weiteren Drehbuchbesprechung sind mindestens die letzten zwei korrigierten Drehbuchskripte mitzubringen, um bei Diskussionen zu den Inhalten die History gegenüber dem Auftraggeber genau belegen zu können. Das spart den Beteiligten viel Suchzeit und auch jede Menge Diskussion darüber, wer denn nun bei der letzten Drehbuchbesprechung was gesagt hat. Sobald das eLearning-Programm fertiggestellt und abgerechnet ist, können alle Korrekturverläufe entsorgt werden. Wichtig ist, die Dateien zu sichern und den letzten Stand in Papierform zu archivieren.

### Literaturhinweise

Guderian, Claudia (2008) Arbeitsblockaden erfolgreich überwinden. München: mvg-Verlag.
Hightext Verlag (2011) iBusiness Honorarleitfaden. München: Hightext Verlag.
Weyers, Dorle (2004) Kopfarbeit kalkulieren und verkaufen. Münster: ImPrint Verlag.

# Woran erkenne ich einen guten „Medienautor"?

**7**

**Zusammenfassung**

Kapitel 7 stellt die Kompetenzen vor, die ein Medienautor mitbringen sollte, um erfolgreich an einer eLearning-Produktion teilhaben zu können. Rechte und Pflichten eines Autors rund um die Projektarbeit werden detailliert erläutert. Abschließend ist das Kapitel angereichert mit Informationen sowie Tipps und Tricks rund um die Neukundengewinnung für diejenigen Medienautoren, die als Freiberufler am eLearning-Markt agieren.

## 7.1 Welche Kompetenzen bringt der Medienautor mit?

„Von einem Medienautor erwarte ich, dass er didaktische Kompetenz mitbringt und das Angebotskonzept so gut kennt, dass er es dem Kunden selbstständig präsentieren kann." Elke Kast, Senior-Projektleiterin, M.I.T e-Solutions GmbH.

Ein guter Medienautor ist in der Lage, ein mediendidaktisches Konzept zu entwerfen, das lernpsychologischen Grundlagen folgt. Er entwickelt das Grobkonzept und erarbeitet daraus das Feinkonzept als Basis des Drehbuchs. Außerdem weiß ein professioneller Medienautor, wie ein Pflichtenheft zu entwickeln ist und beherrscht die Evaluation von eLearning-Programmen. Darüber hinaus bringt er Know-how aus angrenzenden Berufen mit und ist im Urheber- und Vertragsrecht bewandert. Ein freiberuflich arbeitender Medienautor kennt seine Branche gut und weiß, wie er neue Kunden gewinnen kann.

Ein Medienautor konstruiert einen Ablaufplan, eine Lernsequenz, eine Spielwelt. Immer jedoch schafft er Gebilde, die eng miteinander verknüpft sind und einem logischen Ablauf folgen müssen. Im übertragenen Sinne kann man den Medienautor mit einem Regisseur vergleichen, der alle Elemente eines Films so zusammenführt, dass sie für den Zuschauer ein spannendes Erlebnis bieten. Man kann ihn auch mit einem Architekten vergleichen, der seine Häuser so konstruiert, dass sie stabil stehen und im Idealfall auch das Auge erfreuen. Jede dieser Berufsgruppen schafft etwas, das im Ergebnis gut und einfach aussieht. Das Know-how, das dahintersteckt, bleibt oft verborgen. Gerade weil ein Medienautor ein so umfassendes Wissen mitbringt, braucht er eine solide Ausbildung. Bislang sind Medienautoren

D. Stoecker, *eLearning – Konzept und Drehbuch*,
DOI 10.1007/978-3-642-17206-9_7, © Springer-Verlag Berlin Heidelberg 2013

meist Quereinsteiger mit geisteswissenschaftlichem Hochschulabschluss: Germanisten, Pädagogen, Psychologen, Kommunikationswissenschaftler oder Linguisten.

> „Oft bringen gerade Geisteswissenschaftler und Pädagogen mit, was ein Medienautor so dringend braucht: Empathie, Sprachgefühl und hohe Schreibkompetenz." Thomas Reglin, Wissenschaftlicher Leiter, Forschungsinstitut Betriebliche Bildung (f-bb) gGmbH, Nürnberg.

Das konkrete Praxiswissen bringt ein Medienautor nicht aus dem Studium mit. Die Weiterbildungsangebote privater Anbieter sind meist teuer und viel zu kurz. Für dieses gar nicht so neue Berufsbild fehlen universitäre Ausbildungsmöglichkeiten, wie sie beispielhaft die Hochschule der Medien der Fachhochschule Stuttgart in ihrem Studiengang „Informationsdesign" anbietet.

> **Tipp!**
> Informationen zur Aus- und Weiterbildung von Medienautoren und Projektleitern erhalten Sie in Abschn 8.4.

Die Grenzen der Kompetenzen eines Medienautors sollten an der Schnittstelle zur Softwareentwicklung gezogen werden. Softwareentwickler ist ein hoch qualifizierter technischer Beruf, der eine umfassende Ausbildung erfordert. Zwar sollte der Medienautor über die aktuellen Entwicklungen von eLearning-Software (zum Beispiel XML und Lernplattformen) informiert sein, doch in der Projektarbeit sollte er sich auf den konzeptionellen und inhaltlichen Teil konzentrieren können.

### 7.1.1  Angrenzende Berufe

Einige Berufe grenzen direkt an den Beruf des Medienautors an oder bilden sogar eine Schnittmenge. In der nachfolgenden Aufzählung erscheint eine Auswahl der möglichen Kompetenzen, die aus diesen Berufen in die Aufgaben des Medienautors hineinreichen können:

* Journalisten: Recherche, lesenswerte Darstellung von Inhalten, versiert in vielen Themenbereichen, Kenntnis der Wirkung von Text und Bild auf den Leser.
* Drehbuchautoren für Film und Fernsehen: Recherche, Visualisierungskraft, Spannung erzeugen (eLearning: den Lernenden motivieren, dranzubleiben), den roten Faden beibehalten, Aufmerksamkeit des Zuschauers über lange Strecken aufrechthalten, flüssiges Dialogschreiben, Beschreiben von Filmszenen (wichtig für Videoszenen im eLearning-Drehbuch), Entwickeln und Charakterisieren von Figuren, eindeutige Schauplätze festlegen, Filmsprache zur kurzen und eindeutigen Beschreibung von Abläufen, Scribbeln von Szenarien.
* Werbetexter: kurzes und prägnantes Schreiben, Aufmerksamkeit wecken, eine Sache auf den Punkt bringen, mit wenig Platz auskommen (wichtig für Bildschirmseiten), Kenntnis der Wirkung von Farben und Bildern auf den Betrachter.

- Psychologen: Wahrnehmungs- und Lernpsychologie, Aufmerksamkeitssteuerung, Motivation der Lernenden, Arbeits- und Organisationspsychologie (wichtig für die Integration von Lernprogrammen in bestehende betriebliche Abläufe), Verhaltenspsychologie (hilfreich für das Entwickeln und Beschreiben von Szenarien), Statistik (nützlich zum Beispiel für die Zielgruppenanalyse).
- Pädagogen: Grundlagen von Bildung und Erziehung, Gestaltung und Evaluation von Lernumgebungen, Einsatz und Bewertung von Medien im Unterricht, Wissensmanagement, Erstellen von Aufgaben, Unterrichtsgestaltung und Lernzielentwicklung.
- Redakteure: Recherche, Auswählen und Redigieren von Texten und Bildern, Scribbeln.
- Informationsarchitekten: Wissensmanagement, Entwickeln von tief strukturierten Navigationen und benutzerfreundlichem Design.
- Webdesigner: Entwickeln einer anwenderfreundlichen Benutzerführung, Wirkung von Farben und Schriften im Web, benutzerfreundliche Bildschirmgestaltung.

> **Tipp!**
> Medienautoren nennt man zuweilen auch WBT-Autor, Drehbuchautor für WBT, eLearning-Autor, Entwickler für interaktive Lernmedien oder auch Courseware-Designer.

## 7.2    Wie sieht es mit den Rechten und Pflichten aus?

Der Medienautor sollte vor allem mit dem Urheber- und Nutzungsrecht vertraut sein, denn es schützt sowohl seine eigenen Rechte als auch mögliche Rechte eines Dritten, dessen Erzeugnisse der Medienautor in der eLearning-Konzeption aufführt. Solche Erzeugnisse sind: Text, Grafik, Audio und Video. Ein freiberuflicher Medienautor, der reibungslos mit einer Multimedia-Agentur zusammenarbeiten will, ist gut beraten, sich mit den Rechten und Pflichten innerhalb von Werk- und Dienstverträgen auszukennen. Da er projektgebunden engagiert wird, gleicht seine Arbeit für einen begrenzten Zeitraum der eines Arbeitnehmers. Deshalb gibt es für diese besondere Berufssituation eine gesetzliche Absicherungsmöglichkeit – die Künstlersozialversicherung. Daneben kann der Medienautor in Verbänden Mitglied werden und sich dort ein soziales Netz der Absicherung schaffen.

### 7.2.1    Urheberrecht

Das Urheberrecht ist in §11 des Urheberrechtsgesetzes (UrhG) festgeschrieben: „Das Urheberrecht schützt den Urheber in seinen geistigen und persönlichen

Beziehungen zum Werk und in der Nutzung des Werkes. Es dient zugleich der Sicherung einer angemessenen Vergütung für die Nutzung des Werkes." Dies bedeutet, dass ein Werk der Kunst oder der Sprache ohne Genehmigung des Urhebers von niemandem abgedruckt, aufgeführt, ausgestellt, verändert oder sonst wie verwendet werden darf. Publizisten und Künstler leben davon, Genehmigungen für die von ihnen geschaffenen Werke zu erteilen und dafür Honorar zu verlangen. Das Urheberrecht ist so bedeutend, da sich „geistige Schöpfungen" viel schneller reproduzieren lassen als etwa ein Automobiltyp, der jedoch in der Regel zudem patentrechtlich geschützt ist.

**Tipp!**
Mehr zum Urheberrecht erfahren Sie beim Institut für Urheber- und Medienrecht: *http://www.urheberrecht.org*.

**Beispiel aus der eLearning-Praxis**
Die Verwendung von Fotos von einer Webseite im Internet für die eigene eLearning-Anwendung kann erst erfolgen, wenn die Rechte vom Betreiber der Website eingeholt wurden. Wenn dies nicht möglich ist, kann der Medienautor die Fotos zwar herunterladen, darf sie jedoch lediglich als Vorlage für den Grafiker oder Fotografen bereitstellen, der auf dieser Basis ein neues Bild entwickelt.
Das Urheberrecht wird in Deutschland automatisch erteilt, das heißt, es braucht nicht angemeldet zu werden. Rein rechtlich ist der Copyright-Hinweis („©") in Deutschland überflüssig, da es in Deutschland kein Copyright gibt. Allerdings kann das Zeichen auf das Urheberrecht aufmerksam machen und ist nicht per se verboten. Der Nachweis darüber, ob ein Urheberrecht besteht, muss immer seitens des Nutzers erbracht werden, nicht des Urhebers.

**Tipp!**
Das Urheberrecht an einem geschützten Werk besteht bis 70 Jahre nach dem Tod des Urhebers.

### 7.2.1.1 Durch das Urheberrecht geschützte Werke

- Sprachwerke (zum Beispiel Literatur, Drehbücher, Gebrauchstexte, Fachaufsätze über Forschungsergebnisse der Wissenschaft),
- Teile eines Werks (zum Beispiel Entwurfsmaterial, Konzeptionen, unvollendete Werke),
- Bearbeitungen von Texten (zum Beispiel Übersetzungen),

- Sammlung von Texten (zum Beispiel individuelle Zusammenstellung von Gesetzestexten auf der Website eines privaten Autors),
- Normwerke (zum Beispiel DIN-Normen),
- Computerprogramme, Datenbanken, Multimedia-Anwendungen,
- Lichtbild- und Filmwerke (zum Beispiel Fotos, Filme, Screenshots),
- Grafiken, Clipart, Logos, virtuelle Figuren, Screendesign (wenn individuell gestaltet),
- technische Pläne und Zeichnungen, Diagramme, Tabellen,
- Landkarten,
- Musikwerke (zum Beispiel Melodien, Soundfiles, MP3-Musikdateien),
- Werke der bildenden Kunst (zum Beispiel Malerei, Architektur),
- Werke der Tanzkunst,
- Websites sowie
- Werke auf elektronischen Datenträgern, wie CD-ROM, DVD und Ähnlichem.

### 7.2.1.2 Nicht durch das Urheberrecht geschützte Werke
- Allgemeinwissen,
- Ideen für ein Werk,
- Technik der Darstellung eines Werks,
- Aufzählungen von Inhalten,
- Geräusche, Klänge, Einzeltöne und Einzelakkorde,
- Gesetze, Verordnungen sowie
- wissenschaftliche Formeln.

### 7.2.1.3 Durch das Urheberrecht geschützte Personen-/Berufsgruppen
- Urheber, zum Beispiel Drehbuchautoren, Komponisten, Regisseure, Journalisten, Fotografen, Designer und Softwareentwickler sowie
- ausübende Künstler, zum Beispiel Schauspieler oder Musiker (das heißt, der Vertrieb eines unerlaubten Mitschnitts einer Aufführung ist verboten).

> **Tipp!**
> Der Verein *E-Learning Academic Network e. V.* hat umfangreiches Rechtsmaterial rund um eine Multimedia-Produktion zusammengestellt, ergänzt durch Checklisten, Buchtipps, Glossar usw. Die Inhalte sind nach kurzer Registrierung kostenlos verfügbar unter: *http://ella.elan-ev.de*.

### 7.2.1.4 Urheberrecht für Bildschirmtexte einer eLearning-Anwendung
Medienautoren erstellen ihre Konzepte und Texte entweder als Arbeitnehmer oder als Selbstständige im Auftrag einer Multimedia-Agentur. In der Regel werden im Rahmen des Arbeits-, Tarif- oder Dienstvertrags die Nutzungsrechte an die Agentur abgegeben. Das heißt, der Medienautor bleibt zwar Urheber, doch für die weitere Vermarktung der von ihm erstellten Inhalte fällt kein weiteres Honorar an (siehe Abschn. 7.2.3).

## 7.2.2   Nutzungsrecht

Der Urheber eines Erzeugnisses kann sein Vervielfältigungs-, Verbreitungs- und Veröffentlichungsrecht einem Dritten einräumen, statt es selbst zu nutzen. Er macht dann vom Nutzungs- oder Verwertungsrecht Gebrauch.

**Beispiel für das Nutzungsrecht**

Für das Buch „eLearning – Konzeption und Drehbuch" hat die Autorin das Urheberrecht. In einem Vertrag hat sie jedoch das Nutzungsrecht an den Verlag abgetreten. Dadurch ist dieser berechtigt, es so zu vervielfältigen und zu verbreiten, wie es im gemeinsam vereinbarten Verlagsvertrag festgelegt ist. Bei der Vertragsvereinbarung ist folglich darauf zu achten, dass genau festgelegt wird, welche Nutzungsrechte vom Urheber auf den Vertragspartner übergehen, beispielsweise als Buch, in Newslettern, im Online-Auftritt, als CD-ROM usw. Dazu zählt auch die Einigung darüber, ob der Vertragspartner seine Nutzungsrechte am Werk des Urhebers an Dritte übertragen darf. An den Lizenzen, die daraus entstehen, wird der Urheber wiederum finanziell beteiligt.

**Literaturtipp!**
Das „Praxishandbuch Multimediarecht" von *Thomas Wüfling & Ulrich Dieckert* behandelt unter anderem das Urheber-, Gesellschafts-, Steuer- und Arbeitsrecht.

## 7.2.3   Verwertungsrecht

Das Verwertungsrecht ist das Recht des Urhebers, seine Erzeugnisse zu vervielfältigen, zu verbreiten und auszustellen. Verwertungsgesellschaften sind private Einrichtungen, die urheberrechtliche Nutzungsrechte wahrnehmen, die der einzelne Urheber aus praktischen oder gesetzlichen Gründen nicht wahrnehmen könnte. Die wichtigsten Verwertungsgesellschaften sind:

*   *GEMA*: Gesellschaft für musikalische Aufführungs- und mechanische Vervielfältigungsrechte; sie vertritt die Urheberrechte von Komponisten, Textautoren und Musikverlegern (*http://www.gema.de*).
*   GVL: Gesellschaft zur Verwertung von Leistungsschutzrechten mbH; sie vertritt die Urheberrechte der ausübenden Künstler und der Tonträgerhersteller, zum Beispiel Musiker, Sänger, Tänzer, Schauspieler sowie Schallplatten- und CD-Firmen und sonstige Tonträger-Produzenten mit eigenem Label (*http://www.gvl. de*).
*   VG WORT: Verwertungsgesellschaft WORT; sie vertritt die Urheberrechte von Autoren und Übersetzern von schöngeistiger, dramatischer und wissenschaftlicher

Literatur sowie von Fach- und Sachliteratur; sie vertritt außerdem Journalisten (*http://www.vgwort.de*).

- VG Bild-Kunst: Verwertungsgesellschaft Bild-Kunst; sie vertritt die Urheberrechte im visuellen Bereich, zum Beispiel für bildende Künstler, Fotografen, Bildjournalisten, Designer oder Filmurheber (*http://www.bildkunst.de*).

An diese Verwertungsgesellschaften muss ein Nutzer Gebühren abführen. Wenn zum Beispiel in einem Lernprogramm ein Musikstück auftauchen soll, das nicht eigens dafür komponiert wurde, dann ist bei der GEMA nachzufragen, was die Nutzungsrechte kosten. Es wird dann die entsprechende Gebühr an die GEMA abgeführt. Die GEMA wiederum – wie jede andere Verwertungsgesellschaft auch – schüttet regelmäßig Honorare an die bei ihr registrierten Urheber aus. Um in einer Verwertungsgesellschaft registriert zu sein, muss man als Urheber seine Werke gemäß bestimmten Vorgaben dort anmelden. Die für einen Autor relevante Verwertungsgesellschaft ist die VG WORT. Er meldet ihr alle seine Veröffentlichungen, beispielsweise Texte in der Presse (Fachzeitschriften, Lesezirkel, Tages- und Wochenpresse, Illustrierte und Ähnliches), in Hörfunk- und Fernsehen sowie in Sach- und Fachbüchern (auch Neuauflagen).

> **Tipp!**
> Selbst erstellte Texte jeglicher Art kann man bei der VG WORT direkt online anmelden unter: *http://www.vgwort.de*.

Die VG WORT ermittelt selbst Zeitungsartikel in Pressespiegeln, Belletristik und Kinderbücher (Ausleihe in Bibliotheken) sowie den Anteil einer Textgattung am Gesamtaufkommen der Fotokopien in Schulen, Bibliotheken usw. Sie gewährt keine Ausschüttungen für PR-Publikationen und ausschließliche Veröffentlichungen auf CD-ROM oder im Internet. Letzteres trifft den Medienautor, der – anders als zum Beispiel ein Schulbuchautor – noch immer keine Möglichkeit hat, seine „geistigen Schöpfungen" als Urheber zu deklarieren. Doch es gibt Bestrebungen bei der VG WORT, diese Rechte in Zukunft grundsätzlich wahrzunehmen.

## 7.2.4    Werkvertrag

Der Werkvertrag (§§ 631 ff. BGB) ist ein gegenseitiger schuldrechtlicher Vertrag. Ein Medienautor, der mit einer Multimedia-Agentur einen Werkvertrag abschließt, hat zum Beispiel ein vollständiges, fehlerfreies Drehbuch abzuliefern. Hingegen steht die Agentur in der Pflicht, das vertraglich vereinbarte Honorar zu zahlen, sobald das Werk (termingerecht) abgeliefert wurde. Der Medienautor auf der einen Seite trägt allein die Verantwortung dafür, wie er das Werk erstellt. Die Multimedia-Agentur auf der anderen Seite kann allein darüber bestimmen, wie sie das Werk verwendet: produzieren, archivieren, wegwerfen oder Ähnliches.

Die Abgabe des Werks ist dann abgeschlossen, wenn der Auftraggeber (in diesem Fall die Multimedia-Agentur) das Werk (in diesem Fall ein Drehbuch) „abnimmt". Die Abnahme darf nur verweigert werden, wenn das Werk stark von den vertraglichen Vereinbarungen abweicht. Je genauer deshalb die Inhalte im Werkvertrag abgesteckt sind, umso weniger kommt es bei der Abnahme zu Ungereimtheiten. Da im Werkvertrag nur das Eigentum abgetreten wird, wird er meist kombiniert mit einem Urheberrechtsvertrag abgeschlossen.

### 7.2.4.1  Beispielinhalte eines Werkvertrags

* Art, Umfang und Eigenschaft des Werks, zum Beispiel ein Drehbuch für eine interaktive eLearning-Anwendung mit 100 Seiten, davon 50 Informationsseiten, 15 Intro- und Zusammenfassungsseiten sowie 35 Aufgabenseiten, mit Beschreibungen der jeweiligen Visualisierungen; dazu ausformulierte Bildschirm- und Sprechertexte für jede Bildschirmseite,
* Liefertermin,
* Art der Lieferung (als Print auf dem Postweg, als Datei per Mail, auf einem elektronischen Datenträger oder Ähnliches),
* Honorar, Mehrwertsteuer, Reisekosten,
* Zahlungszeitpunkte sowie
* Abnahmetermine.

Multimedia-Agenturen schließen mit ihren Medienautoren in der Regel „Rahmenverträge" ab, welche die grundsätzliche Zusammenarbeit regeln; diese werden dann im Einzelfall ergänzt um spezielle, auftragsbezogene „Projektverträge".

---

**Tipp!**
Der *Bundesverband Digitale Wirtschaft e. V. (BVDW)* bietet zahlreiche Informationen rund um rechtliche Fragen in Projekt- und Auftragsverhältnissen im Rahmen multimedialer Anwendungen: *http://www.bvdw.org*.

---

## 7.2.5   Dienstvertrag

Der Dienstvertrag (§§ 611 ff. BGB) ist ein gegenseitiger schuldrechtlicher Vertrag. Schließt eine Multimedia-Agentur mit einem Medienautor einen Dienstvertrag ab, so ist der Inhalt eine zu erbringende Dienstleistung, das heißt, anders als beim Werkvertrag ist der Vertragsgegenstand das bloße Wirken bzw. die reine Arbeitsleistung. Beispielsweise soll ein Medienautor an einem eLearning-Drehbuch schreiben. Er schuldet hier nicht wie beim Werkvertrag das fertige, fehlerfreie Ergebnis, sondern nur die reine Schreibleistung. Die Agentur verpflichtet sich mit dem Dienstvertrag, die vertraglich vereinbarte Vergütung zu gewähren. Die Vergütung wird auch dann fällig, wenn das Werk nicht fertiggestellt wird. Beispielsweise soll der Medienautor mit dem von der Agentur bereitgestellten Autorenwerkzeug ein Drehbuch zu einem bestimmen Zeitpunkt fertigstellen. Jedoch gelingt das nicht, weil die Software fehlerhaft ist und der Termin deshalb nicht eingehalten werden kann. Das Projekt wird eingefroren. Die Agentur muss dem Medienautor dennoch die im Dienstvertrag vereinbarte Vergütung zahlen, zum Beispiel nach den bis dahin aufgewendeten Stunden.

### 7.2.5.1   Beispielinhalte eines Dienstvertrags

- Die Dienstleistung des Auftragnehmers, zum Beispiel soll der Medienautor an einem Drehbuch schreiben,
- der Umfang der zu erbringenden Leistung, zum Beispiel muss der Medienautor für einen Zeitraum von vier Wochen täglich sechs Stunden für das Drehbuchschreiben zur Verfügung stellen,
- Arbeitszeiten, zum Beispiel werktäglich von 10 bis 16 Uhr,
- Laufzeit des Vertrags, zum Beispiel der Vertrag beginnt am 1.5. und endet am 15.6. sowie
- Kündigungsfristen für beide Vertragspartner.

**Literaturtipp!**
Weitere Informationen rund um die Rechte als freier Mitarbeiter sowie Vertragsbeispiele finden Sie zum Beispiel im „iBusiness Freelancerleitfaden" von *Christian Ostermaier* oder im „iBusiness Projektvertragsleitfaden" von *Arne Trautmann*, beide erschienen im Hightext Verlag.

## 7.2.6   Künstlersozialkasse

Ein freiberuflich arbeitender Medienautor sollte prüfen, ob für ihn eine Versicherungspflicht in der Künstlersozialkasse (KSK) besteht. Selbstständige Künstler und Publizisten befinden sich größtenteils in einer wirtschaftlichen und sozialen Situation, die mit der von Arbeitnehmern vergleichbar ist. Deshalb sind sie aufgrund des Künstlersozialversicherungsgesetzes als Pflichtversicherte in den Schutz der gesetzlichen Kranken- und Rentenversicherung und seit 1995 auch in die soziale Pflegeversicherung mit einbezogen. Die KSK meldet die versicherten Künstler und Publizisten bei den Kranken- und Pflegekassen und beim Rentenversicherungsträger an und leitet die Beiträge dorthin weiter. Leistungen aus dem Versicherungsverhältnis (Rente, Krankengeld, Pflegegeld etc.) erbringen ausschließlich die Rentenversicherungsträger und die gesetzlichen Kranken- und Pflegekassen. Wer in der KSK versichert ist, zahlt – genau wie ein Arbeitnehmer – nur den halben Beitrag der Sozialabgaben. Den „Arbeitgeberanteil" bringen die Verwerter (zum Beispiel Multimedia-Agenturen, Verlage, Rundfunkanstalten, Filmproduzenten, Plattenfirmen etc.) als sogenannte „Künstlersozialabgabe" auf, gestützt durch einen Bundeszuschuss. Ab einer bestimmten Beitragsbemessungsgrenze entfällt die

Versicherungspflicht in der KSK und es besteht die Möglichkeit, als Künstler oder Publizist in die private Krankenversicherung zu wechseln. Allerdings sollte man Folgendes bedenken:

*   Je älter man in die private Krankenversicherung einsteigt, umso höher sind die Beiträge.
*   Frauen zahlen in der privaten Krankenkasse wesentlich höhere Beiträge als Männer.
*   Jedes Familienmitglied ist eigens zu versichern.
*   Es gibt keine Garantie für stabile Beitragssätze.
*   Die Beiträge bleiben unverändert, auch wenn das Einkommen sinkt, zum Beispiel durch eine Auftragsflaute, ein Sabbatjahr oder im Rentenalter.

**Tipp!**
Ausführliche Informationen rund um die Künstlersozialkasse unter:
*http://www.kuenstlersozialkasse.de.*

### 7.2.7  Verbände

Verbände stärken den Einzelnen, beispielsweise wenn er mit Rechtsfragen konfrontiert wird. Außerdem bieten sie eine Plattform für den konstruktiven Austausch von aktuellen Marktentwicklungen und Begebenheiten im Berufsalltag der Kollegen. Freiberuflich Tätige sind meist in einem „abgeschotteten" Büro auf sich allein gestellt und haben in Verbänden die Möglichkeit, Anschluss zu Gleichgesinnten zu finden. Oftmals werden im Rahmen der Verbandstätigkeit auch Aufträge ausgeschrieben, wodurch ein Medienautor neue Kunden gewinnen kann. Hier eine Auswahl der wichtigsten Verbände, die ein Medienautor kennen sollte und von denen der eine oder andere auch für eine Mitgliedschaft infrage kommen könnte:

*   BITKOM: Bundesverband Informationswirtschaft, Telekommunikation und neue Medien e. V., vertritt vor allem Mittelständler und Global Player der Branche. Dem Medienautor sollte der Verband zumindest ein Begriff sein: *http://www.bitkom.org.*
*   D-ELAN: Deutsches Netzwerk der eLearning Akteure e. V., Interessenvertretung von eLearning-Anbietern im Bereich Content, Technologie und Service, gegründet auf der Learntec 2004 von Vertretern der Bildungswirtschaft, der angewandten Forschung, der IT-Wirtschaft und von eLearning-Anbietern; gefördert werden soll der Dialog zwischen Anbietern, Nachfragern, Politik und Wirtschaft zum Thema eLearning: *http://www.d-elan.org.*
*   BVDW: Der Bundesverband Digitale Wirtschaft e. V., Interessen- und Berufsvertretung der digitalen Wirtschaft, versteht sich als Bindeglied zwischen der Branche und politischen Gremien, wie Bundestag, Ministerien, Bundeskanzleramt, Länderparlamenten und Behörden. Der Verband agiert politisch und dient

als Austauschplattform für seine Mitglieder, die sich aus Unternehmen, Universitäten und Forschungseinrichtungen zusammensetzen. Für seine rund 600 Mitglieder entwickelt er Aus- und Weiterbildungsmodelle, Kalkulationsgrundlagen, Musterverträge und Handlungsempfehlungen für neue Tätigkeitsfelder: *http://www.bvdw.org*.

- VDD: Der Verband Deutscher Drehbuchautoren e. V. vertritt die Interessen von Drehbuchautoren für Film und Fernsehen und bietet unter anderem Rechtsberatung, Know-how, Öffentlichkeitsarbeit, politische Vertretung, Weiterbildung und einen Honorarspiegel. Der VDD hat rund 400 Mitglieder und könnte auf Initiative seitens der Medienautoren sein Mitgliederspektrum auf diese ausweiten: *http://www.drehbuchautoren.de*.

- webgrrls.de e. V.: Netzwerk für weibliche Fach- und Führungskräfte, die in den neuen Medien tätig sind. Reger Informations-, Wissens- und Meinungsaustausch über Mailinglisten und regionale Veranstaltungen; dient auch der Job- und Auftragsvermittlung sowie der Bildung strategischer Allianzen: *http://www.webgrrls.de*.

- ver.di: Vereinte Dienstleistungsgewerkschaft, die auch Selbstständige vertritt (solange sie ihrerseits keine Angestellten beschäftigen), wie zum Beispiel Übersetzer, Hebammen, Webdesigner, Journalisten und Medienautoren. Die Gewerkschaft vertritt die Interessen ihrer Mitglieder, indem sie zum Beispiel Tarifverträge für Freie abschließt und Rechtsbeihilfe leistet, wenn eine Honorarforderung vom Auftraggeber nicht beglichen wird. Mehr unter *http://www.verdi.de*.

## 7.3   Neukundengewinnung als freier Medienautor

eLearning-Projekte erstrecken sich in der Regel über einen längeren Zeitraum. Meist geht es nicht unter einem Monat, manchmal ist ein Medienautor sogar über ein halbes Jahr in ein einziges Projekt eingebunden. Das hat zur Folge, dass er nur selten Aufträge parallel bearbeiten kann und damit im Prinzip immer nur einen Kunden zu einer Zeit bedient. Deshalb muss er sich permanent mit der Akquisition neuer Aufträge beschäftigen. Grundsätzlich gilt: Auch beim Medienautor gehört Klappern zum Geschäft! Und hier ein paar Tipps, wie ein Medienautor neue Kunden gewinnen kann:

### 7.3.1   Klassische Wege der Neukundengewinnung

- *Eine eigene Website* unterstützt die Kaltakquisition maßgeblich, denn der Medienautor kann beim ersten telefonischen Kontakt darauf verweisen. Auf der Website sollten Referenzen so aufgeführt sein, dass sich der potenzielle Auftraggeber schnell und übersichtlich einen Eindruck verschaffen kann. Die Website sollte klar und logisch aufgebaut sein. Sie ist die beste Visitenkarte, denn der Kunde folgert daraus, dass der Medienautor auch entsprechend klare und logische Konzepte und Drehbücher für eLearning verfassen kann.

- *Newsletter* für Bestandskunden anbieten. Die Inhalte könnten sich auf neueste Entwicklungen von Informationsarchitekturen beziehen, die Welt der Lernspiele zum Thema haben oder sich mit der Erstellung von Content auseinandersetzen. Ein Newsletter schafft zum einen Kundenbindung und bringt zum anderen den Medienautor dazu, sich selbst über seinen Beruf und seine Branche auf dem Laufenden zu halten.
- *Fachmessen* besuchen und sich dort über aktuelle Trends informieren (siehe Abschn. 8.1.4). Es ist zwar nicht empfehlenswert, den Multimedia-Agenturen direkt auf der Fachmesse seine Dienste als Medienautor anzubieten, denn diese sind ihrerseits damit beschäftigt, neue Kunden zu gewinnen; dafür haben sie viel Geld in den Stand investiert. Dennoch kann man einen Besuch dort nutzen, um unverbindlich mit den Ausstellern ins Gespräch zu kommen und sich neueste Entwicklungen zeigen zu lassen. Am Ende kann man seine Visitenkarte ja doch noch überreichen. Das wirkt dezent und man wird sich positiv erinnern.
- *Stellenmärkte* im Internet nutzen und sich auf *Fachportalen* registrieren lassen (siehe Abschn. 8.1.1 und Abschn. 8.5).

> **Tipp!**
> Abschnitt 8.1.3 listet die Fachpresse auf, in der relevante Multimedia-Agenturen zu finden sind, sowie Fachportale, in die sich auch ein Medienautor eintragen sollte.

- *Kaltakquisition am Telefon*: Der Medienautor sucht sich eine Multimedia-Agentur heraus, für die er tätig werden könnte. Dabei sollte er so vorgehen, dass er zunächst die am Ort ansässigen Agenturen wählt, dann die aus der Region und schließlich immer weitere Kreise im Bundesgebiet oder auch in angrenzenden Ländern zieht. Er sollte sich zu einem Projektverantwortlichen durchfragen und sein Gespräch gut vorbereiten. Am besten legt er sich zuvor eine Liste bereit mit Projekten, in denen er bislang gearbeitet hat, mit Schwerpunkten, die er in seiner Arbeit legt und auch mit den Punkten, die ihn an der gerade angerufenen Agentur besonders interessieren. Ziel des Telefonats sollte ein Termin sein, bei dem er sich persönlich vorstellen und seine bisherigen Arbeiten präsentieren kann.

> **Literaturtipp!**
> Wer gut akquirieren möchte, sollte gut verhandeln können. Das Standardwerk dazu ist von *Roger Fisher et al.*: „Das Harvard-Konzept", Campus.

## 7.3.2   Social Media als Plattform für die Neukundengewinnung

Das Social Web oder auch Web 2.0 ist zu einer der beliebtesten Kommunikations-
formen im Internet herangewachsen. Viele kommerzielle Anbieter, die mit einem
Webauftritt im Internet vertreten sind, nutzen Plattformen wie *facebook*, *Twitter*
oder *XING*, um mit Kunden und Geschäftspartnern in Kontakt zu treten, sich zu
präsentieren und auf direktem Weg zu kommunizieren. Dabei unterscheidet man
Angebote wie XING oder facebook, die es erlauben, Nachrichten mit ausgewählten
Geschäftspartnern, Freunden und anderen Teilnehmern auszutauschen, von Twitter,
bei dem der Kommunikationsfluss weltweit und nahezu unbegrenzt möglich ist.

> **Tipp!**
> Surfen Sie auf die Website des Unternehmensfachmanns und eLearning-Pro-
> fis *Jochen Robes*. Sie ist ein exzellentes Beispiel dafür, wie Social Media
> für die Präsentation eines Freiberuflers im World Wide Web genutzt werden
> kann: *http://www.weiterbildungsblog.de*.

### 7.3.2.1 Am Puls der Zeit mit facebook

An facebook kommt mittlerweile niemand mehr vorbei, der im Internet präsent sein
und seine Geschäfte auch über das Internet abwickeln will. Dieses Internetportal
haben Studenten der Harvard University im Jahr 2004 entwickelt, damit sich die
Studenten ihrer Universität schnell und unkompliziert untereinander austauschen
können. Rund 850 Mio. Nutzer zählt das Netzwerk im Jahr 2012. Als Medienautor können Sie auf facebook eine eigene Profilseite einrichten und damit Ihr
Angebot präsentieren, zum Beispiel mit Artikeln, Fotos, Videos oder Ähnlichem.
Die Besonderheit dieser Anwendung besteht aber in den Kontakten: Man listet auf
seiner Seite alle Kontakte, die einem wichtig erscheinen. Diese wiederum kann
ein Besucher Ihres Profils anklicken; so gerät er auf deren facebook-Profil, wo
wiederum viele Kontakte gelistet sind. Auf diese Weise werden Sie schnell und
unkompliziert von Unternehmen gefunden, die auf der Suche nach einem Medienautor sind.

> **Tipp!**
> *facebook* ist ideal, um mit seinen Geschäftspartnern vernetzt zu bleiben und
> sein Angebot im World Wide Web präsent zu halten. Dennoch will die sichere
> Anwendung gelernt sein, damit eine erfolgreiche Internetpräsenz gelingt
> (*http://de-de.facebook.com*).

## 7.3.2.2 Kontakten mit XING

XING ist, anders als facebook, eindeutig eine Business-Plattform. XING erlaubt das Einrichten einer Profilseite sogar kostenlos, wenn man Werbung akzeptiert. Gegen geringe Gebühr entfällt diese und man hat weitere Möglichkeiten, mit anderen Nutzern in Kontakt zu treten. Im Profil erscheinen die Anschrift, das Unternehmen, Hobbys, Verbände, Interessen und Ähnliches. Fast alle Nutzer von XING aktualisieren regelmäßig ihre Daten. Wenn Sie also Ihre Geschäftspartner als Kontakte gewählt haben, erfahren Sie von XING sofort, wenn sich eine Anschrift geändert hat oder ein Kontakt seinen Arbeitsplatz gewechselt hat. Ein eigenes Adressbuch könnte sich dadurch erübrigen. Der besondere Vorteil eines Profils auf XING ist, dass Sie viele Kontakte in Ihrem Arbeits- und Interessengebiet knüpfen können und diese wiederum über Ihre Aktivitäten stets auf dem Laufenden gehalten werden. Allerdings bietet es nicht so viele Möglichkeiten wie facebook, um Fotos, Videos oder Kommentare sofort in großer Menge online zu stellen.

**Tipp!**

Mit *XING* können Sie sich über Arbeitsfelder, Interessengebiete und Projekte austauschen, gewinnbringende Kontakte aufbauen, Adressen verwalten und Termine abstimmen (*http://www.xing.com/de*).

## 7.3.2.3 Im Gespräch bleiben mit Twitter

Twitter könnte man als das schnellste der Angebote im Social Web bezeichnen. Twitter wurde 2006 ins Leben gerufen und hat mittlerweile über hundert Millionen Nutzer. Wie funktioniert Twitter grundsätzlich? Im Grunde ist es so, als würden Sie im vollbesetzten Café von Tisch zu Tisch wandern, den Gesprächen jeweils eine halbe Minute lauschen, einen kurzen Kommentar abgeben, falls das Thema Sie interessiert, oder schweigen und weitergehen, falls nicht. Twitter lässt sich auf zweierlei Art und Weise benutzen: zum einen zum Lesen und um sich zu informieren und zum anderen, um sich mitzuteilen und zu schreiben.

## 7.3.2.4 Lesen und sich informieren

Sobald Sie Twitter aufsuchen, können Sie ohne Unterlass ständig Nachrichten (sogenannte „Tweets") von Usern weltweit lesen. Übrigens: Twitter verfügt über eine Art Fachjargon: Als Leser von Tweets heißen Sie „Follower". Wenn Sie bei Twitter ein Thema eingeben, das Sie derzeit besonders interessiert, beispielsweise „eLearning App", so erscheinen zahlreiche Gesprächsnotizen dazu von diversen Usern. Das Besondere an Twitter ist, dass die Suchergebnisse nicht nach Relevanz ausgegeben werden, wie beispielsweise von der Suchmaschine Google, sondern rein chronologisch nach der Uhrzeit des Verfassens.

### 7.3.2.5   Schreiben und sich mitteilen

Auf Twitter kann jeder frei über das sprechen, was ihn gerade bewegt – privat, politisch, beruflich oder freizeitbezogen – solange er die Anzahl von 140 Zeichen pro Textzeile nicht überschreitet. Im Twitter-Jargon nennt man das „tweeten", die Verfasser heißen entsprechend „Twitterer". Tweets kann jeder, der Twitter besucht, weltweit und jederzeit lesen. Der Vorteil von Twitter: Sie können Twitter schnell und aktuell zu Ihrem individuellen Informations- und Kontaktzentrum konfigurieren.

> **Tipp!**
> *Twitter* veröffentlicht Ihre Beiträge sofort und gibt sie sofort über Google aus. Einmal veröffentlichte Tweets zu löschen, ist hochkompliziert. Machen Sie sich deshalb erst mal in Ruhe mit der Twitter-Welt vertraut, bevor Sie selbst zur Tastatur greifen (*http://twitter.com*).

## Literaturhinweise

Neuß, Norbert (2003) Beruf Medienpädagoge, München: kopaed.
Roger Fisher et al. (2009): Das Harvard-Konzept, Frankfurt am Main: Campus, 23. Auflage.
Ostermaier, Christian (2006): iBusiness Freelancerleitfaden, München: Hightext Verlag.
Trautmann, Arne (2007): iBusiness Projektvertragsleitfaden, München: Hightext Verlag.
Wüfling, Thomas & Ulrich Dieckert (2002) Praxishandbuch Multimediarecht, Heidelberg: Springer-Verlag.

# Weiterführende Informationen

**8**

## 8.1 Auswahl des Produzenten

Für das Auffinden und Auswählen von geeigneten eLearning-Produzenten stehen online und als Print verschiedene Möglichkeiten bereit:

### 8.1.1 Fachportale im Internet

*http://www.bildungsserver.de*
Unter dem Stichwort „eLearning" Ausgabe eines kommentierten Verzeichnisses zu zahlreichen Weblogs zum Thema eLearning.

*http://www.checkpoint-elearning.de*
Zentrales Fachportal mit monatlich aktualisierten Informationen rund um wirtschaftliche und politische Entwicklungen zum Thema eLearning.

*http://www.e-learningcentre.co.uk*
Zahlreiche Informationen rund ums Thema eLearning bietet dieses englischsprachige Portal an. Dazu zählen unter anderem ein Glossar, Buchtipps, aktuelle Beiträge zur gesellschaftspolitischen Entwicklung von eLearning sowie Best-Practice-Beispiele.

*http://www.elearning-expo.de*
Virtuelle eLearning-Messe mit Präsentationen von eLearning-Produzenten und -Verlegern.

*http://www.lernqualitaet.de*
Portal rund um die Qualität von eLearning sowie mit aktuellen Themen der nationalen und internationalen Bildungspolitik, vor allem in Bezug auf eLearning.

*http://www.seminarmarkt.de*
Recherchemöglichkeit nach eLearning-Anbietern im Rahmen von allgemeinen Seminarangeboten.

*http://www.weiterbildungsblog.de*
Persönlicher Weblog von Jochen Robes, der eine umfassende Informationsmöglichkeit anbietet, rund um die Themen Bildung, eLearning und Zukunft des Internet als Kommunikations- und Bildungsmedium.

D. Stoecker, *eLearning – Konzept und Drehbuch*,
DOI 10.1007/978-3-642-17206-9_8, © Springer-Verlag Berlin Heidelberg 2013

*http://www.wissensnetz.de*
  Das Wissensnetz ist ein Katalog zu Bildungsangeboten im Internet und liefert Hintergrundinformationen zum Thema eLearning.

## 8.1.2  eLearning-Kurse zum Kaufen und Buchen

*http://www.eldoc.info*
  Datenbank des Bundesinstituts für Berufsbildung (BIBB) zu Teleakademien, virtuellen Zentren, Multimedia-Instituten und Ähnlichem mit thematischer Recherchemöglichkeit nach eLearning-Angeboten.
*http://www.ihkadhoc.de*
  Die Online-Akademie der Industrie- und Handelskammern und des Deutschen Industrie- und Handelskammertags bietet eine Recherchemöglichkeit an nach eLearning-Angeboten der betrieblichen Aus- und Weiterbildung.
*http://www.lerneniminternet.de*
  Portal mit Anbietern von eLearning-Kursen zur Informationstechnologie, die zum Teil kostenlos sind.
*http://www.tschlotfeldt.de/elearning-wiki/E-Learning-Anbieter*
  Privates Wiki des eLearning-Beraters Tim Schlotfeldt. Es enthält unter anderem eine alphabetische Liste von mehr als 100 Anbietern für eLearning-Produkte.

## 8.1.3  Fachpresse

*eLearning Journal (http://www.elearning-journal.de)*
  Fachzeitschrift mit aktuellen Meldungen speziell zum Thema eLearning, Game Based Learning, Personalentwicklung und Fernlernen. Diverse Zusatzangebote, wie zum Beispiel Tests von eLearning-Angeboten mit Gütesigel und Auslobung eines jährlichen Awards durch das eLearning Journal.
*managerSeminare (http://www.managerseminare.de)*
  Weiterbildungsmagazin für Manager, Trainer und Personalentwickler mit ausführlichen Fachbeiträgen, aktuellen Meldungen und umfangreichem Anbieterverzeichnis der Seminar- und Weiterbildungsszene; erscheint 11 x jährlich.
*Wirtschaft und Weiterbildung (http://www.haufe.de/personal/wuw)*
  Fachorgan für Training und Personalentwicklung im Unternehmen, das eine eigene Rubrik „eLearning" aufweist, mit Hintergrundberichten und eLearning-News, die einen guten Überblick zu eLearning-Anbietern geben; erscheint 10 x jährlich.
*Zeitschrift für e-learning (http://www.e-learning-zeitschrift.org)*
  Online-Zeitschrift mit Artikeln und Forschungsberichten, vor allem zu eLearning in Schule und Hochschule.

## 8.1.4 Fachmessen

*CeBIT*

Die CeBIT findet jährlich im März in Hannover statt. Die Computermesse beherbergt internationale Aussteller der Informations- und Kommunikationstechnologie, die neue Trends für die Zukunft zeigen und setzen. Gute Plattform für Entscheider von Multimedia-Projekten.

*Deutscher Multimedia Kongress*

Der Deutsche Multimedia Kongress (DMMK) tagt einmal jährlich in Stuttgart und zeigt seit über 20 Jahren Trends der Internet-Branche und der digitalen Wirtschaftssektoren auf.

*didacta - die Bildungsmesse*

Die Bildungsmesse didacta findet jährlich in wechselnden Städten statt, wie zum Beispiel in Nürnberg oder Köln. Die Messe richtet sich an Lehrkräfte aller Bildungsbereiche in Europa. Sie umfasst unter anderem die Bereiche Ausbildung/ Qualifikation und Weiterbildung/Beratung. Schwerpunktthemen sind zum Beispiel Web Based Training oder Blended Learning.

*Learntec*

Die Learntec findet jedes Jahr im Februar in Karlsruhe statt und versteht sich als europäische Fachmesse und europäischer Kongress für Bildungs- und Informationstechnologie. Rund zweihundert Aussteller aus verschiedenen Ländern sind regelmäßig vertreten. Angesprochen werden sollen Anwender von Bildungstechnologien, Multimedia und eLearning im Bildungsbereich, vor allem in der Wirtschaft, in den (Hoch)schulen und in der Politik, sowie Bildungsplaner, Anbieter und Entwickler.

*Online Educa Berlin*

Die einmal im Jahr in Berlin stattfindende internationale Konferenz für technologisch gestützte Aus- und Weiterbildung greift Themen auf, wie Lernen in Unternehmen, eLearning-Politik in der Praxis, neue Rollen von Lehrern und Ausbildern, innovative Lernansätze oder zukünftige Lerntechnologien.

*Worlddidac*

Die Worlddidac findet einmal jährlich in Basel in der Schweiz statt. Sie ist eine Fachmesse für Lehrmittel sowie für die Aus- und Weiterbildung und dient als Treffpunkt für Bildungsverantwortliche in Schulen und Ausbildungsinstitutionen, für Entscheidungsträger in der Industrie und in Dienstleistungsunternehmen sowie für Einkäufer und Anbieter der Bereiche Aus- und Weiterbildung.

*Zukunft Personal*

Die Zukunft Personal präsentiert sich jedes Jahr in Köln. Sie richtet sich ausschließlich an Personalentscheider und Führungskräfte in Unternehmen, Verwaltungen und Non-Profit-Organisationen. Unter anderem bietet sie eine Plattform für Anbieter aus der Personalsoftware- und Personaldienstleistungsbranche. Zugleich wird der Fachbesucher über aktuelle Trends der Personalpolitik und -arbeit informiert. Zu den Ausstellungsschwerpunkten zählen auch eLearning und Blended Learning, Weiterbildung und Training sowie Hard- und Software für den Bildungsbereich.

## 8.2    Auswahl der Werkzeuge

### 8.2.1    Adobe

Acrobat Reader:
> Programm zur Darstellung von PDF-Dateien.

Authorware:
> Programm zum Erstellen interaktiver Anwendungen für eLearning; berücksichtigt die LMS-Standards.

Director:
> Programm zum Erstellen interaktiver und animierter Multimedia-Inhalte.

Dreamweaver:
> Entwicklungsprogramm für Websites und andere interaktive Anwendungen.

Flash:
> Programm zum Erstellen interaktiver und animierter Multimedia-Inhalte.

FreeHand:
> Programm für die Entwicklung von Grafik und Design, bis hin zur Produktion und Veröffentlichung.

Illustrator:
> Programm für Illustrationen und Vektorgrafiken.

Photoshop:
> Programm zur Bildbearbeitung.

Alle zu beziehen unter: *http://www.adobe.de.*

### 8.2.2    Microsoft

Word: Textverarbeitungsprogramm.
Power Point: Präsentationsprogramm.
Excel: Tabellenkalkulationsprogramm.
Project: Programm für Projektmanagement.

Alle zu beziehen unter: *http://www.microsoft.com.*

### 8.2.3    Weitere Anbieter

IGrafx Professional und iGrafx Business:
> Programme zum Erstellen von Flowcharts und Prozessmanagement-Abläufen.
> *http://www.igrafx.de.*

Inspiration:
> Programm zum Brainstorming und zum Erstellen einfacher, intuitiver Flowcharts.
> *http://www.inspiration.com.*

PaintShop Pro X4 Ultimate:
  Bildbearbeitungsprogramm. *http://www.corel.com*.
MindManager:
  Programm für Brainstorming und Planung. *http://www.mindjet.com/de*.
Toolbook:
  Autorenwerkzeug zum Erstellen von eLearning-Programmen. *http://www.sumtotalsystems.com*.
WBTplus:
  Aktualisierungsprogramm für bestehende eLearning-Anwendungen der M.I.T. e-Solutions GmbH. *http://www.mit.de*.

## 8.3   Partner und Referenzunternehmen

Versicherungskammer Bayern
  Versicherungsanstalt des öffentlichen Rechts
  Warngauer Str. 30
  81539 München
  *http://www.vkb.de*
Beck et al. Services GmbH
  Zielstattstr. 42
  81379 München
  *http://www.bea-services.de*
bildersprache
  Agentur für Design und Neue Medien
  Isabellastr. 33
  80796 München
  *http://www.bildersprache.de*
Bundesministerium für Wirtschaft und Technologie BMWi
  Referat Öffentlichkeitsarbeit
  Scharnhorststr. 34-37
  10115 Berlin
  *http://www.bmwi.de*
BVI Bundesverband Investment und Asset Management e. V.
  Bockenheimer Anlage 15
  60322 Frankfurt/Main
  *http://www.bvi.de*
DGB-Bildungswerk e. V.
  Hans-Böckler-Str. 39
  40476 Düsseldorf
  *http://www.dgb-bildung.de*
Forschungsinstitut Betriebliche Bildung (f-bb) gGmbH
  Obere Turnstr. 8
  90429 Nürnberg
  *http://www.f-bb.de*

Handwerkskammer für Oberfranken
 Kerschensteiner Str. 7
 95448 Bayreuth
 *http://www.hwk-oberfranken.de*
Microsoft Deutschland GmbH
 Konrad-Zuse-Str. 1
 85716 Unterschleißheim
 *http://www.microsoft.com/de*
M.I.T e-Solutions GmbH
 Am Zollstock 1
 61381 Friedrichsdorf
 *http://www.mit.de*
Seefestspiele Mörbisch
 Joseph Haydngasse 40/1
 A-7000 Eisenstadt
 *http://www.seefestspiele-moerbisch.at*
Teleteach GmbH
 Jeschkenstr. 49
 82538 Geretsried
 *http://www.teleteach.de*
Lektorat
 Barbara Dexheimer
 Theresienstr. 10
 93128 Regenstauf

## 8.4    Aus- und Weiterbildung für Medienautoren und Projektleiter

**AIM Ausbildung in Medienberufen**
 KoordinationsCentrum
 Im Mediapark 7
 50670 Köln
*http://www.aim-mia.de*
 Portal mit vielen Informationen und Kontaktadressen rund um die Ausbildung in Medienberufen.
**drehbuchtext.de**
 Daniela Stoecker, M.A.
 Weide 20 A
 96047 Bamberg
*http://www.drehbuchtext.de*
 Inhouse-Schulungen in Unternehmen für Medienautoren, Projektleiter und Fachautoren, die in das Thema „Konzeption und Drehbuchschreiben für eLearning" einsteigen wollen oder bestehende Projekte optimieren möchten. Die Workshops dauern je nach Anforderungsprofil ein bis zwei Tage. Außerdem wird ein individuelles Coaching zu bereits bestehenden Konzepten und Drehbüchern für eLearning-Anwendungen angeboten.

**Fachhochschule Stuttgart**

Hochschule der Medien

Nobelstr. 10

70569 Stuttgart

*http://www.hdm-stuttgart.de*

Die Hochschule der Medien bietet einen viersemestrigen Masterstudiengang „Elektronische Medien" an, der untere anderem Mediendidaktik, Konzeption und Inszenierung elektronischer Medien als Studieninhalt aufweist. Voraussetzung ist ein international anerkannter Hochschulabschluss, zum Beispiel ein Bachelor oder ein Diplom.

**Technische Universität Kaiserslautern**

Distance and Independent Studies Center (DISC)

Erwin-Schrödinger-Straße

Gebäude 57

67663 Kaiserslautern

*http://www.zfuw.uni-kl.de*

Der Masterstudiengang im Fernunterricht „Erwachsenenbildung" dauert vier Semester und beinhaltet unter anderem Themen der Erwachsenenbildung via eLearning in didaktischer, methodischer, pädagogischer und konzeptioneller Hinsicht. Zulassungsvoraussetzung ist ein Hochschulabschluss, beispielsweise ein Bachelor oder ein Diplom.

**Universität Duisburg-Essen**

Fachbereich Bildungswissenschaften

Forsthausweg 2

47048 Duisburg

*http://www.uni-due.de*

Die Universität Duisburg-Essen bietet einen Masterstudiengang „educational Media – Bildung und Medien" an. In vier Semestern werden Lerninhalte vermittelt zur Medienpädagogik, zum didaktischen Design elektronischer Medien, zum Bildungsmanagement und zu lernpsychologischen und didaktischen Grundlagen, die bei der Konzeption von eLearning zu beachten sind. Zulassungsvoraussetzung ist ein mindestens sechssemestriger Hochschulabschluss.

## 8.5   Stellenmärkte im Internet

Für die Kundengewinnung kann ein Medienautor die Stellenmärkte im Internet nutzen:

*http://www.autorenboerse.net*

Die Autorenbörse ist ein Portal, auf dem zum Beispiel Autoren, Grafiker, Journalisten oder Produzenten ihre Manuskripte, Drehbücher, Fotos, Illustrationen, Software, Musik etc. Verlagen anbieten und in der Verlagsdatenbank nach Angeboten suchen können.

*http://www.bildungsserver.de/jobboerse*
Die Jobbörse des Bildungsservers bietet eine Plattform für Stellengesuche und
-angebote im Bereich Pädagogik und Erziehungswissenschaft. Es kann unter
anderem in der Branche Wirtschaft/Medien und nach Bundesland gesucht werden.

*http://www.horizont.net*
Stellenmarkt der Kommunikationsbranche mit mehr als 1000 Angeboten und
Gesuchen. Suchmöglichkeit unter anderem nach Tätigkeit, Branche, Anstel-
lungsart und Bundesland.

*http://www.ibusiness.de*
Unter der Rubrik „Stellenmarkt" finden sich mehr als 2500 Angebote und Gesu-
che für und von Fachleuten der Multimedia-Branche.

*http://www.monster.de*
Jobportal, das nicht auf die IT- und Multimedia-Branche beschränkt ist. Rund
5000 Stellenangebote stehen bereit; es gibt die Möglichkeit, seinen Lebenslauf
kostenlos zu veröffentlichen. Eine E-Mail-Nachricht informiert über den Ein-
gang eines Jobs, der den zuvor eingegebenen Suchkriterien entspricht.

*http://www.wuv.de/stellenmarkt*
Jobportal der Zeitschrift „Werben & Verkaufen". Stellensuchende müssen zuvor
ein Stellengesuch in der Printausgabe von Werben und Verkaufen geschaltet
haben. Stellenangebote sind nach Tätigkeitsfeldern und Postleitzahlen recher-
chierbar.

*http://www.mamas.de*
Viele Stellen aus der Multimedia-Branche, ergänzt um hilfreiche Informationen
zum Arbeitsrecht, zu Jobmessen und zu Bewerbungsunterlagen.

*http://www.multimedia.de*
Portal mit mehr als 1000 Stellenangeboten und -gesuchen der Multimedia-Branche. Suchmöglichkeit nach Arbeitsgebiet, Region und Art des Arbeitsverhält-
nisses.

*http://www.stepstone.de*
Karriereportal, das auf Stellenangebote für Fach- und Führungskräfte speziali-
siert ist. Der Interessent findet rund 55.000 Jobangebote. E-Mail-Benachrichti-
gung, wenn ein Job eintrifft, der den zuvor eingegebenen Kriterien entspricht.

*http://www.sueddeutsche.de*
Stellenangebote können unter anderem nach Branche, Tätigkeit und Region
recherchiert werden. Es besteht die Möglichkeit, den Lebenslauf online zu stellen und damit kostenlos ein Stellengesuch zu platzieren.

# Checklisten

9

## 9.1 Evaluation Produktionsverlauf

**Tab. 9.1** Evaluation Produktionsverlauf

| Projektphase/ Projektmerkmal | Gut | Weniger gut | Verbesserungs- vorschlag |
|---|---|---|---|
| Aussagekraft der Projektanfrage | | | |
| Angebot der Agentur mit Bezug auf späteren Projektverlauf | | | |
| Informationen über Aufgaben und Zuständigkeiten der einzelnen Teammitglieder | | | |
| Vorbereitung seitens des Auftraggebers | | | |
| Vorbereitung seitens der Agentur (des Projektleiters) | | | |
| Vorbereitung seitens des Drehbuchautors | | | |
| Ablauf Autorenbriefing | | | |
| Beratungsqualität durch die Agentur (den Projektleiter) | | | |
| Allgemein: Ablauf der Projektsitzungen | | | |
| Allgemein: Qualität von Moderation und Führung der Projektsitzungen durch den Projektleiter | | | |
| Beratungsqualität durch den Drehbuchautor | | | |
| Qualität der Recherche nach Inhalten, Daten und Fakten | | | |
| Budgetierung im Projektverlauf | | | |
| Zufriedenheit mit gewähltem Lernsystem (Technik) | | | |
| Zufriedenheit mit der Navigation durch das Lernprogramm | | | |
| Verständlichkeit Grobkonzept | | | |
| Qualität der Lernziele im Feinkonzept | | | |
| Lesbarkeit der Drehbücher | | | |
| Bedienbarkeit des Autorenwerkzeugs durch den Drehbuchautor | | | |
| Einhalten von Lieferterminen seitens des Auftraggebers (Inhalte, zu Klärendes etc.) | | | |

D. Stoecker, *eLearning – Konzept und Drehbuch*,
DOI 10.1007/978-3-642-17206-9_9, © Springer-Verlag Berlin Heidelberg 2013

**Tab. 9.1** (Fortsetzung)

| Projektphase/ Projektmerkmal | Gut | Weniger gut | Verbesserungs-vorschlag |
|---|---|---|---|
| Einhalten von Lieferterminen seitens der Agentur (Grob- und Feinkonzept, Drehbuch, Korrekturen, Protokolle, Prototyp etc.) | | | |
| Einhalten von Lieferterminen seitens des Drehbuchautors (Grob- und Feinkonzept, Drehbuch, Korrekturen, Recherche etc.) | | | |
| Klarheit der Aussagen in den Protokollen | | | |
| Stimmigkeit des Pflichtenhefts | | | |
| Qualität der Sitzungen zur Drehbuchabnahme | | | |
| Ausführung der Korrekturen | | | |
| Kommunikation allgemein | | | |
| Kommunikation seitens des Auftraggebers bezüglich der Inhalte und Lernziele | | | |
| Kommunikation seitens des Auftraggebers bezüglich der Termine und Kosten | | | |
| Kommunikation seitens des Auftraggebers bezüglich der Korrekturen | | | |
| Kommunikation seitens der Agentur / des Projektleiters bezüglich der Termine und Kosten | | | |
| Kommunikation seitens der Agentur / des Projektleiters bezüglich der Machbarkeit von Wünschen, Ideen, Vorschlägen | | | |
| Kommunikation seitens der Agentur / des Projektleiters bezüglich der Korrekturen und deren Kosten | | | |
| Kommunikation seitens des Drehbuchautors bezüglich der Korrekturen (Machbarkeit, Sinnhaftigkeit) | | | |

## 9.2    Evaluation Transferleistung durch das Lernprogramm

**Tab. 9.2**  Evaluation Transferleistung durch das Lernprogramm

| Evaluationskriterium | Gut | Weniger gut | Verbesserungs-vorschlag |
|---|---|---|---|
| Qualität der Einführung in das Lernprogramm | | | |
| Benutzerfreundlichkeit des Lernprogramms | | | |
| Führung durch das Lernprogramm (Navigation) | | | |
| Didaktische Zusammenstellung von Lerninhalten in Modulen (Kapitel) | | | |
| Lern- und Lesefreundlichkeit der Bildschirmtexte | | | |
| Verständlichkeit der Abbildungen | | | |
| Inhaltlicher Bezug der gewählten Visualisierung | | | |
| Einprägsamkeit der grafischen Gestaltung | | | |

**Tab. 9.2**   (Fortsetzung)

| Evaluationskriterium | Gut | Weniger gut | Verbesserungs-vorschlag |
|---|---|---|---|
| Wahrnehmungsfreundlichkeit beim Aufbau der Bildschirmseiten | | | |
| Verständlichkeit der Audiotexte | | | |
| Gefälligkeit weiterer Vertonungen (Sounds, Musik) | | | |
| Förderung der Motivation zum Weiterlernen | | | |
| Abstimmung des Schwierigkeitsgrads der Aufgaben auf die zuvor vermittelten Lerninhalte | | | |
| Verständlichkeit der Aufgabentypen | | | |
| Auswertungsniveau der Aufgabenstellungen | | | |
| Feedback aus den Aufgaben | | | |
| Brauchbarkeit der vermittelten Lerninhalte in der alltäglichen Berufspraxis | | | |
| Aktualität der Lerninhalte | | | |
| Richtigkeit und Seriosität der Lerninhalte | | | |
| Unterstützung für den Transfer in die Praxis (etwa durch Beispiele mit echtem Bezug, Nachfragemöglichkeiten etc.) | | | |
| Erfüllung der Anforderung, Wissenslücken zu schließen | | | |
| Technische Funktionalität | | | |
| Speichermöglichkeit der Lernerdaten | | | |
| Gewähltes Lernmedium ist für die zu vermittelnden Inhalte gut geeignet | | | |
| Bewertung des Lernniveaus (Schwierigkeitsgrads) | | | |
| Berücksichtigung verschiedener Lerntypen | | | |

## 9.3   Faktenblatt Auftraggeber

**Tab. 9.3**   Faktenblatt Auftraggeber

| Daten und Fakten über den Auftraggeber | Ergebnis |
|---|---|
| Firmenname, Unternehmensform, Anschrift, URL zur Unternehmenswebsite | |
| Mitglieder des Projektteams mit Name, Position und Kontaktdaten (vom Projektleiter des Auftraggebers erfragen) | |
| Check Website: streng und informationslastig (konservativ) oder spielerisch (jugendlich)? | |
| Unternehmensphilosophie (Trendunternehmen, konservative Werte, ökologische oder soziale Verantwortung etc.)? | |
| Aktuelle Entwicklungen des Unternehmens, die in der Fachpresse dokumentiert sind | |
| Größe des Unternehmens: Mitarbeiterzahl, Jahresumsatz, Niederlassungen (evtl. global) | |
| In welcher Branche ist das Unternehmen tätig? | |
| Welche Kooperationen ist das Unternehmen eingegangen? | |

## 9.4    Fragenkatalog an den Auftraggeber

**Tab. 9.4**  Fragenkatalog an den Auftraggeber

| Fragenkatalog an den Auftraggeber | Bemerkung |
|---|---|
| Wieso wollen Sie eine eLearning-Anwendung erstellen? | |
| Was erwarten Sie von dieser eLearning-Anwendung? | |
| Wie haben Sie bisher für die Aus- und Weiterbildung gesorgt? | |
| Wobei hatten Sie die größte Mühe? Welche Problemfelder ergaben sich dabei? | |
| Welcher Basaltext ist vorhanden? | |
| Was ist an Bildmaterial vorhanden? | |
| Welche Aussage/Gestaltung wird für die Abbildungen gewünscht (Farben, Objekte, Situationen)? | |
| Welche Art der Abbildung favorisieren Sie (Zeichnung, Illustration, Foto, Video)? | |
| Gibt es schon ein Pflichtenheft? | |
| Kann das Pflichtenheft eingesehen werden? | |
| Wie stehen Sie zu einer Leitfigur? | |
| Welche Tonality ist erwünscht? Soll die Zielgruppe locker mit „Du" angesprochen werden oder eher formal mit „Sie"? | |

## 9.5    Vorbereitung auf das Briefing durch den Auftraggeber

**Tab. 9.5**  Vorbereitung auf das Briefing durch den Auftraggeber

| Briefing-Element | Zu klären: Datum? Mit wem? | Erledigt? Wer? | Bemerkung |
|---|---|---|---|
| **1. Ausgangssituation und Problemstellung** | | | |
| Wie lässt sich das Unternehmen, für das Sie tätig sind, kurz und auf das Projekt bezogen darstellen? | | | |
| Was war die Ausgangssituation/Problemlage, die zu der Entscheidung führte, eine interaktive Lernanwendung zu produzieren? | | | |
| Ist es tatsächlich ein Problem, das auf Bildungsdefiziten basiert? (Probleme in der Technik oder im Management können nicht mit einer interaktiven Lernanwendung gelöst werden.) | | | |
| Welche zukünftigen Unternehmensentwicklungen zeichnen sich schon jetzt ab? Welchen Einfluss haben sie auf die eLearning-Produktion (zum Beispiel Kooperationen, neue Infrastruktur, internationale Ausrichtung)? | | | |
| Welche internen und externen Kommunikationsstrategien verfolgt Ihr Unternehmen? | | | |

**Tab. 9.5**   (Fortsetzung)

| Briefing-Element | Zu klären: Datum? Mit wem? | Erledigt? Wer? | Bemerkung |
|---|---|---|---|
| Welche Lebenszyklen sind für das zu produzierende eLearning geplant (zum Beispiel sind Updates erforderlich)? | | | |
| Fließt die eLearning-Produktion in ein bestehendes Bildungskonzept mit ein? Wenn ja: Wie soll die neue Bildungsmaßnahme „eLearning" darin integriert werden? | | | |
| Welche Synergien mit anderen Projekten im Unternehmen ergeben sich? | | | |
| Welche Gestaltungsrichtlinien gibt das Unternehmen vor (zum Beispiel Pflichtenheft, Corporate Identity)? | | | |
| Wieso wurde gerade diese Agentur ausgewählt (Kernkompetenz, spezielle Ausrichtung)? | | | |
| Welche offenen Fragen haben Sie an die Agentur und an den Medienautor, die Sie im Briefing klären möchten (zum Beispiel bezüglich Technik, Lernkonzept, Navigation, Screendesign)? | | | |
| **2. Anforderungsprofil und Richtziel** | | | |
| Mögliche Bereiche, in denen ein bestimmter Bildungsbedarf besteht: | | | |
| für bestimmte Aufgaben, | | | |
| positive finanzielle Bilanz, Arbeitsschutz, reibungslose Arbeitsprozesse, | | | |
| als Bestandteil oder Datenlieferant einer betrieblichen Weiterbildungsmaßnahme. | | | |
| Welche Art und Weise des Bildungsbedarfs liegt vor: normativ, subjektiv, demonstriert, zukünftig oder ereignisorientiert? | | | |
| Wie lautet das Richt-Lernziel (ausformulierter Satz), das der interaktiven Lernanwendung übergeordnet ist? (Ergibt sich aus der Zusammenstellung des Anforderungsprofils.) | | | |
| **3. Zielgruppe beschreiben** | | | |
| Wie sieht die Zielgruppe aus (zum Beispiel Vorbildung, Alter, Position)? | | | |
| Welche besonderen Wünsche hinsichtlich Inhalt, Gestaltung etc. wurden von den Mitarbeitern an Sie herangetragen? | | | |
| **4. Fachinhalte analysieren und bündeln** | | | |
| Welche Fähigkeiten und welches Wissen wollen wir wie aufbauen? | | | |
| Welche Inhalte wollen wir wie vermitteln? | | | |
| Welche Materialien stehen dafür bereit (= Basalmaterial)? | | | |

**Tab. 9.5**   (Fortsetzung)

| Briefing-Element | Zu klären: Datum? Mit wem? | Erledigt? Wer? | Bemerkung |
|---|---|---|---|
| Ist das Basalmaterial vollständig und aktuell (Zahlen, Gesetze, Inhalte etc.)? | | | |
| Können wir Teile des Basalmaterials schon im Vorfeld an die Multimedia-Agentur / den Medienautor verschicken? | | | |
| Lässt sich der Basaltext nach Groblernzielen gewichten? | | | |
| Erwarten Sie vom Dienstleister Recherchen zum Thema? Wenn ja, welche? | | | |
| **5. Ressourcen zusammenstellen / Organisatorisches** | | | |
| *Team* | | | |
| Welche Kollegen werden am Projekt beteiligt sein (Namen, Kontaktdaten, Positionen und Verantwortlichkeiten)? | | | |
| *Terminvorgaben* | | | |
| Welchen Terminvorgaben unterliegt die Weiterbildungsmaßnahme per eLearning (fixes Anfangs- oder Enddatum, Zeiten enger personeller Ressourcen)? | | | |
| Welche Meilensteine sind für die Produktion geplant? | | | |
| Welche Zeiten sind im Unternehmen für das Prüfen der Drehbücher und Prototypen vorgesehen (zum Beispiel 1 Tag in der Woche oder 1 Stunde täglich)? | | | |
| Urlaubsplanung und Ausfallzeiten beachten! | | | |
| *Informationsaustausch* | | | |
| Wie möchten wir die Konzepte und Drehbücher zur Abnahme prüfen (digital oder als Ausdruck)? | | | |
| Welche Formate stehen für den Datenaustausch zur Verfügung (zum Beispiel DOC, PDF, XLS, PPT etc.)? | | | |
| Gibt es Beschränkungen beim E-Mail-Versand? | | | |
| *Einsatzort* | | | |
| Wo lernt die Zielgruppe (zum Beispiel am Arbeitsplatz, zu Hause oder unterwegs)? | | | |
| Mit welcher Technik sind die Lernplätze ausgestattet (zum Beispiel Internetzugang oder Multimedia-Ausstattung)? | | | |
| *Budget* | | | |
| Welches Budget haben wir zur Verfügung? Lässt es sich auf kleine Arbeitspakete verteilen? | | | |

## 9.6     Teamarbeit im Briefing

**Tab. 9.6**  Teamarbeit im Briefing

| Briefing-Element | Gut | Weniger gut | Verbesserungs- vorschlag |
|---|---|---|---|
| Arbeitsatmosphäre (Offenheit, Redeanteile, Diskussionsbereitschaft etc.). | | | |
| Klären der Rollen und Zuständigkeiten der Teammitglieder | | | |
| Kommunikation innerhalb des Teams (offener Kommunikationsfluss, Spannungen und Rechthaberei, Loyalität) | | | |
| Diskussionsbereitschaft bei unterschiedlichen Meinungen | | | |
| Bereitschaft, gemeinsame Problemlösungen herbeizuführen | | | |
| Bereitschaft der Teammitglieder, mit den im Briefing definierten Arbeitsaufgaben sofort zu beginnen | | | |
| Qualität des Briefings insgesamt | | | |

## 9.7     Fragearten und -techniken

**Tab. 9.7**  Fragenarten und -techniken (Quelle: Patzak, Rattay 2009, S. 355f.)

| Arten von Fragen | Beschreibung und Beispiele | Anwendungssituationen Vorteile |
|---|---|---|
| Offene Fragen | Einleitung durch „Wer? Wo? Was?" | Einstieg ins Gespräch |
| | Was halten Sie von...? | Lässt dem Sender viele Möglichkeiten offen |
| | Wie sehen Sie...? | Informationsgewinnung |
| | Was muss diese Lösung alles bieten? | Gute Gesprächsatmosphäre schaffen |
| | Was braucht sie nicht zu bieten? | Sie erfahren mehr über das, was dem Kunden wichtig ist – nicht nur das, wovon Sie denken, dass es ihm wichtig ist, |
| | Wer kann dabei helfen? | |
| Auswahlfragen | Mindestens zwei Möglichkeiten zur Wahl gestellt | Zum näheren Präzisieren |
| | Das Ergebnis ist fast immer eine Entscheidung. | Aufzeigen und Finden von Lösungen |
| | | Einengen der Varianten |

**Tab. 9.7**  (Fortsetzung)

| Arten von Fragen | Beschreibung und Beispiele | Anwendungssituationen Vorteile |
|---|---|---|
| Geschlossene Fragen | Einleitung durch Verben oder Hilfsverben; Antwortmöglichkeiten: Ja oder Nein, Zahlen und Fakten<br><br>Wie viele Computer brauchen Sie?<br><br>Wer wird Projektleiter sein?<br><br>Wann beginnen Sie?<br><br>Haben Sie bereits ein Netzwerk? | Bei einfachen Fragestellungen<br><br>Zur Zusammenfassung und Absicherung des Verstandenen<br><br>Besiegelung getroffener Abmachungen<br><br>Achtung: Bei vielen geschlossenen Fragen entsteht der Eindruck eines Verhörs |

## Weitere Empfehlungen:

- Nur eine Frage zu einer Zeit stellen.
- Sich kurz fassen.
- Wichtige Fragen stellen.
- Eindeutige Formulierungen wählen.
- Doppelte Verneinungen weglassen.
- Aufmerksames und wachsames Zuhören kann Fragen ersparen.
- Bei Alternativfragen: alle Alternativen klären oder offene Fragen stellen.
- Bei heiklen Fragen: Reizwörter vermeiden.
- Fragestellungen variieren, um ein Kreuzverhör zu vermeiden.

## 9.8    Technische Einrichtungen und Spezifikationen

**Tab. 9.8**  Technische Einrichtungen und Spezifikationen

| Erfordernis | Kommentar / To-do |
|---|---|
| Wie wird die eLearning-Anwendung betrachtet (zum Beispiel Computer- bzw. Laptopbildschirm, Beamerpräsentation oder Smartphone)? | |
| Welches Betriebssystem ist auf dem Computer installiert (zum Beispiel Microsoft Windows Vista, Microsoft Windows XP oder Mac OS)? | |
| Welche Software ist auf dem Computer installiert (zum Beispiel Microsoft Word oder unternehmensspezifische Software, die in die eLearning-Anwendung integriert werden soll)? | |
| Welche Plug-ins sind vorhanden (zum Beispiel Flash Player, Acrobat Reader, Streaming-Video- und Audio-Formate, Applets oder Flash)? | |
| Welche Plug-ins sind für die eLearning-Anwendung zu ergänzen? | |
| Ist der Zugriff auf das Internet in ausreichender Schnelligkeit gesichert? | |
| Welche Internet-Browser sind in welcher Version installiert (zum Beispiel Internet Explorer, Mozilla Firefox, Opera oder andere Browser)? | |
| Welche Prozessorleistung besteht? | |
| Wie hoch ist die Taktfrequenz? | |
| Wie groß ist der Cache? | |

**Tab. 9.8**   (Fortsetzung)

| Erfordernis | Kommentar / To-do |
|---|---|
| Wie groß ist der Arbeitsspeicher? | |
| Wie groß ist der noch frei verfügbare Festplattenspeicher? | |
| Welchen Speicherumfang weist die Grafikkarte auf? | |
| Sind auf allen Lerncomputern Soundkarten und Lautsprecher vorhanden? | |
| Welche Arbeitskapazität hat die Soundkarte? | |
| Welche Datenübertragungsmedien stehen zur Verfügung (zum Beispiel ISDN, xDSL)? | |
| Welche Bildschirmauflösung haben die Monitore (zum Beispiel 1280 x 800 für Laptops, 1024 x 768 oder 1280 x 102)? | |
| Welche Verteilermöglichkeiten stehen beim Kunden für das Lernprogramm bereit (zum Beispiel Online-Lernplattform, CD-Auslieferung, FTP-Server)? | |

## 9.9   eLearning auswählen

**Tab. 9.9** eLearning auswählen (Quelle: bearbeitet nach Brönner 2003, S.143)

| Auswahlfrage | ja | nein | Kommentar |
|---|---|---|---|
| Haben die Teilnehmer ausreichend Zeit, um die eLearning-Anwendung zu nutzen? | | | |
| Stellt die eLearning-Variante Inhalte bereit, die den Erwartungen der Teilnehmer entsprechen? | | | |
| Erfüllt die Art der eLearning-Anwendung die Lernziele und Erwartungen seitens der Teilnehmer? | | | |
| Können die Elemente des eLearning das angestrebte Verhalten fördern? (Es ist ein Unterschied, ob Wissen nur vermittelt oder angewendet werden soll.) | | | |
| Ist für die Bearbeitung der Inhalte Orientierungswissen notwendig oder soll es durch den eLearning-Kurs vermittelt werden? | | | |
| Wendet sich der Kurs an Anfänger oder an Fortgeschrittene? | | | |
| Entsprechen die Elemente der gewählten eLearning-Anwendung dem Grad der Erfahrung mit selbstgesteuertem Lernen, den die Mehrzahl der Teilnehmer aufweist? | | | |
| Entsprechen die Elemente der gewählten eLearning-Anwendung dem Lernstil (rezeptiv oder explorativ) der Teilnehmer? | | | |
| Können die Teilnehmer mit den einzelnen Elementen der gewählten eLearning-Anwendung intuitiv umgehen? | | | |

## 9.10    Drehbuchabnahme

**Tab. 9.10** Drehbuchabnahme

| Prüfkriterien | Kommentar / Ja: erfüllt / Nein: Was fehlt? |
|---|---|
| **1. Formales** | |
| Das Dokument enthält folgende Angaben: | |
| Titel des Lernprogramms, | |
| Modultitel, | |
| Nummerierung für die Eingliederung im Gesamttext und als Basis für die spätere Versionsangabe, | |
| Autor, | |
| Datum, | |
| Inhaltsverzeichnis, | |
| Seitenzahlen sowie | |
| realistische Zeitangaben für die Dauer der Bearbeitung einzelner Kapitel. | |
| **2. Allgemeines** | |
| Das Drehbuch bietet eine eingängige Vorausschau auf die Darstellung in der späteren eLearning-Anwendung. | |
| Die Bildschirmseiten sind übersichtlich gestaltet. | |
| Das Verhältnis zwischen Visualisierung und Text ist ausgewogen. | |
| Die Bildschirmaufteilung ist konsistent, entsprechend dem jeweiligen Lernseitentyp, wie zum Beispiel Aufgabe, Information oder Beispiel (Wiedererkennungseffekt). | |
| Die Überleitungen zwischen den Lernseiten sind stimmig (zum Beispiel überleitender bzw. ankündigender Audiotext passt zum nächsten Lerninhalt). | |
| Das Prinzip „1 Bildschirmseite = 1 Gedanke" wird befolgt. | |
| **3. Lerninhalt** | |
| Alle im Briefing angegebenen Lerninhalte sind abgebildet (Kontrolle anhand des Briefing-Protokolls). | |
| Die Lerninhalte orientieren sich an den Lernzielen, das heißt, sie können den Lernzielen entsprechend abgefragt werden. | |
| Lerninhalte, Tonality und Struktur sind zielgruppengerecht. | |
| Die jeweiligen Lernziele werden am Anfang einer eLearning-Anwendung und zu Beginn eines Moduls genannt. | |
| Zum Abschluss einer eLearning-Awendung oder eines Moduls erfolgt eine Zusammenfassung des Gelernten. | |
| Die Lerninhalte bilden eine sinnvolle Einheit. | |
| Zahlen, Fakten und Statistiken sind auf dem aktuellsten Stand. | |
| Die Lerninhalte sind fachlich korrekt. | |
| Die Lerninhalte sind handlungsorientiert aufgebaut. | |
| Die Lerninhalte regen den Anwender an, das Gelernte zu hinterfragen und gedanklich zu durchdringen. | |
| Die Lerninhalte greifen Aufgabenstellungen und Probleme aus der Praxis der Anwender auf. | |

**Tab. 9.10** (Fortsetzung)

| Prüfkriterien | Kommentar / Ja: erfüllt / Nein: Was fehlt? |
| --- | --- |

**4. Sprache und Text**

Abkürzungen sind sinnvoll, einfach und werden erklärt.

Fachbegriffe sind sinnvoll, ausdrucksstark und werden erklärt.

Kernbegriffe sind hervorgehoben.

Die Rechtschreibung ist korrekt (Orthografie, Grammatik, Stil, Interpunktion).

Regeln für Bildschirmtexte werden befolgt:

kurze, einfache und folgerichtige Sätze,

möglichst wenige Adjektive,

drei bis maximal sieben Textblöcke pro Bildschirmseite sowie

drei bis maximal sieben Sätze pro Textblock.

**5. Audio**

Zahlen sind immer als Ziffern dargestellt.

Die Anweisung zu einer bestimmten Aussprache erscheint in Klammern vor dem ganzen Take.

Betonte Stellen sind unterstrichen oder fett.

Korrekte Rechtschreibung (Orthografie, Grammatik, Stil und Interpunktion).

Audiotexte müssen separat für die gesamte eLearning-Anwendung gegengeprüft werden (Vermeidung von Doppeltexten, logische Sprecherführung).

Sprecheranweisungen für emotionale Färbungen bzw. Tonlagen sind eindeutig.

Die Audiotexte sind in kleinstmögliche Sequenzen unterteilt wegen der besseren Aktualisierbarkeit zu einem späteren Zeitpunkt.

Die Audiotexte sind konsistent: Wichtige Begriffe werden immer gleich ausgesprochen und sind gleichlautend mit dem Bildschirmtext.

Die Audiotexte folgen einer einmal gewählten Bezeichnung; Synonyme kommen nur sparsam vor.

Die Inhalte der Audiotexte erscheinen als Zusammenfassung auf dem Bildschirm.

Audiotexte mit für den weiteren Lernverlauf wichtigen Informationen werden von Bildschirmtexten begleitet (Flüchtigkeit des Gehörten).

Die Audiotexte lassen sich beim lauten Lesen gut sprechen und klingen eingängig fürs Ohr.

Bei den Audiosätzen steht das Verb vorne im Satz, Satzklammern tauchen nicht auf.

Je Audiosatz wird nur eine neue Information transportiert.

Die Audiotexte sind handlungsorientiert geschrieben; daher weisen sie viele Verben auf und wenig Nominalkonstruktionen.

Die Audiotexte verwenden Adjektive sparsam.

Die Charaktere verschiedener Sprechertypen in einer eLearning-Anwendung sind konsistent und einprägsam.

Dialoge sind handlungsorientiert gestaltet und stellen eine Beziehung zwischen den Sprechertypen her.

Bei zusammengehörenden Lernseiten: Die Überleitungen der Audios stimmen mit den Inhalten der darauffolgenden Seite überein.

**Tab. 9.10** (Fortsetzung)

| Prüfkriterien | Kommentar / Ja: erfüllt / Nein: Was fehlt? |
|---|---|

**6. Visualisierung**

Visualisierungen passen in den jeweiligen Sinnzusammenhang und unterstützen die Vermittlung der Lerninhalte.

Grafiken, Tabellen, Statistiken etc. sind selbsterklärend oder mit entsprechenden Erklärungen versehen.

Grafiken wirken übersichtlich und sind leicht verständlich.

Die Visualisierung lenkt nicht vom Inhalt ab.

Der Anwender wird angeleitet, sich mit der Visualisierung zu beschäftigen.

Die Auswahl der Bilder, Grafiken, Fotos, Videos oder Ähnliches ist abwechslungsreich, folgt aber einem gemeinsamen Stil.

Die Beschreibung von Visualisierungen ermöglicht dem Leser eine reale Vorstellung derselben.

Die Visualisierung ist zielgruppengerecht umgesetzt.

Die Visualisierung wird den Mindestanforderungen der technischen Ausstattung der Zielgruppe gerecht.

Visualisierungen, die nicht aus dem eigenen Hause stammen, nennen eine nachprüfbare Quelle.

**7. Beispiele**

Die Beispiele sind zielgruppenbezogen und handlungsorientiert.

Die Beispiele sind praxisbezogen und einprägsam.

Die Beispiele wecken die Neugier der Teilnehmer und motivieren damit zum Arbeiten mit dem Lernprogramm.

**8. Feedback**

Das Feedback ist zielgruppengerecht.

Das Feedback ist evaluierend.

Das Feedback ist motivierend.

**9. Aufgaben**

Die Aufgabenstellungen entsprechen in ihrem Schwierigkeitsgrad der Taxonomie.

Die Aufgabentypen sind abwechslungsreich.

Die Aufgabentypen entsprechen dem zu erfragenden Lerninhalt.

## 9.11    Change-Request-Formular

**Tab. 9.11** Change Request-Formular

| Antrag auf Änderung | Stellungnahmen |
|---|---|
| Antragsteller | Projektleiter Agentur |
| Projekt | Auftraggeber |
| Seite/Index/ Kapitel | Fachberater |
| Inhalt der Änderung | Drehbuchautor |
| Begründung der Änderung | Softwareentwickler |
| Auswirkungen auf andere Seiten/Kapitel | Grafiker |
| Termin | andere (wer?) |
| Kosten | |
| Änderung wird ausgeführt durch: | |
| Priorität: hoch/mittel/niedrig | |
| Antrag genehmigt: ja/nein | Begründung |
| Datum | Unterschrift |

## 9.12    Standards für eLearning

**Tab. 9.12** Standards für eLearning

| Bezeichnung | Bedeutung |
|---|---|
| ADL (Advanced Distributed Learning) | Organisation des amerikanischen Verteidigungsministeriums; entwickelt Standardisierungsmodelle für eLearning (vgl. SCORM) |
| AICC (Aviation Industry CBT Committee) | Internationaler Non-Profit-Verbund von eLearning-Produzenten, gegründet von der amerikanischen Luftfahrtindustrie; arbeitet an der Standardisierung von Lernobjekten. Eine Richtlinie beschreibt zum Beispiel das Datenformat, das für den Datenaustausch von Lernprogrammen und LMS (siehe „LMS") eingesetzt werden sollte. Das heißt, alle eLearning-Anwendungen mit AICC-Standard laufen problemlos auf AICC-kompatiblen Lernplattformen; Vorteil: Die eLearning-Anwendung kann unabhängig von der später gewählten Lernplattform produziert werden. Die AICC-Kompatibilität wird per Zertifikat nachgewiesen. |

**Tab. 9.12** (Fortsetzung)

| Bezeichnung | Bedeutung |
|---|---|
| API (Application Programming Interface) | Kommunikationsschnittstelle zwischen LMS (siehe „LMS") und WBT: Datenaustausch und Information über Zustand des Lerninhalts (zum Beispiel „ist beendet") |
| EML (Educational Modelling Language) | Vom IEEE (siehe „IEEE") entwickelter Standard, der didaktische Methoden und Prozesse von Lernobjekten beschreibt, zum Beispiel welche Interaktionen in welcher Lernsituation ablaufen und wie deren Gestaltung demnach aussehen soll. EML macht zudem Angaben über die Beteiligten des eLearnings: Dozent, Lernender, Administrator etc. Ziel ist, Lernprozesse besser planen und organisieren zu können. |
| GPRS (General Packet Radio Service) | GPRS ist eine Übertragungstechnik, die einen Internetzugang via Mobiltelefon oder Smartphone ermöglicht. Der Mobilfunknetzbetreiber ist in diesem Fall zugleich der Internetprovider, das heißt, die Internetverbindung basiert nicht auf einer Wählverbindung, sondern auf einer Signaltechnik, die eine permanente Internetleitung ermöglicht. |
| HTML (Hyper Text Markup Language) | Offener Standard zur Darstellung multimedialer Inhalte im World Wide Web; HTML arbeitet mit Hyperlinks, die per Mausklick auf ein verknüpftes Dokument führen. |
| IEEE (Institute of Electric and Electronic Engineers) | Amerikanisches Normierungsinstitut, das eLearning-Standards entwickelt und im Gegensatz zu anderen Standardisierungs-Körperschaften auch berechtigt ist, eine Empfehlung bei der ISO einzureichen. |
| IMS (Interoperable Learning Technology) | Standard, entwickelt von einem internationalen Verbund von mehr als 200 Bildungsorganisationen, der öffentlichen Hand sowie eLearning-Produzenten und -Nutzern. Ziel des Standards ist, Lerninhalte auf vielen LMS (siehe „LMS") und im Internet funktionsfähig zu machen. Eine weitere Spezifikation von IMS ist die „Package Description", die eine Standardisierung von Lernobjekten anstrebt, zum Beispiel zum Austausch von Lerninhalten zwischen Autorenprogrammen und LMS; sie dient außerdem der Beschreibung von Kursstrukturen und der Protokollierung des Lernerfolgs. |
| LIP (Learner Information Package) | Das LIP ist ein Standard, der die Eigenschaften und Charakteristika der am Lernprozess beteiligten Akteure beschreibt. Der Standard umfasst dabei zum Beispiel demografische Daten, Abschlüsse, Qualifikationen oder Lernpräferenzen. |
| LMS (Learning Management System) | Lernplattform (engl.), unterstützt Funktionen wie Personalisierung, Aufzeichnung von Benutzerdaten, elektronische Abrechnung; sollte dem AICC-Standard entsprechen (siehe „AICC") |
| LOM (Learning Object Metadata) | Empfehlung zur Vereinheitlichung der Beschreibung von Lernobjekten (zum Beispiel Kurse, WBTs): technische, pädagogische, rechtliche, beziehungsspezifische Eigenschaften sowie Angaben zu Autor, Datum, Lizenz und Aktualisierung. Ziel ist, die Auswahl von Lernobjekten zu erleichtern, zum Beispiel indem der Standard angibt, ob sich ein Lernobjekt für eine bestimmte Zielgruppe eignet. |
| MPEG-x Motion Pictures Expert Group | Die Motion Pictures Expert Group wurde 1989 gegründet mit dem Ziel, ein Modell zur Kompression von Bewegtbildern und Tonspuren zu spezifizieren. Erste Modellspezifikationen erfolgten bereits 1990. |

**Tab. 9.12** (Fortsetzung)

| Bezeichnung | Bedeutung |
|---|---|
| PAPI (Public and Privat Information) | Vom IEEE (siehe „IEEE") entwickelter Standard, der Lernerprofile beschreibt (Name, Adresse, Lernverhalten und -leistung, Zertifikate, Passwörter, Benutzerpräferenzen etc.). Damit können Lernerprofile eines LMS einheitlich erfasst werden. |
| SCORM (Shareable Content Object Reference Model) | Von der ADL (siehe „ADL") entwickelte Empfehlung zur Standardisierung von Lernobjekten (siehe „LOM"), die folgenden Anforderungen gerecht werden sollen: Wiederverwendbarkeit, Erreichbarkeit, Haltbarkeit und Interoperabilität (= Kommunikation und Datenaustausch zwischen verschiedenen Systemen). Die SCORM-Spezifikationen sollen dazu beitragen, webbasierte Lerninhalte in unterschiedlichen Lernumgebungen einzusetzen. Webbasierte LMS (siehe „LMS") sollen damit system- und plattformunabhängig Lerneinheiten verwenden, verarbeiten und austauschen können. |
| SGML (Standard Generalized Markup Language) | SGML ist ein Definitionssystem, das große Mengen von Dokumenten organisieren helfen soll. Dabei erhalten Dokumente Formatierungsvorschriften, womit sie sich leichter organisieren, strukturieren und zuordnen lassen. Die Struktur der Dokumente wird dabei von ihrem inhaltlichen Erscheinungsbild getrennt. Bekannte Ableitungen von SGML sind HTML (siehe „HTML") und XML (siehe „XML"). |
| TCP/IP (Transmission Control Protocol / Internet Protocol) | Das TCP/IP ist Grundlage des Netzwerks, auf dem das Internet basiert. TCP stellt die Daten im Internet zu, während IP den Transport übernimmt. |
| UMTS (Universal Mobile Telecommunications System) | UMTS ist ein Datenfunksystem, das Übertragungsraten von bis zu 2 Mbit/s ermöglicht. Viele Multimedia-Dienste basieren auf UMTS, wie zum Beispiel Videotelefonie, mobiles Internet, Unified Messaging (= zentrale Online-Mailbox für Anrufe, Faxe, E-Mails oder SMS), Navigation, E-Commerce, Online-Banking oder digitales Fernsehen. |
| XML (Extensible Markup Language) | Universelles Datenformat, das Inhalt und Formatierungsinformationen voneinander trennt (vgl. Vorlagensystem bei Microsoft Word); dadurch einfache Änderung von Inhalten; alle Dokumente sind untereinander verlinkbar, Meta-Sprache. |
| XSL (Extensible Stylesheet Language) | Stylesheet mit Formatierungsangaben für XML-Daten (siehe „XML"). |

## 9.13    Fragebogen an die Zielgruppe

Liebe Kolleginnen und Kollegen,

Sie haben vielleicht schon erfahren, dass ein Web Based Training (WBT) zu den
Garantieverträgen der Elektronikabteilung unseres Warenhauses produziert wird. Wir beab-
sichtigen, die Lerneinheiten so praxisnah wie möglich zu gestalten. Dazu benötigen wir Ihre
Mithilfe, sozusagen direkt aus dem Verkaufsalltag. Bitte nehmen Sie sich 10 Minuten Zeit,
nachfolgende Fragen kurz zu beantworten.

Vielen Dank!

Welche Argumente bringen Kunden am häufigsten vor, wenn sie ein von Ihnen angebotenes
Beratungsgespräch zu einem Garantievertrag ablehnen? Wenn möglich, geben Sie bitte das
zugehörige Produkt (zum Beispiel Netbook, Mobiltelefon, Tablet-PC, Smartphone etc.) in
Klammern dazu an.

Bitte nennen Sie so viele Argumente wie möglich.

_____

_____

_____

Welche Argumente des Kunden führen im Beratungsgespräch am häufigsten zum Nicht-
Abschluss eines Garantievertrags? Wenn möglich, geben Sie bitte das zugehörige Produkt in
Klammern dazu an.

Bitte nennen Sie so viele Argumente wie möglich.

_____

_____

_____

Sie erkennen, dass ein Kunde einen Garantievertrag brauchen könnte und Sie wollen ihn von
einem Beratungsgespräch überzeugen. Welche Argumente fehlen Ihnen in dieser Situation am
häufigsten?

_____

_____

_____

An welchen Signalen erkennen Sie, dass ein Kunde einen Garantievertrag brauchen könnte (zum Beispiel an der Frage nach der Hotline; im Gespräch ist zu erkennen, dass er sich nicht sonderlich mit dem Produkt auskennt, das er sich anschaffen möchte)? Wie gehen Sie in der Praxis vor?

_____

_____

_____

Gibt es noch etwas, das Sie zum Thema „Beratungsgespräch/Signalerkennung" ergänzen möchten (gute Tipps für Kollegen, Hindernisse, Strategien etc.)?

_____

_____

_____

Herzlichen Dank für Ihre Mithilfe! Ihre Antworten fließen in die WBT-Produktion ein.

Mit den besten Grüßen

Ihr Projektteam eLearning

## 9.14 Zielgruppenanalyse

**Tab. 9.14** Zielgruppenanalyse

| Analysekriterien | Eigenschaften der Zielgruppe |
|---|---|
| Größe der Zielgruppe (Zahl der Endanwender der eLearning-Anwendung) | |
| Struktur der Zielgruppe (homogen/heterogen bezüglich Alter, Geschlecht, Nationalität etc.) | |
| Altersstruktur der Zielgruppe (zum Beispiel 30-40 Jahre, 16-25 Jahre) | |
| Frauen- bzw. Männeranteil in Prozent | |
| Ausgeübter Beruf | |
| Position im Betrieb (Führungskräfte, Fachexperten, Sachbearbeiter, Auszubildende, Handwerker, Verkäufer etc.) | |
| Bildungsstand (Schulabschluss, Berufsausbildung) | |
| Bisheriger Einsatz elektronischer Lernanwendungen (ja/nein) | |

**Tab. 9.14** (Fortsetzung)

| Analysekriterien | Eigenschaften der Zielgruppe |
|---|---|
| Medienkompetenz (Beherrschen des Umgangs mit betriebsüblicher Hard- und Software sowie Kompetenz im Umgang mit gängigen Internet- und Interaktionsfunktionen via Computer) | |
| Lernort (zu Hause/Arbeitsplatz) | |
| Lernzeit (begrenzt/unbegrenzt) | |
| Einbindung ins Bildungskonzept (Selbststudium oder Einsatz kombiniert mit Präsenzseminar) | |
| Vorkenntnisse zu den Lerninhalten | |
| Erwartungen an die eLearning-Anwendung | |
| Motivation (Zustimmung, Ablehnung der zu vermittelnden Lerninhalte bzw. der Einführung von eLearning; extrinsisch/intrinsisch) | |

# 9.15  Seitengestaltung

| **Praktische Tipps für das Screendesign** (Quelle: Reglin 2000, S. 103) |
|---|
| Minimieren Sie die Größe von Grafik-Dateien so weit wie möglich. |
| Verwenden Sie insbesondere auf der/den Startseite/n keine aufwendigen Grafiken, Java-Applets oder Animationen mit langen Ladezeiten. |
| Verzichten Sie darauf, die Navigation an große Imagemaps zu knüpfen. |
| Wenn Sie Imagemaps zur Navigation verwenden, so bieten Sie alternativ Text-Links an. |
| Muss aus inhaltlichen Gründen mit großen Dokumenten gearbeitet werden, so verbinden Sie eine „Vorwarnung" an den Nutzer mit dem betreffenden Link. |
| Verzichten Sie auf ablenkende Bewegung auf dem Bildschirm, wie zum Beispiel das Blinken von Texten. |
| Verwenden Sie keine Hintergrundgrafiken, die ablenken und das Lesen erschweren. |
| Muten Sie dem Nutzer kein horizontales Scrollen zu. |
| Achten Sie auf gute Lesbarkeit des Textes. Die Spaltenbreite sollte zum Beispiel deutlich geringer sein als die Bildschirmbreite. |
| Verwenden Sie keine zu langen Textabsätze ohne Untergliederung. |
| Verwenden Sie Überschriften und Zwischenüberschriften oder auch kleine Grafiken zur Gliederung von Text. |
| Vermeiden Sie dabei die Verwendung vieler unterschiedlicher Schriftgrößen: Das erzeugt ein unruhiges Bild. |
| Verwenden Sie keine zu langen, unübersichtlichen Dokumente. |

## 9.16    Grobkonzept

**Tab. 9.14** Grobkonzept

| Prüfkriterien | Kommentar / Ja: erfüllt / Nein: Was fehlt? |
|---|---|
| Die Zielgruppe ist genau beschrieben. | |
| Die Groblernziele sind klar und präzise formuliert. | |
| Bezüge zu externen Lernzielkatalogen (zum Beispiel Prüfungskataloge) sind aufgeführt. | |
| Die notwendigen Wissensvoraussetzungen der Lernenden sind angegeben. | |
| Die Inhalte wurden anhand der Lernziele ausgewählt. | |
| Die Lerninhalte sind umfassend aufgeführt. | |
| Der gewählte Lehransatz ist ausführlich beschrieben und didaktisch begründet. | |
| Die Navigation ist visualisiert und wird erläutert. | |
| Die Navigation steht in einem sinnvollen Zusammenhang mit dem Lehransatz. | |
| Die Navigation ist intuitiv erfassbar. | |
| Die Vermittlung der Inhalte ist an die Zielgruppe angepasst. | |
| Das Design ist zielgruppengerecht und übersichtlich. | |
| Die einzusetzenden Medien sind vollständig aufgelistet. | |
| Die Leitfigur ist visualisiert. | |
| Die Funktionen und Aufgaben der Leitfigur sind beschrieben. | |
| Der Charakter der Leitfigur wird deutlich. | |
| Die Beschreibung der technischen Voraussetzungen ist vollständig. | |

## 9.17    Feinkonzept

**Tab. 9.15** Feinkonzept

| Prüfkriterien | Kommentar / Ja: erfüllt / Nein: was fehlt? |
|---|---|
| Die Groblernziele sind in Feinlernziele untergliedert. | |
| Den Feinlernzielen sind Taxonomiestufen zugeordnet. | |
| Die Feinlernziele sind eindeutig operationalisiert. | |
| Die Art der Lernseiten ist im Mengengerüst aufgeführt. | |
| Die Anzahl der Lernseiten ist im Mengengerüst festgelegt. | |
| Die Inhalte sind in Lektionen, Lerneinheiten und Lernschritte unterteilt. | |
| Die Untergliederungen sind mit Beginn und Ende klar abgegrenzt. | |
| Hinweise zu zusätzlichen Informationsquellen sind angegeben. | |
| Der Medieneinsatz ist in einer Liste vollständig aufgeführt und den einzelnen Lernseiten zugeordnet. | |

## 9.18 Bildgestaltung

**Tab. 9.16** Bildgestaltung (Quelle: Bearbeitet nach Ballsteadt 1997, S.267)

| Prüfkriterien | Kommentar / Ja: erfüllt / Nein: Was fehlt? |
|---|---|
| Ist die Funktion des Bilds durch die Gestaltung unmissverständlich klar? | |
| Entspricht die Perspektive eines Abbilds dem Lernziel und dem Standort des Benutzers? | |
| Sind die Darstellungskonventionen ausdrücklich eingeführt und konsistent verwendet? | |
| Sind die Komponenten einer Visualisierung (Kästen, Balken, Spalten, Pfeile usw.) eindeutig durch sprachliche oder visuelle Marken gekennzeichnet? | |
| Ist die Größe des Bilds funktionsgerecht für eine globale Übersicht oder eine detaillierte Auswertung? | |
| Sind keine überflüssigen oder unnötig komplexen Details im Bild? | |
| Haben die verwendeten Farben eine didaktische Funktion? | |
| Wird die Aufmerksamkeit durch grafische Hervorhebungen auf die wichtigen Bilddetails gelenkt? | |
| Wird nur ein Mittel zur Steuerung der Aufmerksamkeit konsistent eingesetzt? | |
| Sind die Objekte, Handlungen, Ereignisse oder Daten so angeordnet, dass sie in der richtigen bzw. erwünschten Reihenfolge aufgenommen werden? | |
| Ist durch die Wirkung von Gestaltfaktoren eine eindeutige Organisation des Sehfelds gegeben? | |
| Sind einzelne Komponenten des Bilds deutlich erkennbar und unterscheidbar? | |

## 9.19 Feedback

**Tab. 9.17** Feedback

| Feedback im Drehbuch | Kommentar / Ja: erfüllt / Nein: Was fehlt? |
|---|---|
| Ist das Audio-Feedback abschaltbar? | |
| Passt das Feedback zur Antwort des Lernenden? | |
| Hilft das Feedback weiter (sodass der Lernende seinen weiteren Lernweg danach gestalten kann)? | |
| Gibt das Feedback Wiederholungsempfehlungen? | |
| Ist das Feedback konstruktiv, das heißt erläutert es, was falsch gemacht wurde? | |

**Tab. 9.17** (Fortsetzung)

| Feedback im Drehbuch | Kommentar / Ja: erfüllt / Nein: Was fehlt? |
|---|---|
| Ist das Feedback differenziert, das heißt gibt es Hinweise und Denkanstöße statt stereotyp zu sein? | |
| Ist das Feedback adaptiv, das heißt passt es sich dem Lernniveau des Lernenden an? | |
| Stellt das Feedback einen persönlichen Bezug her (zum Beispiel Aufmunterung, persönliche Anrede, Bestätigung)? | |
| Ist die Formulierung des Feedbacks positiv und aufmunternd? | |
| Geht das Feedback auf die Anzahl der Lösungsversuche ein? | |

## 9.20 Informationsgespräch Angebot

**Tab. 9.18** Informationsgespräch Angebot

| Fragen an die Multimedia-Agentur | Notizen |
|---|---|
| Welche Anzahl von Lernstunden ist vorgesehen? | |
| Gibt es schon ein Mengengerüst (mit der genauen Angabe zur Anzahl und den Typen von Bildschirmseiten)? | |
| Wenn es ein Mengengerüst gibt, wie viele Bildschirmseiten werden je Lernstunde veranschlagt? | |
| Sollen die Bildschirmseiten reine Informationsseiten sein, also relativ statisch? | |
| Sollen die Bildschirmseiten interaktiv sein, das heißt eher einem Filmablauf entsprechen? | |
| Wie viele Aufgaben sind je Lernstunde vorgesehen? | |
| Sollen die Aufgaben differenziertes Feedback beinhalten? | |
| Wie soll die Visualisierung aussehen (Grafik, Fotos, Animation, Handzeichnung)? | |
| Sind Lernziele und -inhalte schon vorgegeben? | |
| Wie viele Tage werden für das Briefing veranschlagt? | |
| Wie viele Tage werden für die Drehbuchabnahme veranschlagt? | |
| Wer übernimmt die Reisekosten? | |

## Literaturhinweise

Ballstaedt, Steffen-Peter (1997) Wissensvermittlung. Die Gestaltung von Lernmaterial. Weinheim: Beltz Verlagsgruppe.

Brönner, Andrea (2003) Planungsperspektive: Reflexionsfragen zur Zusammenstellung geeigneter Grundformen innerhalb eines eLearning-Arrangements. In: vbm – Verband der Bayerischen Metall- und Elektroindustrie (Hrsg.) Leitfaden E-Learning.

Patzak, Gerold & Günter Rattay (2009) Projektmanagement. Wien: Linde Verlag, 5. Auflage.
Prevezanos, Christopher (2011) Computer Lexikon 2012. München, Markt + Technik Verlag.
Reglin, Thomas (2000) Betriebliche Weiterbildung im Internet. Bielefeld: Bertelsmann Verlag

# Glossar

## Fachbegriffe

*ADL – Advanced Distributed Learning (engl.)*
Organisation für die Entwicklung von eLearning Standards, welche die Kompatibilität zwischen Lerninhalten und Lernplattformen gewährleisten.

*Advance Organizer (engl.)*
Ein Advance Organizer ist ein vor den Haupttext gestelltes Element der Textgestaltung. Er gibt einen Überblick zum nachfolgenden Textinhalt und soll damit dem Leser das Erfassen und Behalten des Textinhalts erleichtern. Er wird vor allem in Lehrtexten, wissenschaftlichen Arbeiten und Technischen Dokumentationen verwendet.

*AICC – Aviation Industry CBT Committee (engl.)*
Internationaler Zusammenschluss von Experten zur Standardisierung von eLearning. Das AICC hat zum Beispiel Festlegungen zum Austausch von Daten zwischen WBTs und Lernplattform getroffen.

*Affektiv*
Auf Emotionen, Einstellungen und Werte bezogene Zuschreibung einer Person.

*Animation*
Eine Animation ist die Simulation von Bewegungen, die man durch eine Serie zeitlich aufeinander folgender Bilder erzeugen kann, zum Beispiel auf einem Farbmonitor. In der Computergrafik lassen sich Animationen auf verschiedene Arten erzeugen.

*App – Applet (engl. „application")*
Ein Applet oder kurz „App" ist ein kleines Anwendungsprogramm, das über das Internet übertragen wird. Voraussetzung, um ein(e/en) App zu lesen, ist ein Browser, der den zu Grunde liegenden Java-Code (siehe „Java") interpretieren kann.

*Art Director*
Leitender Grafiker oder künstlerischer Leiter in einer Werbeagentur, Multimedia-Agentur, Filmproduktion oder ähnlichen Medien-Agentur.

*Autorenwerkzeug*

Ein Autorenwerkzeug ist eine Software, mit der interaktive multimediale Anwendungen (zum Beispiel eine eLearning-Anwendung) entwickelt werden können, ohne über tiefgehende Programmierkenntnisse verfügen zu müssen.

*AS – Application Sharing (engl. „Anwendungsaufteilung")*

Beim Application Sharing benutzen Anwender Software, Daten oder andere Elemente wechselseitig als gemeinsames Arbeitsprojekt an einem einzigen Computer.

*ASP – Application Service Providing (engl.)*

Einzelne informations- und kommunikationstechnische Aufgaben werden an einen externen Dienstleister ausgelagert.

*Basaltext*

Als Basaltext bezeichnet man alle Lehrmaterialien und -texte, auf deren Basis eLearning-Konzepte und später eLearning-Drehbücher entstehen sollen. Dies kann zum Beispiel ein Lehrbuch sein, eine Informationsbroschüre oder ein Gesetzestext.

*Blended Learning (engl.)*

Lernen im Medienverbund. Kombination aus Online- und Präsenzlernphasen, wobei erschiedene Lehrmittel eingesetzt werden, zum Beispiel WBT (siehe „WBT"), Lehrbuch, Flipchart.

*Betaversion (engl.)*

Erste lauffähige Version einer Software, die der Hersteller zu Testzwecken veröffentlicht, um mögliche Fehler festzustellen.

*Benutzeroberfläche*

Anwenderfreundliche Darstellung der wesentlichen Steuerelemente von System- und Programmfunktionen.

*Browser* (engl.)

Ein Browser ist eine Software mit der man im Word Wide Web navigieren kann. Mit einem Browser sind HTML-formatierte Seiten direkt aufrufbar.

*Briefing (engl.)*

Ein Briefing ist eine Anweisung oder Lagebesprechung. Es ist das Fundament für Exposé und Angebot der Agentur(en) sowie den weiteren Projektverlauf. Es sollte deshalb sorgfältig und gründlich vorbereitet und durchgeführt werden.

*CBT – Computer Based Training*

Die Trainingsinhalte sind beim CBT im Gegensatz zum WBT (siehe „WBT") offline abrufbar, beispielsweise von einer CD-ROM.

*CD – Corporate Design (engl.)*

Zum Corporate Design eines Unternehmens gehörende markante Zeichen- oder Symbolsysteme mit hohem Wiedererkennungswert, wie zum Beispiel Warenzeichen oder Logos.

*CI – Corporate Identity (engl.)*

Strategisches Konzept zur Darstellung einer einheitlichen Unternehmensidentität nach innen und außen.

*CMS – Content Management System (engl.)*
Inhalte werden in einer Datenbank gespeichert und so aufbereitet, dass Internetseiten ohne Programmierkenntnisse erstellt, gepflegt und verändert werden können.

*Didaktik (griech.)*
Didaktik ist die Kunst des Lehrens. Sie beschreibt die Auswahl geeigneter Strategien zur Vermittlung von Lerninhalten.

*Download (engl. „Herunterladen")*
Der Internetbenutzer kopiert Dateien von einem öffentlichen Server auf seine private Festplatte.

*Drag-and-drop (engl. „ziehen und fallen lassen")*
Der Benutzer kann durch das Verschieben grafischer Elemente mit der Maus oder mit der Hand verschiedene Handlungen auf der virtuellen Oberfläche durchführen, zum Beispiel in einer Übung eine Auswahl von Beschriftungen den richtigen Elementen einer Grafik zuordnen.

*Drill-and-Practice (engl.)*
Unter „Drill-and-Practice" versteht man Lernsoftware, mit der durch wiederholte Übungen bestimmte Fertigkeiten trainiert werden können (etwa elementare Rechenfertigkeiten).

*Expertensystem*
Ein Expertensystem ist eine Software, die mittels künstlicher Intelligenz und dem Zugriff auf große Datenbanken Entscheidungen trifft. Beispielsweise verwendet die Medizin Expertensysteme, um Diagnosen zu treffen.

*Flussdiagramm*
Siehe „Flowchart".

*Flowchart (engl. „Flussdiagramm")*
Ein Flowchart ist ein grafisches Hilfsmittel, um einen Ablauf zu veranschaulichen, zum Beispiel die Kapitelfolge und -zugehörigkeit innerhalb einer eLearning-Anwendung.

*Flystick (engl.)*
Ein Flystick ist ein Eingabegerät für die Interaktion mit der Virtuellen Realität (siehe „VR"). Durch Betätigen eines Flysticks kann man mit optischen Systemen navigieren. Zusammen mit intelligenten Infrarotkameras kann sich der Benutzer ohne Verkabelung frei in der VR bewegen.

*Frame (engl. „Rahmen")*
Technik, die Browserfenster in verschiedene, voneinander unabhängige und scrollbare Bereiche aufteilt. Damit sollen auch komplexe Website-Strukturen (siehe „Site") übersichtlich bleiben und Ladezeiten eingespart werden. Da immer nur der Inhalt eines Frames getauscht wird ist die Folge in schnellerer Seitenaufbau.

*HTML – Hypertext Markup Language (engl.)*
HTML ist eine Seitenbeschreibungssprache bzw. Programmiersprache für das Erstellen von Webseiten im Internet.

*Hyperlink (engl.)*

Ein Hyperlink ist eine hervorgehobene Stelle im elektronischen Text (zum Beispiel durch ein Icon, eine Unterstreichung oder eine Farbe), die mit weiteren Informationen (zum Beispiel Text, Grafik) im World Wide Web verzweigt ist. Ein Hyperlink wird durch Mausklick aktiviert und ist vergleichbar mit dem Querverweis in einem Lexikon, mit dem Unterschied, dass man per Klick direkt auf die verknüpfte Stelle springen kann.

*Hypermedia (engl.)*

Funktioniert wie Hypertext (siehe „Hypertext"), nur dass Hypermedia neben reinem Text auch Tabellen, Grafiken, Datenbanken, Sounds, Videos und Ähnliches enthält.

*Hypertext (engl.)*

Der Begriff Hypertext wurde 1945 von Vannevar Bush geprägt und bezeichnet ein in HTML formatiertes Dokument, das Hyperlinks zu anderen Dokumenten enthält. Hypertext besteht im Gegensatz zu Hypermedia überwiegend aus Text und präsentiert nichtsequenzielle Informationen.

*Icon (engl. „Piktogramm, Symbol")*

Ein Icon ist ein kleines Funktionsfeld, das meist mit einem Piktogramm versehen ist. Es wird per Mausklick aktiviert und leitet dadurch eine neue Funktion ein.

*Internet – International Network (engl.)*

Weltweite Verbindung von Computernetzwerken, wie zum Beispiel das World Wide Web.

*Intranet*

Computernetzwerk, das die Kommunikation geschlossener Benutzergruppen ermöglicht.

*ITS – Intelligentes Tutorielles System*

Der Computer übernimmt die Rolle des Tutors und verfügt jederzeit über den aktuellen Wissensstand des Schülers.

*Inzidentelles Lernen*

Der Wissenserwerb findet beim inzidentellen Lernen beiläufig statt, sprich während eines anderen (Lern-)Vorgangs.

*Java*

Java ist eine Programmiersprache, die vor allem für Anwendungen im Internet eingesetzt wird. Ihr besonderer Vorteil liegt in der Plattformunabhängigkeit. Ein in Java geschriebenes Programm kann auf allen Rechnerplattformen ausgeführt werden, die eine sogenannte „Java Virtual Machine" integriert haben.

*JSP - Java Server Page*

JSP ist eine Erweiterung von Java (siehe „Java"), die es erlaubt die Darstellung und Funktion einer Website voneinander zu trennen.

*Kognitiv*

Bezeichnung der Leistungen des menschlichen Gehirns wie Denken, Wahrnehmen, Speichern und Erinnern.

*Konstruktivistisches Lernen*
Das Lernen erfolgt, indem aus der Darstellung von komplexen Informationen und Vorwissen eigene Erkenntnisse gezogen werden, das heißt, die Lernenden konstruieren ihr Wissen selbst.

*Layout (engl. „Raumanordnung, Entwurf")*
In der Multimedia-Branche bezeichnet das Layout die statische Darstellung der Benutzeroberfläche.

*LMS – Learning Management System (engl.)*
Das LMS ist eine Software, die administrative Funktionen unterstützt, wie zum Beispiel die Registrierung von Lernenden, die Lernstandspeicherung sowie die Verwaltung von WBTs (siehe „WBT") und Lerninhalten (siehe „Lernplattform").

*Lernobjekt*
Dateien, die bei technologisch gestütztem Lernen eingesetzt oder wieder verwendet werden können.

*Lernplattform*
Programm zur Verwaltung, Organisation und zum Abruf von eLearning-Anwendungen. Eine Lernplattform kann auch als zentrale Schnittstelle zwischen Trainingsanbietern und -nachfragern dienen. Häufig werden synonym die Begriffe Lernumgebung oder LMS (siehe „LMS") verwendet.

*LOM – Learning Objects Metadata (engl.)*
Die LOM sind eine Empfehlung für die Vereinheitlichung von Lernobjekten (siehe Abschn. 9.12).

*Mengengerüst*
Aufstellung aller Seiten, die in einer eLearning-Anwendung erscheinen, mit Angaben zur Anzahl und Art der Seiten, zum Beispiel Advance Organizer, Lernseiten, Informationsseiten, Interaktionsseiten, Übungsseiten, Zusammenfassungsseiten etc.

*Multimedia*
Multimediale Information liegt in verschiedenen Medientypen vor, wie beispielsweise Text, Grafik oder Video.

*Mind-Mapping (engl. „Assoziationstechnik" )*
Um ein mittig angeordnetes Thema herum werden Assoziationen geschrieben; alle gefundenen Assoziationsbegriffe werden mit Linien verbunden.

*Navigation (lat. „Kurshaltung bei Schiffen", „Steuerung").*
In der Multimedia-Branche beschreibt der Begriff das Konzept zur Art und Weise der Bewegung durch multimediale Inhalte.

*PDA – Personal Digital Assistant (engl.)*
Kleiner, tragbarer PC mit vielen Funktionen, wie beispielsweise Terminplanung, Textverarbeitung, Tabellenkalkulation oder Datenbankanwendungen.

*Pflichtenheft*
In vielen großen Projekten wird ein Pflichtenheft eingesetzt. Es beschreibt präzise wie und womit der Auftragnehmer die Anforderungen des Auftraggebers umsetzen wird.

*PHP – Hypertext Preprocessor (engl.)*
Programmiersprache, die auf einem Open-Source-Skript basiert. Einsatz findet PHP vor allem auf Webservern.

*Pitching (engl.)*
Wettbewerbspräsentation, zu der mindestens zwei Agenturen eingeladen werden.

*Plug-in (engl.)*
Zusatzelement zur Erweiterung der Funktionen einer Software, zum Beispiel dient das Plug-in „Acrobat Reader" dazu, PDF-Dateien lesen zu können.

*Podcast (engl.)*
Audio- oder Videoaufzeichnung, die von beliebigen Usern über das Internet bereitgestellt wird und mit einem MP3- bzw. MPEG-4-fähigen Medienplayer wiedergegeben werden kann.

*Postproduktion (engl. „post production")*
Als Postproduktion bezeichnet man alle Arbeitsschritte, die der Nachbearbeitung von Film- und Fernsehsequenzen sowie von Fotos und Webanwendungen dienen.

*Prototyp (griech.)*
Vorabversion einer späteren Serienfertigung oder Großproduktion. Sie soll dem Auftraggeber die Möglichkeit bieten, eine (visuelle) Vorstellung vom Endprodukt zu entwickeln oder auch eine Erprobung ihrer Eigenschaften erlauben.

*Psychomotorisch*
Verknüpfung zwischen geistigen (psychischen) und körperlichen (motorischen) Leistungen.

*Pull-down-Menü (engl.)*
Ein Pull-down-Menü wird über ein kleines Icon oder einen hervorgehobenen kurzen Text aktiviert, indem mit der Maus darauf geklickt wird. Nun rollt sich ein Text ab, der eine Erklärung anzeigt oder weitere Funktionsmöglichkeiten anbietet, die ebenfalls per Mausklick aktiviert werden können.

*RGB*
Mischung der Farben bei einem Farbmonitor mit den Lichtfarben Rot, Grün und Blau.

*SCORM – Shareable Courseware Objects Reference Model (engl.)*
eLearning-Standard, der die Kompatibilität zwischen Lerninhalten und Lernplattformen gewährleistet (siehe Abschn. 9.12).

*Screen (engl.)*
Bildschirm oder Monitor. Oftmals werden auch einzelne Bildschirmseiten als Screen bezeichnet.

*Server (engl.)*
Zentraler Rechner zur Verwaltung und Bereitstellung von Daten und Speicherkapazität für die Benutzer eines Netzwerks.

*Serifenschrift*
Schrifttyp, der mit Serifen versehen ist. Eine Serife ist ein kleiner Abschluss-Strich an Fuß und Kopf der Buchstaben.

*Site (engl.)*

Auf einer Site sind alle Informationen zusammengefasst, die über eine Web-adresse erreichbar sind. Eine Site setzt sich aus mehreren Webseiten zusammen.

*Style Guide (engl.)*

Gestaltungsrichtlinien für das Aussehen und den Aufbau von Produkten oder Internetseiten, die zum Beispiel Farbgestaltung, Schriftart und -größe, Navigationsprinzip und Ähnliches betreffen.

*Software (engl.)*

Programm, mit dem man bestimmte Anwendungen auf einem Computer ausführen kann, zum Beispiel Textverarbeitung, Tabellenkalkulation oder Bildgestaltung.

*Take (engl. „Einstellung").*

Sprechersequenz, die in einem Stück aufgenommen wird.

*Template (engl. „Schablone")*

Templates sind Vorlagen, die mit individuellen Inhalten gefüllt werden können. Beispielsweise dienen die Dokumentvorlagen in Microsoft-Office-Programmen als Template.

*Tonality (engl.)*

Geeignete Qualität von Wort, Bild und Ton, um die Zielgruppe bestmöglich anzusprechen.

*Tutor*

Ein Tutor ist ein animierter oder auch nur grafisch gezeichneter Begleiter, der den Lernenden durch eine eLearning-Anwendung führt.

*VR – Virtual Reality (engl.)*

Eine virtuelle Welt oder virtuelle Realität ist eine im Computer erzeugte dreidimensionale Scheinwirklichkeit, die der Nutzer mithilfe eines Datenanzugs, -handschuhs oder -helms betreten kann. Der Datenanzug, -handschuh oder -helm ist elektronisch mit dem Rechner vernetzt. Er wird über den Körper des Anwenders gezogen und dient als haptische Schnittstelle zur virtuellen Welt.

*WBT – Web Based Training (engl.)*

Beim WBT sind die Lerninhalte online im Internet oder Intranet verfügbar. Dadurch ergeben sich Vorteile, wie weltweiter Zugang und einfaches Aktualisieren.

*Weblog (engl. „Internet-Journal")*

Öffentlich zugängliche Website meist eines einzelnen Autors mit tagebuchartig gelisteten Beiträgen zu diversen Themen. Oft sind Weblogs gute Informationsquellen, um weitere Verlinkungen und Querverweise zu einem Themengebiet ausfindig zu machen.

*Website*

Siehe „Site".

*Whiteboard (engl.)*

Das Whiteboard ist eine Weiterentwicklung der klassischen Schultafel. Es hat eine glatte Oberfläche aus meist weißem Kunststoff oder weiß emailliertem Metallblech, auf der mit speziellen Filzstiften (Board-Marker) geschrieben wird.

Wie bei der Schultafel lässt sich das Geschriebene leicht abwischen. Auf den Oberflächen aus Metall kann man außerdem Magnete befestigen.

*WWW – World Wide Web (engl.)*

Das WWW ist ein weltweites, plattformunabhängiges Multimedia-Netz, welches über das Internet (siehe „Internet") abrufbar ist und auf Hypertext (siehe „Hypertext") basiert. Es verfügt über eine grafische Benutzerführung und multimediale Daten. Seit 1992 ist es öffentlich verfügbar.

*WYSIWYG – what you see is what you get (engl.)*

Die Darstellung zwischen Bildschirmansicht und Endprodukt ist identisch.

## Abkürzungen der Multimedia-Welt

*Acrobat Reader*

Kostenloses Plug-in (siehe Abschn. 8.2.1) von Adobe zur Darstellung von PDF-Dateien.

*AVI – Audio Video Interleaved*

Standardformat für die Videowiedergabe unter Windows.

*BMP – Bitmap*

Standard-Rastergrafikformat unter Windows.

*DOC – Document*

Dateien des Textverarbeitungsprogramms Microsoft Word.

*EPS – Encapsulated PostScript*

Dateiformat für Grafiken, das die vollständige Beschreibung des Bilds enthält. Dadurch kann es auch in einem anderen als dem zur Erstellung verwendeten Programm eingebunden werden.

*Flash*

Standardformat von Adobe zur multimedialen Darstellung vektorbasierter Grafiken. Es ermöglicht Interaktionen, Sounds und Animationen im Internet. Für die Darstellung von Flashdateien benötigt man ein entsprechendes Plug-in, das Adobe kostenlos zum Herunterladen anbietet: *http://www.adobe.com/de*.

*GIF – Graphics Interchange Format*

Im Internet bislang häufig gebrauchtes Grafik-Format. GIF-Dateien haben eine hohe Qualität bei gleichzeitig geringem Speicherbedarf.

*JPG / JPEG*

Von der Joint Photographic Experts Group entwickeltes Rastergrafikformat. Durch die Komprimierung wird nur wenig Speicherkapazität benötigt, allerdings verliert das Bild an Qualität bzw. Schärfe. JPG-Dateien eignen sich besonders gut dafür, Fotos online zu stellen.

*MPG / MPEG*

Von der Moving Picture Experts Group entwickeltes Format für digital komprimierte Audio- und Videodateien.

*MP3*

Von der Moving Picture Experts Group Layer 3 entwickeltes Format für digital komprimierte Audiodateien, die trotz hoher Qualität nur eine geringe Speicherkapazität benötigen.

*PDF – Portable Document Format*

Dateiformat zur Anzeige von Bildern und Grafiken mit dem Programm Adobe Acrobat Reader. PDF stellt Bilder und Texte in hoher Qualität bei geringer Speicherkapazität dar.

*PNG – Portable Networks Graphics*

Grafikformat, das Daten verlustfrei komprimiert.

*PPT – Powerpoint*

Dateiformat des gleich lautenden Präsentationsprogramms von Microsoft.

*PSD – Photoshop-Datei*

Dateiformat der professionellen Bildbearbeitungssoftware Adobe Photoshop.

*RA – Real Audio*

Audioformat, das das Programm Real Audio Player (siehe „Realplayer") abspielt.

*Realplayer*

Programm, das Video- und Audiodateien abspielt.

*RTF – Rich Text Format*

Textdatei, die zwischen verschiedenen Programmen und Betriebssystemen ausgetauscht werden kann.

*SIT – StuffIt*

Komprimierte Datei, die verschiedene Dateiformate enthalten kann (zum Beispiel DOC, XLS, AVI) und mit dem Programm StuffIt entpackt wird.

*TIF / TIFF – Tagged Image File Format*

Grafikdateiformat mit hoher Qualität und dadurch sehr großen Dateien.

*TXT*

Abkürzung für „Text": Textdateien des Betriebssystems DOS. Kaum Formatierungsmöglichkeiten, dafür hohe Kompatibilität.

*WAV*

WAV-Dateien wurden von Microsoft entwickelt. Sie dienen der Wiedergabe und Bearbeitung von Audiomaterial. WAV ist ein relativ großes Audio-Format.

*Windows Media Player*

Standard-Programm im Windows-Betriebssystem, das Audio- und Videodateien abspielt.

*XLS*

Dateiformat des Tabellenkalkulationsprogramms Microsoft Excel.

*ZIP*

Komprimierte Datei, die verschiedene Dateiformate enthalten kann (zum Beispiel DOC, XLS, AVI) und mit dem Programm WinZip entpackt wird.

# Weiterführende Literatur

## eLearning

Back, Andrea (2001) E-Learning im Unternehmen. Zürich: Orell Füssli Verlag.

Bendel, Oliver & Stefanie Hauske (2004) E-Learning: Das Wörterbuch. Aarau: Sauerländer Verlag.

Ballstaedt, Steffen-Peter (1997) Wissensvermittlung. Weinheim: Beltz Verlag.

Ballstaedt, Steffen-Peter (2012) Visualisieren. Konstanz: UVK Verlagsgesellschaft mbH.

Baumgartner, Peter et al. (2002) Auswahl von Lernplattformen. Innsbruck: Studien-Verlag.

Bloom, Benjamin et al. (1976) Taxonomie von Lernzielen im kognitiven Bereich. Weinheim: Beltz Verlag, 5. Auflage.

Bohinc, Tomas (2010) Grundlagen des Projektmanagements: Methoden, Techniken und Tools für Projektleiter. Offenbach: Gabal Verlag.

Brönner, Andrea (2003) Planungsperspektive: Reflexionsfragen zur Zusammenstellung geeigneter Grundformen innerhalb eines eLearning-Arrangements. In: vbm –Verband der Bayerischen Metall- und Elektroindustrie (Hrsg.) Leitfaden E-Learning.

Buzan, Tony (2005) Das Mind-Map-Buch. München: mvg Verlag.

Dittler, Ulrich (2003) E-Learning – Einsatzkonzepte und Erfolgsfaktoren mit interaktiven Medien. München: Oldenbourg Verlag.

Edwards, Betty (2007) Das neue Garantiert zeichnen lernen. Reinbek: Rowohlt Taschenbuch Verlag.

Fietz, Gabriele et al. (2004) eLearning für internationale Märkte. Bielefeld: Bertelsmann Verlag.

Fries, Christian (2010) Grundlagen der Mediengestaltung. München: Hanser Verlag, 4. Auflage.

Häfele, Hartmut & Kornelia Maier-Häfele (2010) 101 e-Learning Seminarmethoden. Methoden und Strategien für die Online-und Blended-Learning Seminarpraxis. Bonn: managerSeminare Verlag.

Hasebrook, Joachim (1998) Multimedia-Psychologie. Heidelberg: Spektrum Akademischer Verlag.

Kerres, Michael (1999) Didaktische Konzeption multimedialer und telemedialer Lernumgebungen. In: HMD Praxis der Wirtschaftsinformatik, Heft 205: Multimediale Bildungssysteme, Heidelberg, S. 9-21.

Kerres, Michael (2001) Multimediale und telemediale Lernumgebungen: Konzeption und Entwicklung. München: Oldenbourg Verlag, 2. vollständig überarbeitete Auflage.

Kerres, Michael et al. (2002) E-Learning. Didaktische Konzepte für erfolgreiches Lernen. In: von Schwuchow, Karlheinz & Joachim Guttmann (Hrsg.) Jahrbuch Personalentwicklung & Weiterbildung 2003. Köln: Luchterhand.

Mandl, Heinz & Katrin Winkler (2001) Online-Studium – Neue Formen des Lehrens und Lernens. In: VdS Bildungsmedien e. V. (Hrsg.) Werkstatt Multimedia, S. 17-23.

Mayer, Horst Otto & Dietmar Treichel (2004) Handlungsorientiertes Lernen und eLearning. München: Oldenbourg Verlag.

Meyer, Elke & Stefanie Widmann (2011) Flipchart ART, Erlangen: Publicis, 3. Auflage.

Muir, Nancy (2011) Project 2010 für Dummies. Weinheim: Wiley-VCH Verlag.

Niegemann, Helmut et al. (2008) Kompendium multimediales Lernen. Heidelberg: Springer.

PAS 1032-1, -2 (2004) Aus- und Weiterbildung unter besonderer Berücksichtigung von e-Learning - Teil 1: Referenzmodell für Qualitätsmanagement und Qualitätssicherung – Planung, Entwicklung, Durchführung und Evaluation von Bildungsprozessen und Bildungsangeboten – Teil 2: Didaktisches Objektmodell; Modellierung und Beschreibung didaktischer Szenarien, siehe: http://www.beuth.de.

Reglin, Thomas (2000) Betriebliche Weiterbildung im Internet. Bielefeld: Bertelsmann Verlag.

Reinmann-Rothmeier, Gabriele & Heinz Mandl (2001) Virtuelle Seminare in Hochschule und Weiterbildung. Drei Beispiele aus der Praxis. Bern: Huber Verlag.

Rey, Günter Daniel (2009) E-Learning. Wien: Hans Huber Verlag.

Rietsch, Petra (1997) Multimedia-Anwendungen. Wien: Wirtschaftsverlag Carl Ueberreuter.

Rinn, Ulrike & Dorothee M. Meister (2004) Didaktik und neue Medien. Münster: Waxmann Verlag.

Riser, Urs et al. (2002) Konzeption und Entwicklung interaktiver Lernprogramme. Berlin: Springer- Verlag.

Schulmeister, Rolf (2005) Lernplattformen für das virtuelle Lernen. München: Oldenbourg Verlag.

Weidenmann, Bernd (1994) Wissenserwerb mit Bildern. Bern: Huber Verlag.

Wurman, Richard Saul (1996) Information Architects. Berkeley, CA/USA: Gingko Press.

## Projektmanagement

Back, Louis & Stefan Beuttler (2006) Handbuch Briefing. Stuttgart: Schäffer-Poeschel Verlag, 2. Auflage.

Roger Fisher et al. (2009) Das Harvard-Konzept, Frankfurt am Main: Campus, 23. Auflage.

Kellner, Hedwig (2003) Projektmeetings professionell und effizient. München: Hanser Verlag.

Kellner, Hedwig (2003) Projekt-Mitarbeiter finden und führen. München: Hanser Verlag.

Kellner, Hedwig (2003) Zeitmanagement im Projekt. München: Hanser Verlag.

Malik, Fredmund (2006) Führen, Leisten, Leben: Wirksames Management für eine neue Zeit. Frankfurt: Campus Verlag.

Patzak, Gerold & Günter Rattay (2009) Projektmanagement. Wien: Linde Verlag, 5. aktualisierte Auflage.

Tiemeyer, Ernst (2010) Handbuch IT-Projektmanagement. München: Hanser Verlag.

## Honorare und Verträge

Dellingshausen, Christoph von (2004) dmmv-Kalkulationssystematik – Leitfaden zur Kalkulation von Multimedia-Projekten. München: Hightext Verlag.

Hightext Verlag (2011) iBusiness Honorarleitfaden. München: Hightext Verlag.

Neuß, Norbert (2003) Beruf Medienpädagoge. München: kopaed.

Ostermaier, Christian (2006) iBusiness Freelancerleitfaden. München: Hightext Verlag.

Trautmann, Arne (2007) iBusiness Projektvertragsleitfaden. München: Hightext Verlag.

Weyers, Dorle (2004) Kopfarbeit kalkulieren und verkaufen. Münster: ImPrint Verlag.

Wüfling, Thomas & Ulrich Dieckert (2002) Praxishandbuch Multimediarecht, Heidelberg: Springer-Verlag.

## Schreibwerkstatt

Duden (2010) Band 8: Das Synonymwörterbuch. Mannheim: Dudenverlag, 5. Auflage.

Guderian, Claudia (2008) Arbeitsblockaden erfolgreich überwinden. München: mvg Verlag.

Langer, Inghard & Friedemann Schulz von Thun & Reinhard Tausch (2011) Sich verständlich ausdrücken. München: Reinhardt Verlag, 9. Auflage.

Neumann, Peter (2012) Handbuch der Markt- und Werbepsychologie. Bern: Huber Verlag.

Märtin, Doris (2010) Erfolgreich texten! Frankfurt a. M.: Bramann Verlag.

Schneider, Wolf (2002) Deutsch fürs Leben – Was die Schule zu lehren vergaß. Reinbek: Rowohlt Taschenbuch Verlag.
Schulz von Thun, Friedemann (2010) Miteinander reden 1: Störungen und Klärungen. Allgemeine Psychologie der Kommunikation. Reinbek: Rowohlt Taschenbuch Verlag, 48. Auflage.

# Danksagung

Viele Menschen haben dazu beigetragen, dem Buch zu der Form zu verhelfen, in der es nun vor Ihnen liegt. Ich habe von vielen Seiten eine großartige Unterstützung erfahren, für die ich mich an dieser Stelle von ganzem Herzen bedanke!

Prof. Dr. Frank Thissen von der Hochschule der Medien in Stuttgart bin ich dankbar für das Vorwort, das er diesem Buch widmete.

Elke Kast von der M.I.T e-Solutions GmbH in Friedrichsdorf hat durch ihr konstruktives Lektorat aus Sicht einer erfahrenen Projektleiterin dem Buch den letzten Schliff gegeben.

Timo Rettig und Georg Engelhard von der Versicherungskammer Bayern in München danke ich für ihren kompetenten Input aus der Sicht eines Auftraggebers auf die Drehbuchentwicklung.

Thomas Reglin vom Forschungsinstitut Betriebliche Bildung in Nürnberg danke ich für seine Geduld und die aktive Beisteuerung von Fachliteratur.

Markus Millauer aus München danke ich herzlich für seinen juristischen Fachblick, mit dem er dafür sorgte, dass auch die Kapitel mit Rechtsfragen im „rechten Licht" erscheinen konnten.

Meinen Freunden Klaus Kurz von Adobe Systems in München und Andrea Päusch aus Unterschleißheim danke ich für den entscheidenden Abend in einem italienischen Restaurant, als ich ihnen mein Buchkonzept vorlegte und sie mich darin bestärkten, dieses Projekt in die Tat umzusetzen. Ihren Zuspruch und den guten Tipp mit dem Springer Verlag bewahre ich in guter Erinnerung.

Prof. Willie van Peer von der LMU München danke ich besonders dafür, dass er mir den Freiraum ließ, die Magisterarbeit im Fach Deutsch als Fremdsprache zu diesem im Jahr 1999 noch wenig fachtypischen Thema zu machen, wodurch ich vor vielen Jahren den Grundstein für meine Arbeit als Medienautorin legen konnte.

Nicht zuletzt möchte ich den herzlichsten Dank aussprechen für meine Lektorin, Frau Jutta-Maria Fleschutz vom Springer Verlag in Heidelberg, die den Mut hatte, mit mir als Erstautorin dieses Projekt zu starten.

Nach acht Jahren die Neuauflage eines Buchs im Bereich der Neuen Medien zu erarbeiten, ist nahezu vergleichbar damit, ein komplett neues Buch zu schreiben. Ohne den Rückhalt meiner wunderbaren Familie wäre dies nicht möglich gewesen. So danke ich allen voran meinen zwei Töchtern Emilia und Luzia, die viel Verständnis und Geduld mit ihrer sehr beschäftigten Mama aufbrachten. Für die tatkräftige

Hilfe und Unterstützung nicht zuletzt dabei, für die Kinder in dieser Zeit Sorge zu tragen, danke ich meinem Mann Dominik und meiner Mutter Ingeborg Modlinger.

Christian Ertl von der Agentur bildersprache in München sage ich lieben Dank für die geduldige moralische Unterstützung beim Erarbeiten der zweiten Auflage.

Barbara Dexheimer aus Regenstauf danke ich für ihr hervorragendes Lektorat, ihre korrekte und schnelle Arbeit und ihre Geduld.

Dorothea Glaunsinger vom Springer-Verlag danke ich für ihre schier unendliche Geduld mit immer neuen Verzögerungen bei der Abgabe des Buchmanuskripts und für ihre Überzeugungskraft, die Neuauflage mit mir starten zu wollen.

Mein besonderer Dank geht nicht zuletzt an alle Teilnehmer der Workshops in den letzten acht Jahren. Ihre Kreativität, Ideen und Freude an ihren jeweiligen Projekten haben mich immer wieder aufs Neue für das Thema eLearning inspiriert. Viele Errungenschaften dieser intensiven Arbeitstage sind in die zweite Auflage des Buchs eingeflossen.

# Über die Autorin

Daniela Stoecker M.A. ist seit 1990 in der Verlags- und Multimedia-Branche tätig. Seit dem Jahr 2000 arbeitet sie als Medienautorin und Beraterin für eLearning-Anwendungen in der betrieblichen Aus- und Weiterbildung. Ihre reiche Praxiserfahrung aus zahlreichen Projekten ist in dieses Buch eingeflossen. Frau Stoecker bietet außerdem Inhouse-Schulungen und Coachings zum Thema „Konzeption und Drehbuchschreiben für eLearning" an.

Weitere Informationen: *http://www.drehbuchtext.de*.
Kontakt: *dstoecker@drehbuchtext.de*.

# Stichwortverzeichnis